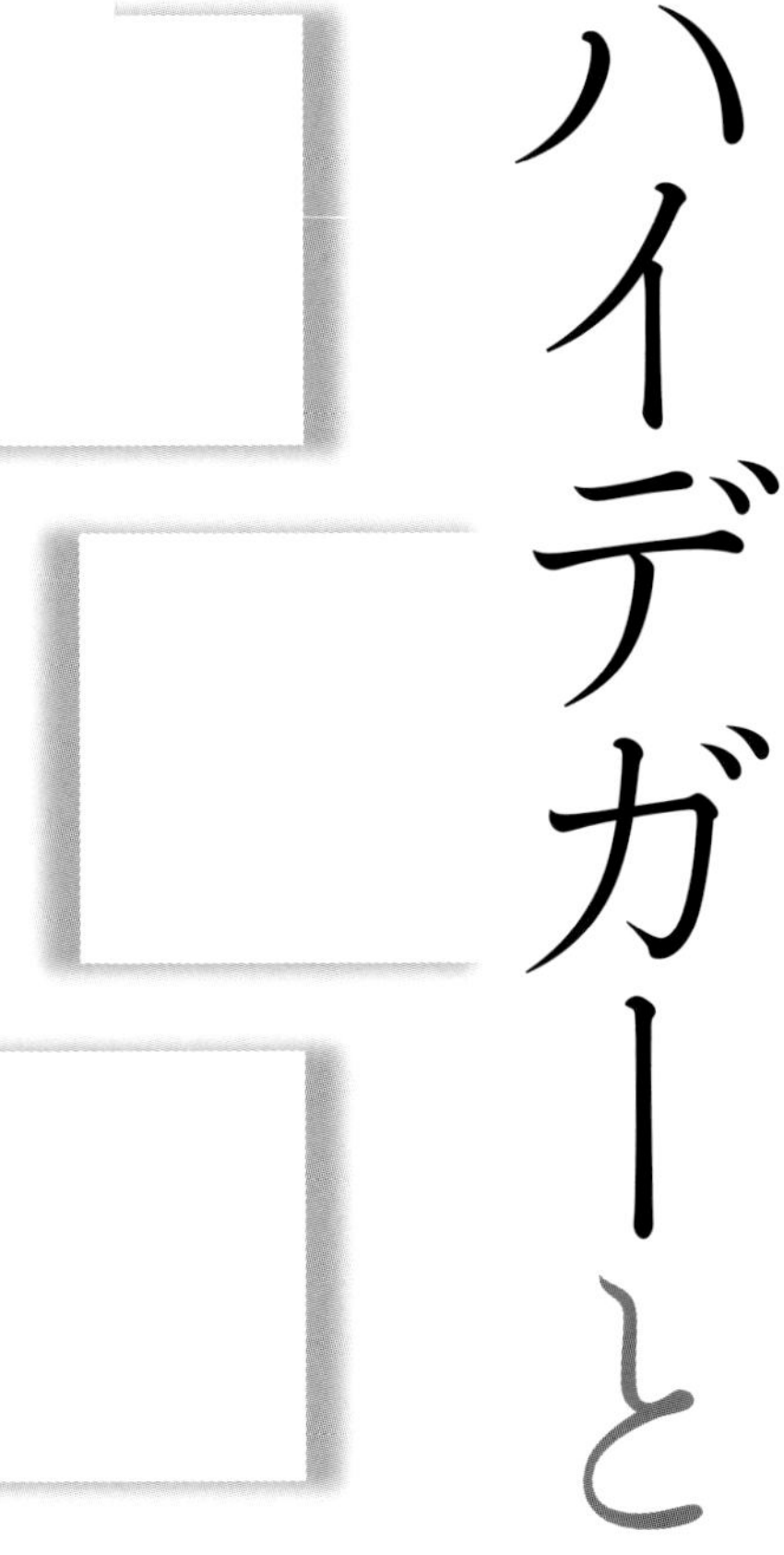

ハイデガーと現代現象学

トピックで読む『存在と時間』

池田 喬
Ikeda Takashi

勁草書房

はしがき

現代ドイツ哲学の代表的哲学者と言われるM・ハイデガー（1889–1976）の主著『存在と時間』（一九二七年）が刊行されてから、もうすぐ百年が経つ。刊行されるや否や、瞬く間に話題になったと言われ、二〇世紀最大の哲学書と繰り返し言われてきたこの書物も、すでに一世紀分の歴史を有するに至った。一般に、ある出来事の歴史は、その出来事が起こった時点ではなく、その後、一定の期間が過ぎ去り、現在の地点からその出来事を過去として振り返ることのできる時点からこそ見える。その出来事がその後の世界にどういうインパクトを与え、どういう帰結をもたらしたかを見ることができるからだ。『存在と時間』の哲学についてもまた、百年経つからこそ見えることがある。

『存在と時間』については、この一世紀の間ずっと多くが語られてきた。そもそも『存在と時間』が二〇世紀最大の哲学書と呼ばれるのは、そう呼ぶ人たちがみなこの書の内容の深みや重要性を認識したからでは必ずしもなく、むしろ、二〇世紀の重要な哲学者たちの非常に多くがハイデガーの哲学について肯定的にも否定的にも語ってきた、という事実が重いからであろう。ハイデガー哲学に対する注釈、批判、あるいはこの哲学の展開や継承を辿るだけでも、二〇世紀以降の現代哲学の結構な部分を描き出すことができる。ドイツもそうだが、特にフランスの哲学についてこう言えることはたしかであろう。

ただし、本書が主に扱うのは、分析哲学の伝統においてなされてきた議論である。『存在と時間』刊行翌年にはG・ライルが書評を著し、その翌年の講演「形而上学とは何か」に対してR・カルナップが辛辣に批判をしたかと思えば、同じ講演についてL・ウィトゲンシュタインが好意的なコメントをした。このように、分析哲学の初期の代表的哲学者たちはハイデガーの哲学に正面から応答していたのであり、その後も、H・ドレイファスやR・ローティのように、分析哲学の言語観や物の見方に対する重要な批判者として、分析哲学の伝統の内部にありつつハイデガーに注目する者が続いてきた。もしかすると、分析哲学とハイデガー哲学とは没交渉的に進行してきたか、仮に関係があったとしても興味深く実りのある哲学的内容はないだろうと思う読者がいるかもしれない。しかし、それは誤った認識である。十分に認識されてこなかった過去の議論を振り返ることは、今の時点から、ハイデガー哲学を光源として現代哲学を――その暗がりも含めて――照らし出すことにつながる。

分析哲学と一言で言っても、ここで挙げた哲学者たちの著作は、イギリス、オーストリア、アメリカで書かれており、米国かヨーロッパかとか、英語圏かドイツ語圏かという――分析哲学のクリシェに付き物の――区分に従うものでもない。大事なのは、一時期にはなかなか見えにくかったことが見えてきたり、一時期には常識と化していた見方が、時間が経つと偏った見方だったと判明したりすることがあるということだ。二一世紀も四半世紀が過ぎようという今、私たちは現代哲学を、先入見を取り払いながら、見直すことのできる時点にいる。

『存在と時間』が刊行されたときには、当然のことだが、『存在と時間』についての議論はまだなかった。今、百年の歴史によって、『存在と時間』の哲学が、現代の哲学においてどういうトピックに対してどういう見解を示しているのか、その見解にはどのような強みがあるのかを見極めることができる。そういう立ち位置に私たちはいる。本書は『存在と時間』の哲学をそれ自体として孤立させるのではなく、これについて多くが論じられてきた――その点で、現代哲学全体を見ても稀有であり、現代哲学の様々な議論を取りまとめることのできる重要な――作品として扱う。

一例を挙げよう。「存在の意味」は『存在と時間』の最大のテーマであるが、このテーマについては、存在とは何かという存在論の観点からだけでなく、意味とは何かという言語哲学的な観点からも多くの検討がなされてきた。存在の意味というトピックに対するハイデガーの見解を明確化する作業は、現代哲学における存在と言語の哲学的考察の重なりを知るための格好のルートになる。逆に、現代哲学における議論のなかでハイデガーの哲学の根本的な立ち位置が浮き彫りになるという仕方で、『存在と時間』の哲学を明瞭に理解することもできる。

本書では、存在の意味、行為、知覚、情動、他者の心、擬似問題という哲学のテーマごとに、『存在と時間』の哲学にアクセスするルートを切り開こうとしている。言い換えれば、『存在と時間』の哲学の内部に入り込むための入口を、現代哲学のいくつかの文脈において開けておくことで、必ずしもハイデガーに親しみのない人が『存在と時間』に入門する（入口にたどり着く）機会を作ろうとしている。このような解釈のスタンスは、今日、「現代現象学」と呼ばれる現象学研究の一つの方向性であり、「ハイデガーと現代現象学」という本書の観点において、『存在と時間』は独自の相貌であらためて姿を現すに違いない。

本書の議論は、まず第1章で、「ハイデガーと現代現象学」とはどういうアプローチなのかを説明することから始まる。現象学とは、一人称観点から私たちの経験を探究する哲学であり、現代現象学とは、現代哲学で争われているテーマや問いをこの現象学の立場から引き受け、現象学に特有な見解や物の見方を提示するものだ。ハイデガーの『存在と時間』もこの意味での現象学の一部であるが、しかし、『存在と時間』には、私たちが一人称観点から経験するという点について、私たちがそれぞれ実存し、自分が誰であるかとか、自らはどのような存在なのかといったことを了解するという側面から明らかにされるという特徴がある。本書の立場は、実存論的と呼ばれるハイデガーの分析のこの特徴を特に強調し、擁護するものである。

第2章以降では、先述した各テーマに対する『存在と時間』の見解を示していくが、それらの見解はどれもこの実存論的アプローチにおいてその独自性が際立つものとなっている。別の言い方をすれば、各テーマに沿って、「現存在の実存論的分析」とも言われる『存在と時間』の哲学の眼目や着眼点がわかるようになるはずだ。

なお、本書の読み方について補足しておきたい。まず、第1章の方法論的な議論を飛ばして、第2章以降の各トピックから読み始めることは可能であり、第1章を飛ばすことで第2章以降の議論の理解が損なわれるということもない（本書の議論の進め方を示した第3節のみ参照してもらえればよい）。また、第2章以降の内容は『存在と時間』の論述の順序に緩やかに対応しており、さらに、第2章と最終章（第7章）には、『存在と時間』以前と以後のハイデガー哲学への視界を開くという役割もある。もっとも、本書の目的は『存在と時間』のすべてのテーマを網羅することにはないので、本書で主題的に扱われていないテーマ（例えば、死）に関する私の解釈については、池田 2011や池田 2021aを参照して欲しい。最後に、どの章も独立した哲学的議論として読めるようになっているので、興味のあるトピックの章から読み始めることにも全く問題はない。なお、各章の冒頭には、はるとあきという哲学を学ぶ二人の大学生のエピソードがあり、このエピソードには各章の問題設定と議論の行方がまとまっている。どこから読み始めるかを迷ったら、まずこのエピソードの部分を見るという方法もある。

では、議論を開始しよう。

ハイデガーと現代現象学

トピックで読む『存在と時間』

目次

3　行為

凡例

一．マルティン・ハイデガーの著作および講義録からの引用や参照箇所の指示については、巻末の文献表を参照せよ。

二．ハイデガーの著作以外からの引用や参照箇所の指示については、文献表に記した著者名、（ ）内に記した出版年、ページ数の順に本文中に示す。

三．原文のイタリックまたはゴシック体は本文中では傍点で示す。

四．引用文中に何らかの挿入を行う場合は、〔 〕で括る。

以下の考察においては、特別な頭の良さが要求されるわけではない。むしろ必要なのは先入見を除去すること——これで何をやれというのかと物好きに問うことなしに、端的に見ること、そして見られたものを手放さないこと——である。私たちに成就できることが何であれ、最も自明なことに対して事象に即することが最も困難である〔…〕。

（GA20, 37）

1　ハイデガーと現代現象学——本書の狙いと方法

1　ハイデガーと現代現象学

1-1　現象学を現代哲学に位置づける

本書の表題は『ハイデガーと現代現象学』であり、本書においてハイデガー『存在と時間』は現代現象学の手法で解釈される。それによって、現代哲学のいくつかのテーマに関して、ハイデガーの着眼点、議論の眼目、見解などを明確にすることが本書の狙いである。しかし、まずは「現代現象学」とは何かを説明しておく必要がある。まずは本書に先立って、現代現象学の書籍として刊行されているものをいくつか見てみよう。

日本では二〇一七年に『現代現象学——経験から始める哲学入門』（植村・八重樫・吉川 2017）が出版されている。その冒頭部にはこうある。

現象学は哲学として生まれ、哲学の問いに取り組んできた。本書はそのような哲学としての現象学を現代に蘇らせようとする試みであり、現象学を通じて哲学に入門するための手引きである。〔…〕本書のタイトル「現代現象学」は、現代哲学のなかに現象学を再び位置づけようとする意図をあらわしている。（植村・八重樫・吉川 2017, ii）

現代現象学とは、現代哲学のなかに現象学を再び位置づけようと意図し、哲学の問いに取り組むものとしての現象学を現代に蘇らせる試みである。『現代現象学』における「哲学の問い」には、志向性、存在、価値、社会、人生などの問題が含まれている。これらのテーマは、哲学の伝統における王道のテーマであると同時に、現代でも現代に特有の装いで盛んに議論されているものだ。『現代現象学』は、これらの哲学的なテーマを現象学の立場から引き受け、現象学に固有な見解を提示することを試みる。

ではなぜ、このような研究のアプローチに対して、単に「現象学」ではなくあえて「現代現象学」の名を与えるのだろうか。『現代現象学』では、まず、現象学の観点や方法を多くの学問が取り入れた結果、「〜の現象学」が乱立している状況に目が向けられている。たしかに、精神医学、看護理論、社会学、人文地理学、フェミニズム理論など、様々な学問によって現象学の概念や方法が使われてきた。このように開かれた学問であることは、現象学の魅力の一つであり、この哲学の学問的重要性を物語っていることはたしかだ。しかし、「狭い意味での哲学のなかに収まらない現象学の柔軟さばかりに目をやると、現象学はそもそもどのような哲学なのかということは、ますます掴みどころのないものになってしまうように見える」（植村・八重樫・吉川 2017, i）。なるほど、このこともたしかだと思われる。以上のような現状認識に立って、どういう哲学の問いに現象学はどのように取り組んでいるのかを明確にし、現代哲学の場面に現象学を再登場させようという狙いには素直に共感できる。

ここで一点はっきりさせておきたいことがある。『現代現象学』において「現代哲学」と呼ばれているのは、基本的に、分析哲学と呼ばれる潮流に割り振られる哲学のことだ、という点である。なぜ現代哲学と言えば分析哲学になるのかという問いに対しては、分析哲学が二〇世紀の後半には哲学の世界全体に対して覇権的な位置を獲得するに至った、といった一般的説明がなされうる。しかし、少なくとも現代現象学に関する限り、このような一般的説明では把握しにくい特有の事情があることに注意が必要である。

まず、伝統的な哲学の問いをそれとして引き受け、哲学のテーマに沿った議論の状況を生み出し、例えば、心の哲学とか行為論などと呼びうるような分野を発展させてきた、という点で、分析哲学が抜きん出ているという状況が一方にある。このことは事実として承認されるだろう。他方で、現象学の研究者たちは、まさにそのような哲学的な問いの探究をしていない——過去の哲学者がああ言ったこう言ったということをめぐる文献研究を内輪でやっている——人たちというイメージをもたれがちであった。しかし、このイメージは偏ったものであり、実際には、心の哲学や行為論といった分析哲学の分野で議論されている内容に対して現象学から言えること、言うべきことはたくさんある。このようにして、現象学の立場から現代哲学の主要なテーマに発言する研究者が増え始め、現代現象学と呼ばれるべきアプローチは二〇〇〇年代には国際的に確立されていった。事情はこのようだと思われる。

その証拠の一つは、二〇一二年に出版された『オックスフォード現代現象学ハンドブック（*The Oxford Handbook of Contemporary Phenomenology*）』（Zahavi 2012）である。この時点で、「現代現象学（contemporary phenomenology）」が、ハンドブックを作るべき一つの学問分野として認定されていることがわかる。編者のD・ザハヴィによれば、現代現象学のこのハンドブックは、例えば『オックスフォード経済学の哲学ハンドブック（*The Oxford Handbook of Philosophy of Economics*）』などとは異なり、「その主題によってまとまっているのではなく、ある特定の哲学的伝統に負っており、この伝統に属する方法論的アプローチによってまとまっている」（Zahavi 2012, 1）。特定の哲学的伝統というのは、当然、E・フッサールに由来する現象学の伝統であるが、ここで強調されているのは、方法論的アプローチとしての現代現象学は——フッサールらの古典現象学と同じく——主題に関しては多様だということである。

現象学は、その歴史を通じて、哲学のほとんどの領域に重要な貢献をしてきた。例えば、超越論的哲学、心の哲学、社会哲学、哲学的人間学、美学、倫理学、科学哲学、認識論、意味論、形式存在論などである。現象学は、志向性、知覚、身体化、自己意識、相互主観性、時間性といったトピックに画期的な分析を提供してきた。現象学は、還元主義、客観主義、科学主義に標的を絞って批判を加え、一人称観点の重要性を強調し、生活世界を回復することを長きに渡り訴えてきた。(Zahavi 2012, 3)

ザハヴィは、現象学を、哲学の代表的なトピックに画期的な分析を提供し、哲学の多くの分野に重要な貢献をしたものとして歴史的に捉えている。このような現象学の伝統に連なって、二一世紀のその時点の文脈で現象学が哲学に対してなしうる貢献を明確にしようというのが「現代現象学」である。この意味での現代現象学は、当然、二〇一二年にハンドブックを編むに至るまでにすでに十分な成長を遂げていたものだ。例えば、ザハヴィがS・ギャラガーとともに二〇〇七年に出版した『現象学的な心——心の哲学と認知科学入門(*Phenomenological Mind: An Introduction to Philosophy of Mind and Cognitive Science*)』は現代現象学の代表的な成果であり、日本でも翻訳が二〇一一年に出ている(ギャラガー&ザハヴィ 2011)。

現代現象学とは何か、という点について以上のように代表的な書籍を概観してみると、二つの点が浮き彫りになる。第一に、現代現象学の「現代」とは「コンテンポラリー」であり、近代から区別された歴史的区分としての現代ではないということである。たしかに、現象学は二〇世紀の初めから一世紀超の歴史をもっており、歴史的区分としての「現代」に重なる面もある。しかし、現代現象学が「現代」ということで強調したいのは、私たちと同時代の哲学であり、今、哲学の世界で議論されているトピックに現象学的な観点から自ら見解を述べることである。

もっとも、「今」という語が、まさにこの今だけでなく、文脈次第でそれなりに長い時間のことを——例えば、「今、失業中」という場合のように——意味できるのと同様に、哲学における議論は時間をかけて深まっていくものである以上、同じ哲学的な問いを探究している人たちの同時代性がここ数年といった狭い範囲に収まるということはありえない。むしろ、同時代性としての現代への視点は、哲学的トピックに沿って二〇世紀の現代哲学を発掘していく作業になる。今、これが議論されているという場合の「今」を真面目に追っていけば、それなりの期間の議論を発見し、再構成することになるからだ。

この発掘・再構成によって、結局、一世紀分の規模で現代哲学を我がものにする視点を養えるのであれば、それはそれで貴重な成果になるだろう。『現代現象学』においては、哲学としての現象学を現代に蘇らせようとする試みが、同時に「現象学を通じて哲学に入門するための手引き」だとも言われていた。現代現象学は、現代において哲学的なテーマがどう現象学と分析哲学の両者において議論されてきたのかをあらためて発掘し、その歴史を今、そのテーマを哲学的に考えるための資源として活用する営みでもあるし、現代哲学への一つの見通しを得るための通路でもある。その意味で、第3節で後述するように、現代現象学はある特有の意味で歴史的なアプローチである。

第二に、現代現象学においてハイデガーは比較的に地味な扱われ方しかしていない、ということがある。『現代現象学』も『オックスフォード現代現象学ハンドブック』も、フッサール研究者が編者となっており、各章のトピックも基本的にフッサール現象学に沿って選定されているように見える。『現代現象学』においては、「フッサールを中心とする古典的な現象学的哲学のテキストを読むときに参考にできるような工夫が施されている」（植村・八重樫・吉川 2017, iii）と言われており、実際、特にフッサールの著作の解釈が議論の主要な背景にあることはこの書のかなりの部分に渡って確認できる。しかし、ハイデガーの著作の解釈は限定的な役割しかもっていない。このことも明らかである。

そして、現代現象学におけるハイデガーの地味な扱いは単に偶然ではないように私には思われる。ハイデガーの哲学は、一般的には、現象学の潮流の一部として語られるが、実際に具体的にトピックを立ててこの哲学を現象学的なアプローチとして解釈しようとすると、独自に開発された術語などの影響もあり、困難が生じがちである。本書は、この困難を乗り越え、現代現象学におけるハイデガーという空所を埋めようとしている。

1－2 現代現象学の手法でハイデガーを読む――実存論的現象学の視点

ハイデガーは現象学の伝統の一部として必ず名前を挙げられるが、実際にトピックごとに、例えば、志向性や身体化の現象学という枠組みでハイデガーの哲学的見解を把握しようとすると、困難が生じる。ハイデガーの議論はたしかに術語が独特であるが、しかし、現象学的研究の一部であることをまず示すことが、「ハイデガーと現代現象学」のプロジェクトには必要になる。このようなステップは、フッサールはもちろん、M・メルロ＝ポンティを現代現象学的に解釈する場合にも不要であり、現代現象学の手法でハイデガーを読む場合に特有のチャレンジがあることを示しているように見える。

先に、分析哲学者に対して現象学者たちは哲学的な問いの探究をしていないというイメージをもたれがちだったことに触れた。ハイデガーの場合、この点でも他の現象学者たちよりももっと特殊で極端な事情がある。本書第7章でカルナップによるハイデガー批判を詳述するが、この批判を一つのきっかけとして、分析哲学の陣営には、ハイデガーのテキストなど、結局は無意味な文字列の集積に過ぎないという評価が存在してきたのであり、ハイデガーが論じている問題など本当の哲学的問題ではないという見方は優勢でさえあったのである(1)。現代現象学は現象学を、哲学の問いを探究し、特定の見解を示すものとして提示しようとする。しかし、ハイデガーの場合、そもそも哲学の問いと言えるものを共有してさえいないという評価が現代哲学の歴史のうちに存在する。この評価が誤っていることを示すことも、ハイデガーを現代現象学の手法で読むときには必要である。

このように二重の困難を越える必要がある点で、「ハイデガーと現代現象学」と称する研究は前途多難であるように見える。しかし、『存在と時間』についての研究にはすでにこの名称に値する成果が蓄積されており、困難を越えるための支えはたくさんあるので心配はいらない。それだけでなく、以下に見るように、『現代現象学』や『オックスフォード現代現象学ハンドブック』における現象学の理解にはすでにハイデガーの哲学の核心が重要な部分で活用されているように思われるのだ。

これまで、現象学とは何かという肝心の問題について論じてこなかった。この問いはそれ自体様々な観点からの回答を許すものだが、現在、現象学に関わる者たちの間で広く共有されていると思われる見解がある。『現代現象学』によればこうである。

> 現象学は、**一人称観点**から私たちの経験を探究する。（植村・八重樫・吉川 2017, 6）

一人称観点からの経験の探究が現象学である、というこの理解は、たしかに、国外でも共有されている。ザハヴィは、現象学が「一人称観点の重要性を強調し、生活世界を回復することを長きに渡り訴えてきた」と述べていた。一人称観点を取ることは共通しているし、生活世界は私たちが物事を経験しうるような場である以上、現象学の理解はかなり重なっている。問題は、一人称観点から世界を経験するというのはどういう経験の仕方なのか、である。

> 経験は**私にとってという性格**（for-me-ness）をもっており、私という観点からのまとまりをもっている。したがって、経験に根ざした知識はすべて、「私にとって」という方向性において獲得される。（植村・八重樫・吉川 2017, 5）

例えば、何かを知覚するという経験は、自分の身体がある「ここ」から、物を一つの側面からのみ見ており、別の誰かがいる場所からならば見えるはずの側面は見えていないといった不完全性を特徴とする。知覚に限らず、現象学が探究するのは、完全な眺望を享受する「上空飛行的」な視点[2]によるのではなく、こうした「私にとって」という一人称観点からの経験であり、この経験の一人称性格が「私にとってという性格（For-me-ness）」と呼ばれている。

このような現象学的理解は、現象学の歴史のなかで定着してきたものであり、異論を挟む必要はない。ただし、確認する必要があると感じるのは「私にとってという性格」という概念の出所である。今日、現象学が探究する経験の一人称観点を説明するのにしばしばこの概念が使われている。この概念を広めるのに重要な役割を担ったのが、『オックスフォード現代現象学ハンドブック』の編者であるザハヴィであることはたしかであり、ザハヴィはU・クリーゲルと共著で「私にとってという性格――それは何であり何でないか」を説明する論文を著しているくらいである。ここで着目したいのは、「私にとってという性格」は「私のものであること（mineness）」ともしばしば言い換えられるということだ（Zahavi & Kriegel 2015）。このことは、ザハヴィらが用いる英語の表現からすれば自然である。「私にとってその経験をもつことはどのようなことか（what it is like for me to have the experience）」は「私がその経験をもつとはどういうことか」と自然に訳すことができるような表現である。

ザハヴィは、経験の一人称性格を「私のものであること」と呼ぶとき、ハイデガーに言及してはいない。しかし、この概念の出所としてハイデガーの『存在と時間』を想定することは不当とは言えない。「私のものであること（mineness）」は『存在と時間』の英訳において「それぞれ自分のものであること（Jemeinigkeit）」の訳語として使われた言葉であり、『存在と時間』に関する文献では広く使われているものだからである。[3]ザハヴィらにとってこのことは自明なはずであり、もはや断る必要性も感じなかったということなのかもしれない。だが、ハイデガーを現代現象学の文脈に位置づけるという本書の立場にとって、この点にはこだわる必要がある。「それぞれ自分のものであること」は次のように『存在と時間』に登場している（なお、引用文中の「この存在者」とは、『存在と時間』において「現存在」と名指される存在者であり、私たちのことである）。

この存在者にとっては自らが存在することにおいてこの存在が問題であるのだが、その存在はそれぞれ自分のものである。（SZ, 42）

現存在に言及する場合には、この存在者がもっているそれぞれ私のものであるという性格に従って、「私が存在する」「あなたが存在する」というように、常に人称代名詞と一緒に語らねばならない。（SZ, 42）

このように導入される「それぞれ自分のものである」という性格を、経験の一人称性格と受け取ることは一応可能である。何かを知覚しているのであれ、何かに情動を抱いているのであれ、私が何かを見るとはどういうことか、私が何かを恐れることはどういうことかを探究できるとすれば、それらの経験はそもそも私の経験であり、自分のものであったのでなくてはならない。そして、私がそれを見ることは、あなたがそれを見ることとは異なるのであり、私には私の経験があるように、あなたにもあなたの経験があるのであり、要するに、経験は「それぞれ自分のものである」、と。

ただし、上記のように述べることは、ハイデガーに特有の論点を汲み取ってはいない。先の引用において、ハイデガーは、何かを見ることや何かを恐れることがそれぞれ自分のものだと言っているのではない。むしろ、私たちの存在がそれぞれ自分のものだと言っている。しかも、その存在とは、単に事物として現前するという意味での存在ではなく、私たちにとってそれが問題であり、重要であったり大切であったりする存在である。この存在は私たちにとって自身に問われる何かである。

それぞれ自分のものであるのは、このような関心と問いの的としての存在である。このような存在が『存在と時間』においては「実存（Existenz）」と名づけられる。ハイデガーによれば、実存する存在者が問いかけられる一次的な仕方は「誰か（Wer）」であり、「何か（最広義における事物的存在性）」ではない（SZ, 45）。私たちにとっては存在するなかでその存在が問題であり、自分の存在が問われるが、その問いは、何よりもまず、事物について「何か」を問う場合に問題になること――典型的には、量で計測される大きさや重さ――に向けられているのではない。むしろ、問いが向けられているのは「自分は誰であるか」であり、この問いへの可能的な答えをハイデガーはしばしば自己了解（内容）として扱っている。私たちは存在することにおいて、自分が誰であるか、何者であるか、どういう存在であるかを了解している、あるいは了解しようとしている。もちろん、身長や体重の測定のように、私たちも事物的な「何か」を問われることはある。だが、それらの測定結果は、例えば、年齢、性別、健康状態、従事しているスポーツや業務の内容、その人の美意識や身体観など、その人が「誰であるか」に関連する内容から独立には無意味な情報――単なる数値――であり、その限りで、身体測定の場合でも純粋に事物として扱われているわけではない。また、実存の問い――誰であるか――は人称性を欠くならば無意味であり、どのような存在であるかという問いに関連する了解内容はそれぞれ自分のものである。

なるほど、自分は誰であるかという問いの答えが何であり、言い換えれば、自分をどのような存在として了解していようと、そのように問いうる以上、その存在はすでに自分のものとして問題になっている。このことは、私たちが自らの存在を問題にしたり了解したりすることは、その存在はどの人に帰属するのか、どの人のものなのかという点から独立には成り立たないということであり、先の引用では、このことの引証として、人称代名詞を伴わずには私たちの存在については語れないという、存在動詞の日常的用法が持ち出されている。要するに、現存在がその存在を了解することには、私の存在はあなたの存在ではなく、あなたの存在は私の存在ではないということ、一般的に言えば、存在はそれぞれ自分のものであるという人称的区別の了解が含まれているのである。

以上のように、それぞれ私のものであるという性格は、ハイデガーにおいて、知覚や情動の経験というより、存在について、あるいは自己了解について言われている。しかし、このことを確認することによって、ハイデガーの哲学を一人称的経験の探究としての現象学から切り離したり、遠ざけたりする必要はない。事情は、正確なところ、以下のようなものである。ハイデガーも、現象学者として、知覚や情動の経験を一人称観点から探究している。しかし、これらの経験が自分のものとして経験されるのは、私たちが、それぞれ自分が誰であるか、自分がどういう存在であるかを了解しているからであり、ハイデガーにおいて、経験の記述はその人の自己了解の内容に遡り、その内容を考慮しないことには完成しない。何かを知覚することも、何かを恐れることも、あるいは何かを用いて行為することも、誰かを他者として認識することも、それが自らに経験されている限り、その経験は何らかの自己了解を背景に成り立っている。なぜそのように世界を見るのか、なぜそれを恐れているのか、なぜそのようなことをしているのか、なぜ他人をそのように見るのか――これらの問いに対する一連の答えには、自分自身をどのような存在として了解しているのかが含まれる、ということである。

現代現象学の議論において、現象学を特徴づける経験の一人称性格は、「私にとってという性格」とか「私のものであること」といった概念で説明される。これらの概念の重要な源泉であるはずの『存在と時間』では、それぞれ私のものであるという性格はどのように語られているのか。これらの点を以上のように確認することは、『存在と時間』の哲学を現代現象学の文脈に位置づけることを可能にするだけではない。現代現象学のアプローチで哲学の様々なテーマを扱うにあたって、『存在と時間』が提供する特有の着眼点や見解も見えるようになる。つまり、一人称的な経験は、自分がどういう存在であるかを問い、自己を了解し、実存として存在するという局面を含んでいる、ということだ。

もっとも、今確認したことは、しばしばハイデガーの哲学が「実存論的現象学（existential phenomenology）」と呼ばれるときに大雑把に考えられているであろうことを少し詳細に言い直したものに過ぎない。ここには、『存在と時間』を現象学の文脈に位置づける仕方として特に新しいことは何もない(4)。実存の観点を中心に置くことによって、『存在と時間』の哲学は、私たちの経験に対して独自の洞察を様々に提示している。だが、そうであれば、「ハイデガーと現代現象学」については言えること、言うべきことがたくさんあるということになるのだ。

2　歴史的文脈の重要さ――混成でも架橋でもなく

現代現象学とはどのようなアプローチか、『存在と時間』の哲学はこのアプローチの探究にどのように位置づけられるか。このことを、一人称的経験の探究と実存のそれぞれ私のものであるという性格に着目して、これまで説明してきた。第2章以降で、具体的に、『存在と時間』において現代哲学の各テーマがどう論じられているかを示していくが、その前に、この現代現象学のアプローチがどういうものではないかを断っておきたい。先に触れた現代現象学は歴史的アプローチだという点がここで重要になる。

現象学の研究に限らず、現代の、特に分析哲学の議論の様式で古典的な哲学書を研究するというアプローチは、今日、珍しいものではない。むしろ国際的に見れば、巨大な勢力と言ったほうがよいくらいかもしれない。日本でも、近現代のドイツ哲学に限ってみても、I・カント、G・W・F・ヘーゲル、フッサール、さらにF・ニーチェまでもがこの種の分析的解釈のアプローチで解釈されるようになっている。ハイデガーもやはり無縁ではない。

この種の分析的解釈アプローチと本書の現代現象学のアプローチには重なる部分もあるが、異質な部分も多く、全体として見れば、異なるアプローチである。例えば、現在、例えば、○○説と反○○説の論争がホットだから、ヘーゲルにもハイデガーにもこのフレームをあてはめて、ヘーゲルは○○説、ハイデガーは反○○説などと割り振る（あるいはその中間の第三の□□説を提案して新規性を出す）といったタイプの議論が存在する。現象学の場合にも、現象学と分析哲学の「混成（ハイブリッド）」とか「架橋（ブリッジ）」といった言葉が用いられつつ、この種の研究に一定の位置が与えられてきた。しかし、本書ではこのような議論はしていないし、この種の議論は意識して避けようとしている。

例えば、ハイデガーは「表象主義者」か「反表象主義者」か、という論争が二〇世紀の終わり頃に、ドレイファスを中心に起こったことがあった。この枠組みは一定の分析哲学の用語法を前提してはじめて理解可能なものであり、ハイデガーの哲学をこの枠組みの内部で解釈することは可能かもしれないが、ハイデガー自身がこの枠組みで自身の立場を語ったことはない。ハイデガーが実際に語っているのは、本書第3章で見るように、道具的存在者の配慮的気遣いが事物的存在者の認識よりも世界内存在の様態として一次的だということである。このハイデガー自身の議論と、表象主義か反表象主義かという対立軸がぴたりと重なることなどあるはずがなく、この論争を真面目に受け止めた上でハイデガーの解釈者が誠実に語るなら、どのような点でハイデガーの哲学はこの対立軸には収まらないかの指摘を含むはずである。その場合には、ハイデガーに無縁な枠組みを無理やり当てはめるのではなく、『存在と時間』に関して生じた議論の経緯を踏まえた上で、原テキストを歪めることなく、生産的な提案や情報提供をしていることになろう。[5] 本書では、第2章で存在の多元説か一元説かという現代の議論に触れるが、そこでは、この説のいずれかにハイデガーを当てはめて話を終えるのではなく、ハイデガーの議論がこの対立からどうはみ出すかを明らかにしようとしている。

分析的解釈と呼ばれるアプローチには——一時期の分析哲学で優勢を誇った反歴史主義の名残なのだろうか——特有の没歴史性がしばしば現れている。[6] 古典的なテキストを現代の概念や論争点でフレーミングする場合、自分の生きている時代とそのテキストが書かれた時代の間に起こっていたことには考慮が払われず、その間にはこのテキストを理解する上で重要なことは何もなかったかのような歴史の飛躍が生じがちである。本書は、ハイデガーの議論を現象学の文脈に置くとき、また、その現象学的見解を現代哲学の議論のなかで提示するとき、『存在と時間』の刊行以来、この書をめぐって実際に存在してきた議論に基づいて語ることを重視する。今、『存在と時間』の哲学はどのように照らし出されうるのかを、その哲学について積み重ねられてきた議論を重視し、その脈絡から示すことを心がける。

そして、そのような歴史的文脈を重視した研究が、今まさに可能であり、これが可能であるという点で特筆すべきなのが『存在と時間』に他ならない。『存在と時間』はそれについて非常に多くが語られてきた点で際立っており、その点で現代哲学の最重要作と呼ばれることにも根拠のある本である。逆に、『存在と時間』を光源として現代哲学の広い部分を照らし出すことが可能であり、この点で『存在と時間』は特別である。実際、ここで言う歴史的脈絡は豊かであり、複数ある。

まず、現在盛り上がっている議論や争われている論点の根が、ハイデガーの時代の現象学の文脈にある、という場合がある。それゆえに、現在の議論の焦点がハイデガーを含む古典現象学において議論されていたもののそれと同型であったり、あるいは再現であったりするように見える場合がある。例えば、第6章で論じる他者の心の理解について、現在の有力な説の一つであるシミュレーション説は、フッサールやハイデガーの時代に哲学者と心理学者が共有していた「感情移入（Einfühlung）」という概念（の英語訳であるEmpahty）を資源として成立している。ハイデガーはこの感情移入という考え方に『存在と時間』で明白に反対しており（SZ, 124–125）、「共存在」という自らの概念を用いて他者の心の理解についての別の説明を提案している。このように、現行の争点が約百年前の現象学者たちの議論の延長であったり変形であったりする脈絡を見出すことは様々に可能である。また、第4章で論じる知覚について、現在の知覚の哲学において「スナップショット的発想」として批判されているものは、この描像の批判者であるA・ノエがフッサールの名前を自らの先達として挙げている通り、フッサールやハイデガーが現象学的知覚論を提示したときに論敵としたもの――感覚所与として知覚内容を解する当時の支配的立場――と同じではないにせよ、明らかに延長線上にある。さらに、第5章で論じる情動について、現在、情動を志向性と見なす立場（志向説）がだいぶ定着しているが、この立場は情動を単なる「感じ」に縮減する感覚理論を批判するものである。情動の感覚理論の批判は、情動を志向性として把握するフッサールやハイデガーだけでなく、分析哲学の陣営からも繰り返し出されてきたのであり、現代哲学の一つのモティーフとなっている。

あるいは、分析哲学の議論において影響力の強い人物たちが現にハイデガーに言及したり、ハイデガーがこれに応答したりという脈絡もある。第3章で行為を論じる際、現代の行為論の出発点には、行為が先行する意志によって引き起こされるという古典的意志理論への批判があることを確認する。この批判を決定的にしたライルは、心の概念を閉塞した内面の領域から解放することに尽力したが、同様の仕事を『存在と時間』にも認めていた。あるいは、第7章で擬似問題として哲学的問題と呼ばれるものを解消するという発想について論じるが、この発想は擬似問題という言葉遣いを含めて、ハイデガーとカルナップにほぼ同時期に生じたものであっただけでなく、カルナップはまさにハイデガーの言明に擬似命題の疑いをかけ、ハイデガーはこの疑いに真っ向から応答していた。さらに、第2章で論じる「存在の意味」については、現代の分析哲学の存在論において、存在の意味を一元的に理解する支配的立場に対して存在の意味の多義性を重視する多元説が近年勢力を伸ばしており、その際にハイデガーが呼び戻されることが起きている。この議論への参入者にはH・パトナムのような有力な分析哲学者も含まれる。

最後に、本書では十分に展開できていないが、アリストテレス解釈という現代哲学の重要な共通基盤もある。第3章で行為について論じる際、現代の行為論の基礎を作ったG・E・M・アンスコムとハイデガーの議論の――驚くべきほどの――同型性を明らかにするが、この同型性は偶然の一致ではなく、両者がともにアリストテレスの解釈を通じて考察を進めているという事情がある。あるいは、第4章で知覚を論じる際、実践的推論において知覚がどういう働きをするかという点において、ハイデガーとJ・マクダウェルの議論の近さを指摘するが、この近さの背景についても全く同様のことが言える。また、第2章で、存在の意味は多義的か一義的かという現代の論争においてハイデガー『存在と時間』が呼び戻されていることを論じるが、この呼び戻しも結局は、アリストテレスの解釈という共通資源があるがゆえに生じている。

以上のように、『存在と時間』を現代哲学に位置づけるための脈絡は豊富にある。それによって明らかになるのは、分析哲学者も現象学者も同じように、人間の様々な経験に興味をもち、それぞれ特有の展開を経ながらも、相互に議論してきたということだ。両者の間に人工的な橋をかけようとするよりも、すでにかけられているがその存在を忘れられていたり重要性を認識され損ねたりしている橋に光をあて、見えるようにするという仕事がある。あるいは、現代哲学は、水源をともにしていながら、大きな流れに分岐したり、再び合流したりするような一つの川のように見たほうが良いくらいかもしれない(7)。実際に、この川を行き来しながら、経験の探究を一人称観点からすることにこだわる現象学の、そしてなかでもハイデガーの実存論的アプローチの独自性が見えてくれば良い。

『存在と時間』は約百年の歴史を有するに至り、だからこそ、多くを語られてきたこの書について今、見えることがある。しかし、同じことが、例えばヘーゲル、あるいはアリストテレスの哲学の場合に言えるかどうかはわからない。単純に、二百年、あるいはまして二千三百年の間にある哲学書について語られてきたことの複数の脈絡を追って議論することははるかに困難であろうし、もはや不可能なのかもしれないからである。『存在と時間』からの百年は現代哲学と呼びうるものの歴史に重なり、以前にはわからなかったことがわかることがある、というのはたしかだ。しかし、今後は時間の経過とともに、『存在と時間』はもっと遠い歴史的対象となり、自分と同時代の哲学との接点を、現に存在する脈絡を追って見つけることはもっと困難になるだろう。別の言い方をすれば、本書で私は、自分の歴史における位置において、今だからやれることを最大限にやりたいと望んでいる。自分の足元をよく見れば、自分に何ができるのかが見えてくる。研究者として当然の姿勢について述べているだけのつもりだが、対象との時間的距離によってその姿勢に合った活動は変わってくると思うのである。

3　各章の議論の進め方

序論の最後に、各章の議論の進め方について説明しておきたい。

まず、各章の冒頭では、はるとあきという二人の登場人物がその章のテーマについて会話する場面がエピソードとして挿入されている。これらのエピソードは、その章の議論の全体的な見取り図を提供している。はるとあきは哲学を勉強する学生で友人同士であるが、はるが哲学的な難問に悩むとあきに相談し、あきが問いの立て方や考えの進め方について助言をする、という関係である。はるは、今、私たちが哲学的な問題を考え始めたときにまず突き当たりそうな疑問を感じたり、まず飛びつきそうな答えを思いついたりする役という想定だ。はるは、例えば、単なる物理的動作と人間の行為の違いはどこにあるのだろうとか、他人の心はどうやったらわかるのだろうとか、意識の外側の世界は本当に実在しているのだろうか、といった問いに悩まされている。そして、単なる物理動作を行為にしているのは意志だ、とか、他人の心は単に外側から推察できるだけだ、とか、一切は意識に生じているだけであり世界は実在していない、などといった答えにたどり着いたところで、あきに相談する、という具合である。他方、あきは、こうした回答にすでにたどり着いたことがあるだけでなく、その回答を吟味したことがあり、別の問いの立て方があることや別様に物を見る仕方があることを認識している。例えば、意志の有無ではなく自分が誰であるかについての実存的了解が私たちを行為者たらしめているとか、他者の心はその動作や振る舞いに直接見えるという別の見方を獲得していたり、世界は実在しているのかという問いは無意味な擬似問題ではないかと問いの前提を問うたりしている。あきは、哲学的な問いに悩み始めたはるに、哲学的思考の一歩先や広がりを伝えるような役を演じている。

あきがはるに話す内容は、もちろん、ハイデガー『存在と時間』の哲学的見解を反映させたものである。他方、はるの問いや回答はハイデガーの議論が批判したり退けたりしているものである。ということは、はるの問いや回答は、基本的に、『存在と時間』が執筆された当時の哲学界でよくあった問い方や物の見方を反映している。『存在と時間』で明確に批判の標的として名指されていることもあるが、現代哲学の文脈を考慮することで、『存在と時間』がどういう問題圏を動いているかが明確になることもある。ただし注意したいのは、はるの問いや回答はおよそ百年前の『存在と時間』で標的にされているものではあるが、どれも今日の私たちにとってもなお常識的な見解であったり、現在進行形の現代哲学のなかで生き残り続けていたりするということだ。あるいは、哲学や関連理論の公式教義のような体裁を取り、常識を強化したりしていることもある。その意味で、はるとあきの会話は、現代哲学におけるハイデガーの議論の眼目を浮き上がらせる役割を担っている。

この会話を各章の最初に導入するという着想は自然と生じたものである。本書は、ハイデガー専門家に限らず、広く哲学に関心をもつ読者に『存在と時間』の議論を理解可能にしようとしている。読者の想定としては例えば大学で哲学を学んでいる学生の姿がある。私自身は、『存在と時間』で卒業論文を書いてから約二五年に渡って『存在と時間』を論じたり教えたりしてきたが、学生たちが抱く疑問や思考の落ち着きどころを見ていると、かつての自分自身を見ているように思うことが少なくない。それゆえ、はるは哲学的に考え始めた頃の私自身を投影した人物でもある。そして、あきはハイデガー『存在と時間』の哲学の議論の眼目や利点を提示している現時点での私自身である。今思えば、一生懸命本を読み、必死で頭を絞ったつもりでも、私たちの問いや回答は、最初は型にはまったものが多く、標準的でインスタントな結論に飛びついた――それによってこの苦しい思考を終わりにしたかった――だけだったということが多いように思われる。はるのような人物に、別の物の見方やさらなる問いを提示し、さらにその先まで考えられるように励まし手助けして、哲学的に考えることは苦しいけれど楽しいということを伝えるのが、哲学を教えるということだと私は思っている。あきはハイデガーの『存在と時間』にそういう哲学の面白さを教えられ、今ではそういう意味での哲学の教師であろうとしている自分自身である。

各章の議論の流れは、はるとあきの会話の流れにだいたい沿ったものになっている。会話においては、基本的に、まず、(1)私たちが抱きがちな哲学的な疑問とその問いに対するさしあたりの回答が示され、(2)次にその問い自体が問い直されたり回答が吟味されたりし、(3)最後にハイデガーの見解やそれにつながる哲学的立場が提示される。各章の本論では、基本的に、(1)当該テーマに対する現代哲学の標準的・支配的な問題設定や見解、あるいはそうした問いと見解に関連する議論の文脈が示され、(2)次に、現象学の立場からその問いや見解を吟味したり、その議論の文脈にハイデガー『存在と時間』を位置づけたりし、(3)最後にそのテーマに対するハイデガーの実存論的アプローチにおける独自の見解を明確化する、という順序で議論を進めている。もっとも、各章で節番号の付け方はそれぞれであり、この順序に従っていない章もある。具体的には、第3章から第6章まで、行為、知覚、情動、他者の心と題された各章は概ねこの順序に従って書かれている。ただし、第2章「存在と意味」と第7章「擬似問題」は必ずしもそうなっておらず、特にウィトゲンシュタインとの関係で議論が展開している。また、この二章は『存在と時間』以前の哲学とのつながりから『存在と時間』の問いがどう生成し、『存在と時間』からそれ以降の思想がどう展開するかというモティーフを含んでおり、その間に挟まれた各章とは趣が少し異なるところがある。しかし、全体としては、哲学的な問題の現代哲学における文脈に現象学を位置づけ、さらにその文脈にハイデガーを位置づけるという構成を基本的に取ることで、現代現象学としての『存在と時間』の哲学の輪郭を描き、可能な限り、その重要性を明らかにしているつもりである。では、まずは「存在の意味」から始めて、各テーマの考察に進もう。

2　存在の意味

　はるとあきは同じ大学の哲学科で学ぶ学生であり、あきははるよりも年長だが、二人は哲学的なテーマについて本気で話し合える仲である。はるは、この世界には何が存在しているのか、という問いに心を占められている。今読んでいるこの本は指差すことができ、見たり触れたりすることもでき、たしかに存在しているように思われる。しかし、このように指差すことのできないものは存在していると言えるのだろうか。

　例えば、三つのりんごを指差すことはできても、三という数を、同じように指差して見たり触れたりすることはできないように思われる。では、数は存在しないのだろうか。あるいは、「私」はどうだろう。私なるものは、手足のように見て触れたり、臓器のように大きさや重さを測ったりできる何かなのだろうか。どこか違う気がする。では、「私」は存在しないのだろうか。

　はるは、このように、何が存在しているのかが不透明な世界で、落ち着かない心境で生きていることに耐え難くなり、あきにそのことを伝えてみた。あきはこう言う。存在するということを何かが物理的に存在するという一つの意味に限定してはいないか。例えば、私が存在するとはどういうことかを問うて欲しい。この問いにおいて問題なのは、私を指差すことができるかとか、私が目に見えるかだけではないだろう。むしろ、私の存在に関する問題とは、自分は何者であるのかとか、この存在に何の意味があるのか、といったことではないか。数の場合にも、りんごと同じように存在していないからといって、存在が危ぶまれるということになるだろうか。むしろ、数学的対象や私なるものにはそれに特有な存在の仕方があるのではないか。存在は多様に語られるが、しかしやはり存在という同一の語で呼ばれるのはなぜなのか――あきによれば、このような問い方は存在論と呼ばれるものの一つの正統な問い方である。

1　哲学と意味への問い

哲学とは何か。この問いは、それ自体が哲学的な難問だと言われている。なるほど、この問いに対する唯一の回答などありそうにない。しかし、哲学に特徴的な振る舞いについて考えることはできる。例えば、「哲学とは何か」という問い自体が、典型的に、哲学的とされる問いの形式を備えているように見える。「Xとは何か」という問いは、哲学的な問い方として私たちが真っ先に思い浮かべるものだと言えよう。哲学以外にも、Xに様々な概念を代入してみよう。世界、時間、歴史、心、身体など、何でもよい。「世界とは何か」でも「心とは何か」でも、それ以外のいずれの概念の場合でも、哲学的な考察のフィールドが広がっていると感じられるだろう。

もっとも、例えば、歴史や心であれば、歴史学や心理学といった専門的な学問が存在している。例えば、歴史学者は、特定の時代と地域に生じた出来事がどのような経緯で成立したのか、その出来事は今日にどのような影響を及ぼしているのかなどを、史料に基づく厳密な考証によって明らかにしようとする。他方、歴史の哲学には特定の時代や地域といった研究対象はなく、「歴史とは何か」というその問いに関心を向ける。そのとき、この哲学は、「Xとは何か」という仕方で根本概念の意味を問うている。なるほど、哲学は「物事の本質を問う」としばしば言われる。肯定的なニュアンスで言われることもあれば、特定の現実を科学的手法によって分析するという地道な努力を欠いている、というニュアンスで冷ややかに言われることもある。

いずれにせよ、こうした両方向からの反応が生じるのは、哲学が学問の根本概念に相当するものの意味を問うているからである。日常生活を送る上でも、学問に従事する場合でも、私たちは、歴史、心、身体、世界などの概念を用いており、これらの概念がなければ私たちのコミュニケーションや活動の多くは不可能になると思われる。しかし、これらの概念は、結局のところ、何を意味しているのだろう、と。

以上のように言えるとするなら、意味とは何かという問いは哲学にとって特別な重要性をもつはずである。Xの意味というのは、よく言われるように、物事の「本質」だと言えるのだろうか。そうだとしたら、意味を本質と言い換えることにどういう意義があるのだろうか。あるいは、Xの本質というものがあるのだとして、その本質は一つだろうか。複数であることを許容するのだろうか。複数あるのだとしたら本質と呼ぶにはどこか足りない気がするかもしれない。そうだとすれば、本質と唯一性には重要な関連性があるということだろうか――[1]。このように少し考えてみるだけでも、「意味とは何か」という問いは、哲学の自己理解にとって重要であるだけでなく、それ自体、哲学の中心的な問題になりうるものであることがわかる。意味とは何かというこの問いは、そもそも哲学とは何をするものか、哲学は何をどう探究しているのかといった点で、哲学が自らを問うことに明らかに関わっているからである。

実際、現代哲学において「意味とは何か」は重要な問題であり、この問いの観点から、伝統的な哲学のあり方が反省されたり、哲学の本来進むべき道が示唆されたりしてきた。その古典的かつ有名な例としては、ウィトゲンシュタインの後期の代表作とされる『哲学探究』冒頭に現れる、いわゆる「アウグスティヌス的言語像」を挙げることができる。ウィトゲンシュタインは、アウグスティヌスが『告白』第一巻第八章において子どものときにどのように言葉を学んだかを記述している箇所を引用し、次のように述べている。

> これらの言葉のうちには、人間の言語の本性に関する特定の映像〔像（Bild）〕が与えられているように思える。

すなわち、言語に含まれている一語一語が対象を名ざしている――文章はそのような名ざしの結合である――というのである。――こうした言語像のうちに、われわれは、どの語も一つの意味をもつ、という考えの根源を見る。この意味は語に結びつけられている。それは、語が指示する対象なのである。（ウィトゲンシュタイン 1976a, 15）

この引用文の前半部には、アウグスティヌスの記述にウィトゲンシュタインが読み取った「言語像」が示されている。後半部では、「意味とは語が指示する対象である」という、意味についての理論的と言ってもよいような「考え」の根がこの言語像にはあると言われている。H・フィリプセは次のようにまとめている。

〔アウグスティヌスの〕記述のうちに、ウィトゲンシュタインは、ひとが人間の言語の本性だとしばしば暗黙のうちに想定しているものの「像」を見て取る。ある言語の語は、対象の名前であり、文は名前の結合であって事態を記述するために使用される。ウィトゲンシュタインは、アウグスティヌスの着想は、直示的定義が語の意味の説明の基本的形態だという考えと同等であると見なすのである。（Philipse 1992, 253）

まず、アウグスティヌス的言語像とは、人間の言語の本性に関して私たちが想定しがちな像――描像――のことである。フィリプセによれば、この言語像においては、語とは対象の名前であると想定されている。例えば、「りんご」という語は、そのように呼ばれる対象の名前であり、「りんご」はそのような対象を名指しているというわけだ。この「像」は私たちが漠然と人間の言語の本性だと想定しがちなものであり、言語についての理論とか明確に表明される「考え」のようなものではない。しかし、ウィトゲンシュタインによれば、アウグスティヌス的言語像には、「意味とは語が指示する対象である」という考えの根がある。この考えをフィリプセは「直示的定義が語の意味の説明の基本的形態だという考え」と呼んでいる。直示的定義とは、名前を呼びながら対象のほうに体を動かしたり、対象を指し示したりすることによって、語の意味を説明することである。『告白』のアウグスティヌスによる記述には、このような仕方で大人が子どもに言葉の意味を説明する場面が、子どもが言葉の意味を学ぶ典型のように出てくるのである。

アウグスティヌス的言語像は、第一次的には、言語の本性や語の意味の説明に関わっているが、それだけではなく、様々な哲学的混乱を引き起こすという点で注目を集めてきた。フィリプセによれば、こうである。

> この像は原像（Urbild）として働いており、つまりは、単に、意味の説明の範囲に影響を与えるだけでなく、むしろ、心の哲学から数学の哲学まで様々な哲学の分野における伝統的理論の背後に潜んでいる隠された動機なのである。（Philipse 1992, 253）

例えば、それぞれの語は対象の名前であり、かつ、語の意味を学ぶ基本的なやり方は直示的定義なのだとすると、では、「五」とはどういう対象の名前なのか、その対象をどのようにして身振りで指し示すのか、という問題が生じる。しかし、数は、りんごのように物理的に実在して、そこに現前するわけではない。では、それとして指し示すこともできないのだから、数は感覚不可能で抽象的なイデア的対象なのだろうか、あるいは、抽象的な観念が心のなかに抱かれるに過ぎないのかといった問いが、選択を迫られる問題のように思えてくる。あるいは、「悲しみ」についてはどうだろうか。数の場合と似た仕方で、「悲しみ」はどういう対象の名前なのか、この対象はどのようにして指し示すことができるのか、という問題が生じるかもしれない。すると、悲しみは、りんごのような物理的存在者として実在するわけではなく、また、物理的存在者として指し示すこともできないのだとすれば、心のどこか内的な領域にあるのだろうか、さらには、そのような内的な領域にあるものを他者はどのようにして知りうるのか、などといった問いが、心に関する哲学的難問のように思えてくる。以上のように見てみると、アウグスティヌス的言語像なるものへの着眼は、伝統的な哲学の問題設定そのものの吟味を含むものになることがわかる。目下の私たちの文脈で言えば、「数とは何か」とか「心とは何か」といった典型的に哲学的な問いはどういう方向で問われるのか、という問題に関わっている。[2] このように批判の射程は、哲学とは何か、にまで及んでいる。

ところで、哲学において、「Xとは何か」という形で表現される問いのなかには、「存在とは何か」というような問いもある。ハイデガーの主著『存在と時間』は、「存在とは何か」というこの問いを論じており、この問いを「存在の意味への問い」と名づけている。そしてこの問いこそ、その他の学問と区別された固有の学問としての哲学の中心的な問いだ、というのがハイデガーの基本的な見方であった。存在とは何かという問いにおいては、数や心のように特定の存在者の領域を扱うことではなく、何であれ存在者が存在することの意味が問題だからである。

『存在と時間』は、ある仕方で、存在という語の意味を問うている。そうだとすれば、ハイデガーが語の意味についてどういう見方を採っているかは、『存在と時間』の哲学的探究の方向性に対して決定的な重要性をもつだろう。こう考えられるとすれば、ハイデガーの存在の意味への問いはアウグスティヌス的言語像に囚われていないかと問うことは、ストレートで興味深い問いだろう。実際、フィリプセはそのように問い、ハイデガーはアウグスティヌス的言語像の餌食になっており、それゆえ、存在の意味への問いを適切に問い進めることはできなかったという診断を下した。この診断が妥当であるかどうかは、よく吟味すべきであるように思われる。何と言っても、『存在と時間』とは存在の意味への問いについての書物である。その限りで、もしこの診断が妥当であるとすれば、『存在と時間』の評価が甚大な影響を被ることはたしかだからである。

2　フィリプセによるハイデガー批判

2-1　存在の多義性と統一という問題――存在の意味への問いの予備的スケッチ

ハイデガーの存在の意味への問いに対するフィリプセによる批判の中身をこれから見ていこう。ただし、その準備作業として、存在の意味への問いとはどういう問いなのかを最低限把握しておく必要がある。存在の意味への問いの簡潔な説明としては次のものがよく知られている。

> 存在者が多様な意義において語られるのであれば、何が主導的で根本的な意義なのだろうか。存在とは何を意味するのか。(GA14, 93)

存在の意味への問いのこの定式化は『存在と時間』に現れるものではない。これが現れるのは、ハイデガーが七四歳のとき、一九六三年に公刊された『現象学への私の道』という小論である。この小論でハイデガーは若き日を振り返り、「フランツ・ブレンターノの博士論文『アリストテレスにおける存在者の多様な意義について』(一八六二年)は、一九〇七年以来、哲学へと入り込もうとする私の最初のぎこちない試みを支える杖であった」(GA14, 93) と述べた後に、その頃自分を突き動かしていた問いを先のように定式化している。

この問いの定式化において、「存在とは何を意味するのか」という問いは二つの要素から成っている。第一に、存在者は多様な意義において語られる。第二に、このことを前提した上で、では、そのなかでも何が主導的で根本的な意義か、が問われている。存在の意味への問いがこの二つの観点から成立しており、この問いが『存在と時間』に至るまでのハイデガー――しばしば前期ハイデガーと呼ばれる――の一貫した問いだった、という見方はハイデガー研究では珍しいものではない(3)。

ブレンターノの『アリストテレスにおける存在者の多様な意義について』を通じて若きハイデガーが突き動かされた問いが、『存在と時間』での存在の意味への問いへと引き継がれていることはたしかである。ここでは次のことを明確にしておけば良いだろう。『存在と時間』においても、存在の意味への問いは、第一に、存在は多様に語られるのであり、存在の意味は多義的であることから出発する。第二に、その上で、何がそれらの様々な意味を統一しているのかが探究される、ということだ。次の箇所は、『存在と時間』第一節で、ハイデガーが存在の問題に関するプラトンからヘーゲルまでの西洋哲学の歴史を簡単に振り返り、明らかに、アリストテレスの取り組みに特別な重要性を見出しているところである。

〈存在〉は、中世存在論が名づけるところに従えば、一つの〈超越者〉である。事象内容を含んだ諸々の最高類概念が多様であるのに対して、こうした超越的で〈普遍的なもの〉は統一をもつのであるが、この統一をアリストテレスはすでに類比による統一と認識していた。この発見によってアリストテレスは、プラトンの存在論的な問題設定に完全に依存しているにもかかわらず、存在の問題を原則的に新しい基盤に据えたのである。(4) (SZ, 3)

〔…〕事象を含んだ〈諸範疇〉が多様であるのに対して、存在が統一をもっているというのは、アリストテレスによってすでに据えられた問題なのだが、ヘーゲルが存在の統一というこの問題を手放している点だけが異なっている。(SZ, 3)

まず明らかなことは、ハイデガーが、「事象内容を含んだ諸々の最高類概念」の多様性と呼ばれるもののうちに、「存在は多様な意味で語られる」という状況を認めていることである。そして、その上で、しかし「存在は統一をもっている」ということを問題として設定している。なかでも明白なのは、アリストテレスがこの統一を「類比による統一」と認めたことに、存在の問題を新たな基盤に据えたという功績を帰していることだ。さらに、ハイデガーによれば、ヘーゲルにおいては「存在の統一というこの問題」は放棄されている。(5) これに対して、あくまでその統一を問うという課題を現代において引き受けるのが『存在と時間』である。このように、「存在の意味への問い」の中心問題とは存在の多義性とその統一だと言える。

2-2 アウグスティヌス的言語像への囚われ？

以上で、『存在と時間』における存在の意味への問いとはどういう問いかについて最低限把握したとして、フィリプセによるこの問いに対する批判の検討に移ろう。先述したように、フィリプセによれば、ウィトゲンシュタインの『哲学探究』でアウグスティヌス的言語像と呼ばれているものにハイデガーは囚われている。どういうことだろうか。

まず、フィリプセは、ハイデガーには存在が多様に語られることを示すやり方が二つあることを確認する。一つ目のやり方は、私たちがSein動詞（英語で言えばbe動詞）を日常的に使用する仕方の多様性を示すというやり方である。『存在と時間』第一節で、「空が青くある（Der Himmel *ist* blau.）」「私は陽気である（Ich *bin* froh.）」といった「平均的な理解内容」が挙げられる箇所が、そのやり方の典型を示している（Philipse 1992, 260; SZ, 4）。二つ目のやり方は、伝統的な存在論的範疇の区別を提示するというものである（Philipse 1992, 261）。例えば、エッセンティア（essentia）とエクシステンティア（existentia）の区別は、ハイデガーがしばしば提示する範疇的区別である。

ハイデガーは、たしかに、存在が多様に語られることを二重の方法で例示している。しかし、フィリプセが問題視するのは、ハイデガーがこの存在の多義性にとどまることはないということだ。ハイデガーの議論においては、存在の多義性や範疇の区別は、存在という単一の何かへの問いに移行していくというのだ。フィリプセは『存在と時間』の二年後に刊行された『カントと形而上学の問題』から次の箇所を挙げている。

> あらゆる存在者において、何‐存在と事実‐存在、エッセンティアとエクシステンティア、可能性と現実性が〈ある〉。ここで〈存在〉はそれぞれ同じことを意味しているのだろうか。もしそうでなければ、存在が何‐存在

と事実‐存在に分裂しているのは何によってなのだろうか。このようにあまりにも当然のごとくかき集められた区別――エッセンティアとエクシステンティア――は、犬に加えて猫もいるという仕方で、あるのだろうか。あるいは、ここには、今こそついに立てられなければならない問題が存しており、その問題は、明らかに、存在そのものとは何であるかが問われる場合にのみ、立てられることができるということだろうか。（GA3, 223–224; Philipse 1992, 261–262）

ここで、ハイデガーはまず、存在論的範疇の区別が〈ある〉ことを確認し、次に、「存在そのもの」の根源的な意味を問うことに移行している。フィリプセによれば、引用文中の二文目の問い「ここで〈存在〉はそれぞれ同じことを意味しているのだろうか（Heisst hier 'Sein' je dasseble?）」においては、まだ Sein 動詞の意味への問いが立てられているように見える。しかし、最後の文に現れる問い「存在そのものとは何であるか（... was das Sein als solches sei?）」においては、存在にはもはや引用符がついていない。フィリプセによれば、後者の問いは、Sein 動詞はいかに働くのかというまともな問いではなく、「存在そのもの」と呼ばれる何らかの種類の「現象」を追い求めるものだ（Philipse 1992, 263）。言い換えれば、語の意味を問うことが何らかの現象の追求へとすり替えられている。語の意味への問いの現象の追求へのこのすり替えに、フィリプセは、ハイデガーがアウグスティヌス的言語像の餌食になっていることの証拠を見出そうとする。(6)

ハイデガーは、私たちが、存在の現象に馴染みになることから、何らかの仕方で語の意味を「読み取る」ことができるだろうと考えている。もしそうであれば、「存在する」の意味に関する問いは存在の追求と等価である。(Philipse 1992, 263)

フィリプセによれば、ハイデガーは、私たちが存在するという語を日常的にも哲学的にも様々な仕方で用いていることを認識していたが、その認識の後に、名詞「存在」が追い求められるべき現象を指示するものと考えてしまった。「ハイデガーはすべての語は指示表現であると暗黙のうちに想定している」(Philipse 1992, 263)。つまり、ハイデガーは、〈語の意味とは、それが指示する対象である〉といったアウグスティヌス的な言語像の餌食になっているというわけである。

2-3 意味の根底的統一の誤謬?

フィリプセの考えによれば、ハイデガーはアウグスティヌス的な言語像の餌食になることで、存在の異なる使用の多様性にとどまらずに、「一つの根源的な意味を探し求めて、そのような意味の統一など端的に存在しないという可能性を排除しているように見える」(Philipse 1992, 262)。つまり、存在を指示表現だと暗黙のうちに想定することで、ハイデガーは、存在の多義性から出発したはずであるのに、本人の自覚とは異なり、存在の多義性を否定する側に回っており、この点でウィトゲンシュタインの教えから遠く隔たっているというのである。

> 後期ウィトゲンシュタインによれば、同じ語の異なる使用は何らかのより深い統一を前提していなければならないという想定は、私たちの哲学的伝統の最も基本的な誤りの一つであり、本質的な誤謬である。この誤謬はアウグスティヌス的描像の一要素である。例えば、名詞は家族的類似性に基づいて、あるいはそれ以外の多かれ少なかれ複雑な仕方で、特に問題なく働くことができるかもしれない。ある表現の多様な使用を説明するはずの根底的な統一を仮定する代わりに、実際にその表現が使われている様々な仕方を調査する(survey)べきである。(Philipse 1992, 262)

かくして、ハイデガーが本来進むべきだったのは、存在が多様に語られる仕方を示す第一のやり方、つまり日常的使用を調査（サーヴェイ）することであったということになる。そうすれば、ハイデガーはウィトゲンシュタインとともにアウグスティヌス的な言語像から脱して、「家族的類似性」という発想に至り、異なる使用の根底に潜む何らかの統一――ましてや、単一の本質なるもの――などという虚像に振り回される羽目には陥らなかったというわけだ。
では、類似性と共通の何かについてのウィトゲンシュタインの考えを確認しよう。その考えは次の箇所によく示されている。

> われわれが「ゲーム〔…〕」と呼んでいる出来事を一度考察してみよ。盤ゲーム、カード・ゲーム、球戯、競技、等々のことである。何がこれらすべてに共通なのか。――「何かがそれらに共通でなくてはならない、そうでなければ、それらを〈ゲーム〉とはいわない」などと言ってはならない――それらすべてに何か共通なものがあるかどうか、見よ。――なぜなら、それらをよく注視すれば、すべてに共通のものは見ないだろうが、それらの類似性、連関性を見、しかもそれらの全系列を見るだろうからである。（ウィトゲンシュタイン 1976a, 69）

ウィトゲンシュタインは、まず、実に様々な活動が「ゲーム」と呼ばれていることを確認している。しかし、これらが同じ「ゲーム」と呼ばれている限り、ゲームと呼ばれる様々な活動に「共通の何か」がなくてはならないと決めつけるのは控えるように求めている。その代わりに、ゲームと呼ばれる様々な活動をあるがままによく見よ、そうすれば、共通の何かではなく、類似性や連関性が見えるようになる、と言うのである。この類似性が「家族的類似性」と特徴づけられる理由はこうである。

なぜなら、一つの家族の構成員の間に成り立っているさまざまな類似性、たとえば体つき、顔の特徴、眼の色、

歩きかた、気質、等々も、同じように重なり合い、交差し合っているからである。（ウィトゲンシュタイン 1976a, 70）

家族のメンバーは似ている（類似している）と言われるが、そのとき、全員に共通の何かが見られているのではなく、そこで見出されているのは、例えば、「足の形がお父さんにそっくり」、「鼻はお母さん譲りだね」、「怒りっぽいところが兄弟同じだ」など、部分的な重なり合いである。事情は、盤ゲーム、カード・ゲーム、球技、競技などでも同様であり、これらの「ゲーム」は、室内で遊べる、ボールを使う、二人で対戦するなど、互いに重なり合い、交差し合う一つの「家族」のように類似しているのである。

フィリプセに従えば、この家族的類似性の着想に至ることで、ウィトゲンシュタインは言葉の様々な使用の多様性を受け入れ、この多様性にとどまり、それらの様々な使用を統一する唯一の意味などないことの明確化に徹したということになる。ところが、ハイデガーはアウグスティヌス的な言語像と呼ばれるものを暗に想定したがゆえに、この言語の日常的用法の複雑さや多様さにとどまることができず、哲学者によって範疇とされてきたものとその共通の意味のような伝統的発想に縛られているのである。フィリプセのこうしたハイデガー批判は、存在の意味への問いという『存在と時間』がその明瞭化を主要な狙いとするものに直接向けられており、そうである以上、その批判が妥当であれば、『存在と時間』に深刻な打撃を与えうるものだ。

しかし、フィリプセの批判に対しては異論が提出されてもきた。例えば、S・グレンディニングは、フィリプセが、存在の意味への問いに対するハイデガーのアプローチの「一つの「極」」（Glendinning 2013, 38）だけを取り上げて批判を展開していることを疑問視している。グレンディニングは、フィリプセに「同一性の原理は同時に差異化の原理である」（Philipse 1992, 257）と自ら述べていたことを思い出すように求める。たしかに、存在の意味への問いは、一方に、存在の多義性を認めること、他方に、この多義性の統一という課題を設定することを含んでおり、その片方だけでは成立しない。言い換えれば、存在の多義性を認めることなしには統一への問いは生じえない——問うべきものをもたない——のであり、その限りで、存在の意味がいかに統一されるかを問うことは存在の一義的な意味を探し求めているということにはならない。それどころかむしろ、統一への問いは、存在の多義性は最初からの前提であることを明確にしているのである。

たしかに、ハイデガーが肝心のところで「存在」を名詞として用いていることがアウグスティヌス的な言語像を想起させるというフィリノセの指摘は鋭い。しかし、だからといって、ハイデガーは「存在」を指示される何らかの対象あるいは存在者だと見なしているのではないか、という嫌疑をかけることは、『存在と時間』の議論のあまりにも多くの箇所に抵触する。

第一に、存在は存在者ではないということこそ、『存在と時間』の刊行と同年の講義で「存在論的差異（ontologische Differenz）」（GA24, 454）と呼ばれ、ハイデガーの哲学の根本洞察として知られるようになったものだという点がある。まさに、存在者とは異なる存在をどう語るかというこの点に言及した『存在と時間』の以下の一節はこの文脈において重要である。

> 以下の分析のなかでの表現のぎこちなさと〈不格好さ〉に関しては、次の注記を加えることが許されるだろう。存在者について叙述しつつ報告することと、存在者をその存在において把握することは、それぞれ別のことだ、ということである。後者のほうの課題には、単に語が欠けているだけではなく、何よりもまず〈文法〉が欠けている。（SZ, 38–39）

ハイデガーはここで、存在者をその存在において把握することは、個々の存在者について叙述したり報告したりすることとは異なる、と述べている。存在の把握が、存在者についての叙述なり報告なりの特殊な形態である直示的定義の状況を想定して試みられているなどということがあるはずがない。それればかりでなく、存在者をその存在において把握するという限りでの存在論の課題にとって、存在者ではなく存在についてどう語るかはそれ自体困難な課題であることをハイデガーは率直に認めている。語が欠けているだけでなく〈文法〉も欠けているので、分析内の表現は〈不格好〉にならざるをえないと断っているのである。存在を名詞的に用いたというこの点だけから、既存の語と文法――アウグスティヌス的言語像なるもの――にハイデガーが従って存在の意味への問いを考えた、と決めつけることは明らかに性急である。むしろ、存在の名詞的用法というこの〈不格好〉な表現においていかに指示対象ではないものが語られようとしているかが、解釈の課題であろう。

次に、『存在と時間』が存在の使用の多様性を無化しているという結論を導くことは、存在の意味を「実在性（Realität）」に縮減する伝統的着想に対する執拗なまでの批判を浮遊させてしまうという点がある(7)。存在の意味を実在性に一元化する哲学的発想を批判することは、存在の意味への問いの仕上げというまさに『存在と時間』の狙いにとって重要な意義をもっている。

> それゆえ、現存在の分析論だけでなく、存在一般の意味への問いの仕上げも、実在性という意味における存在への一面的な定位から抜け出さなければならない。証示される必要があるのは、実在性は他の存在様式と並ぶ一つの存在様式に過ぎないだけでなく、存在論的には、現存在、世界、道具的存在性との特定の基づけ連関のうちにあるということである。（SZ, 201）

ここでハイデガーは、存在の意味への問いの仕上げという『存在と時間』の狙いにとって必要なステップとして、存在の意味を実在性という一つの存在様式に切り詰める慣行を止めることを挙げている。実在性はハイデガーによれば事物的存在性という存在了解の一部であるが、より具体的には、「何かが存在する（ある）か」という問いにおいて哲学者たちが問題にしている存在了解である。例えば、外的事物は存在するか、そもそも世界は存在するかといった問いは、それが実在するかどうかを問題にしているのである。当時、この種の問題のフレーミングは「実在問題」と呼ばれ、王道の哲学的問題としての地位を確立していた(8)。ハイデガーはしかし、ここに、存在に関する問題の一切が実在性という一つの支配的な存在様式の観点から了解され、議論されている状況を読み取っている。実在性へと存在の意味を切り詰める発想においては、「現存在も、他の存在者と同様に、実在的に事物的に存在する」と見なされるのであり、「こうして存在一般が実在性の意味を獲得する」（SZ, 201）。先の引用文から明らかなように、存在の意味を実在性へと還元する傾向に対して、ハイデガー自身はむしろ、存在には実在性だけでなく様々な意味——道具的存在性、現存在の実存など——があることを認め、多様に語られる存在の了解内容の連関を明らかにするという仕事を引き受けようとしている。これらの箇所は、「存在一般の意味」を問うことでハイデガーは存在の使用の多様性への視点を失ったというフィリプセの見方に明らかに反している。

3　『存在と時間』における存在の意味への問い

3-1　存在の多元説——家族的類似性と中核的同名異義の対比

これまで見てきたように、ハイデガーは存在が多様に語られることをまずは認めていた。しかし、それにもかかわらず、結局は様々な意味の根底にある共通の（単一の）意味を探していたという嫌疑をかけられたり、それに対して、なるほどハイデガーは多様な意味の統一を問うているが、意味の統一を問うことは意味の多様性を見失うこととは異なるという再応答がされたりしてきたのである。この再応答が明白にしているのは、フィリプセは存在の多義性の是認か拒否かという二極的思考に拘束されているということである。実際には、存在の意味が多義的であることにとどまるか、意味の多義性を認めずに一元論的立場を取るか、という二極の間には様々な立場がありうる。先に見たように、ハイデガーが存在の統一を問うやり方として念頭に置いているのはアリストテレス由来の「類比による統一」であるが、存在の類比説は通常、一元論的な主張ではなく、むしろ（フィリプセがウィトゲンシュタインのみに帰している）存在の多元説に属する一つの立場と見なされている。

例えば、古代哲学研究者のC・シールズによれば、アリストテレスとウィトゲンシュタインはともに一義性を拒否する点で同じ多元説の陣営にいるが、後者が一義性の否定で分析は終焉すると見なしたのに対して、前者は一義性の否定の後になお、それでもそれらは同じ語で呼ばれていることに対する生産的分析を——単一の本質ないし共通の意味を求めることなどなしに——続行したという。その議論を少し見ておこう。

まずシールズは、「神はよい」「私のブリトーは特によい」「この映画の展開は予想できるものだったが、結末はよかった」「彼女はよかれと思ってしている。彼女はよい心の持ち主だ」など、「よい」が現れる様々な文のリストを挙げた上で、アリストテレスに次のような見解を帰している。

> アリストテレスによると、われわれは、このリストに載っているよいものの多様性を少しでも調べてみれば、それらすべてに共通するような唯一の〈善性〉など存在しないことにただちに気づくことになる。よって、一義性の想定は受け入れがたいのである。だとすれば、哲学者たちが一義性を頑として諦めなかった場合、彼らの努力は不毛な時間の浪費に終わることになるだろう。（シールズ 2022, 247）

ここで「哲学者たち」と言われているのは、徳とは何かという問いに対して、多種多様な徳の例を挙げたメノンに対して、「自らが求めているのは、徳の例となるものすべてが共通して持つ一つの特質、すべての種類の徳をまさに有徳なものたらしめているその特質である」（シールズ 2022, 244）と応じたソクラテスであり、その後継者たちである。

重要なことに、これらの哲学者に対して、それは様々な仕方で語られるのであり、一義的な定義を与えることはできない、という見解をアリストテレスが抱いたものとして、善性と同時に（目下の私たちの関心の的である）「存在」がある。私たちにとっての関心は、ハイデガーの存在の意味への問いとはどういう問いか、という問題であり、この問題を考える際にしばしば登場するアリストテレスとウィトゲンシュタインがどう対比されているか、である。次の引用文はこの対比を明確にしている。

重要な点だが、アリストテレスは、一義性の否定を証明することに成功したら、それが分析の完全な終焉を知らせる合図になる、というふうには考えていない。つまり彼は、いくつかの事例においては、F性が同名異義的だったとしても、建設的な分析のための余地が残されうると考えている。この点において、彼の見解は、ウィトゲンシュタインの提言に従っていた二〇世紀の哲学者たちからはっきりと区別される必要がある。彼らは、一義性の否定がそのまま哲学的分析を葬り去るものであると考えた。こういった哲学者たちによれば、哲学の中核となる概念を入念に精査することでわれわれが見出すのは、せいぜいのところ「家族的類似性」の一種、すなわち、家族のメンバーが互いに対して有するような類似性にすぎない。（シールズ 2022, 251）

ここでウィトゲンシュタインの提言に従う二〇世紀の哲学者にフィリプセを数え入れることは妥当だろう。彼は、ハイデガーが、一義性の否定で終わらずに、存在という単一の何かを追い求めるという余計なステップを踏んだことを攻撃し、その際、ウィトゲンシュタインとともに、「空は青い」や「彼は陽気だ」のような平均的な使用にとどまるべきだと強調していたからである。

他方、アリストテレスは、一義性を否定した後にもいくつかの事例においてはさらに「建設的な分析のための余地」があると考えていたとされている。その建設的な分析とは「中核依存的な同名異義」という概念に訴えるものであり、その一例が「健康」である。

1. ソクラテスは健康的である。
2. ソクラテスの顔色は健康的である。
3. ソクラテスの運動管理は健康的である。
4. ソクラテスの夕飯は健康的である。（シールズ 2022, 252）

これらの例において「健康的である」という述語は一義的ではない。ソクラテスが健康的であるとは彼が「元気であり病気を患っていないこと」であり、顔色が健康的であることは「健康を指し示すこと」においてであり、運動管理が健康的であるとは「健康を生み出しうる」ということであり、さらに、夕飯が健康的であるのは「健康を生み出しうるか、あるいは維持させうるか」である。このように健康は同名異義的であり一義的でない（シールズ 2022, 252–253）。アリストテレスはしかしここで分析を終えるのではなく、2から4に現れる健康的であることの説明はどれも、1の健康の概念に訴えるものであり、その点で1は中核的な事例であるという建設的な考えを示したとシールズは言う。つまり、運動管理が健康を生み出したり夕飯が健康を維持したりするという場合の健康とは、1においてソクラテスが享受しているとされる状態であり、顔色が健康を指し示しているという場合の健康も1でソクラテスに帰せられている状態と同じ状態である。これに対して1を言うために2から4の健康の概念に訴える必要はない。以上から、1は健康の中核的な事例であり、2から4はこの事例の周辺に集まっている非中核的な事例だということになる（シールズ 2022, 253）。そして、シールズは、「アリストテレスは、驚くべきことに、〔…〕善性や存在（ある）そのものといった高度に抽象的なものを含む多数の概念が、まさにこのように振る舞うと主張する」（シールズ 2022, 253）ことを指摘している。(9)

一義性と多義性についてのシールズの説明は、次のような立場のグラデーションを示唆することで終わっている。

一方の極に、ソクラテスが徳の概念について述べたような一義性があり、他方の極に、一義性の否定としてのウィトゲンシュタインの家族的類似性がある。アリストテレスの中核的な同名異義という考え方はこの両極のどこか中間にある、と。

フィリプセはアウグスティヌス的言語像とは異なる意味の捉え方としてウィトゲンシュタインの家族的類似性という着想を持ち出していた。フィリプセの見方では、この家族的類似性という着想において存在という語には単一の意味があるという虚像は拒絶されるのであり、多義性のもとにひたすらとどまることがこの虚像と決別する唯一の方法である。しかし、類比による統一という考え方は、多義性にとどまった上でさらに、それでも同じ語で呼ばれているという事実に対して建設的な提案をするものと見なされうるのであり、つまり、フィリプセの言う虚像に囚われているわけでもなく、また、決然と多義性を認めることだけが重要なわけでもないことを示している。シールズの議論から学べるのは、一義性を否定する立場の内部にも、家族的類似性の議論と中核的同名異義の議論が区別でき、かつ、中核的同名異義の議論けまともな体系的分析の対象をもっており、それゆえ、単なる虚像に関わっているとは言えない、ということである。

3−2　実体抜きで統一を問う——類比による統一の先に

シールズは、アリストテレスが健康の事例と同様に、存在も中核依存的な同名異義として振る舞うと考えていたと指摘していた。健康と同様に存在にも中核的な意味があり、それ以外の意味はこの中核的な意味との関係で解釈される。このような意味の統一は——アリストテレスがそれによって存在論に新たな基盤を据えたとハイデガーが称する——「類比による統一」の一つのタイプ（類比説）だと見なされてきた（McDaniel 2017, 49; Backman 2015, 46）。存在についてのアリストテレスの見方としては、『形而上学』第四巻第二章の次の箇所が通常取り上げられる。

> しかし、まさにこのように、物事は多くの意味である〔または存在する〕と言われるが、そう言われるすべてのあるもの〔存在〕は、或る一つの原理（アルケー）との関係において存在（ある）と言われるのである。すなわち、その或るものはそれ自らが実体（ウーシア）なるがゆえにそう言われ、他の或るものは実体の限定〔属性〕なるがゆえに、また或るものは実体への道〔生成過程〕なるがゆえに、あるいは実体の消滅であり、あるいはそれの欠除であり、あるいはそれの性質であり、あるいは実体を作るものまたは産むものであるがゆえに、あるいはこのように実体との関係において言われるものどものこれら〔生成・消滅・欠除・性質・等々〕であるがゆえに、あるいはさらにこれらのうちの或るものの・または実体そのものの・否定であるがゆえに、そう言われるのである。（アリストテレス 1959, 113）

なるほど、ここでアリストテレスは、健康の場合と類似の仕方で存在は多様に語られるにもかかわらず、しかしいずれもウーシア（実体）という中核的意味との関係において語られうるという見方を示している。何かが存在すると言われるのは、それ自体が実体であるがゆえにそう言われるか、実体との関係でそう言われるかのいずれかである、とされている。もっともアリストテレス研究においては、この『形而上学』の箇所に「類比による統一」を見出すことはできないという議論もあるが、ハイデガーが存在論の基盤となる「類比による統一」の議論として念頭に置いているのがこのウーシアの議論であることに疑いを挟む必要はない(10)。

以上のように、ハイデガーは中核依存性に訴える類比説と呼ばれる立場に、存在論の出発点を求めている。この指摘が適切であるとすれば、（フィリプセのように）存在の多義性を認めるかあるいは根底的統一の虚像に囚われているかの二極のいずれかのうちを動くのではなく、存在の多義性を認めて一義性を拒否する立場の内部――シールズがウィトゲンシュタインとアリストテレスとを比較していた言説空間――にハイデガーの立場を求めることになる。このことはそれなりに妥当であり、ハイデガーの立ち位置を見極めるために有益な提案である。2-1節で見たように、存在の意味への問いは「存在者が多様な意義において語られるのであれば、何が主導的で根本的な意義なのだろうか」と定式化されうるものであったが、この問い方はまさに中核的意味への問いのようにも見える。

しかし、ここで考察を止めるべきではない。今確認したいのは、第一に、若きハイデガーは存在の多義性についてのアリストテレスの議論から「存在の意味への問い」を受け取ったが、その問いへの解決を得たのではなく、この問いに突き動かされたと言っていたことである。第二に、ハイデガーは『存在と時間』においても、アリストテレスが類比による統一によって存在論を新たな基盤に据えたことを認めつつも、しかし、「範疇の諸連関の暗がりをアリストテレスが照らし出したわけではもちろんなかった」(SZ, 3)と述べているということだ。つまり、ハイデガーを存在の類比説に入れることができたとしても、それによってハイデガーの存在の意味への問いの内実が確定するわけではなく、さらにその先に、ハイデガーが何を成し遂げたのかが問われなければならない。

ハイデガーに特徴的なのは、まず、実体をこれ以上遡りえない形而上学的な基礎と見なすような発想を退ける点である。実体がいかにそれ以外の存在様態の理解の中心にあろうとも、実体もまた存在に対する一つの解釈に過ぎない。ハイデガーはウーシアについて次のように言う。


存在者はその存在において〈現前性(Anwesenheit)〉として把握されているのであり、言い換えれば、存在者は〈現在〉という特定の時間様態を考慮して理解されているのである。(SZ, 25)

ハイデガーはこのような見通しを存在の古代的解釈とかギリシャ的解釈と呼んでおり、アリストテレスもこのような存在解釈の文脈にいると考えている。この議論がアリストテレス解釈としてどれほど正確なのかは判断しかねるが、目下確認したいのはそのことではない。むしろ、確認したいのは、なるほどハイデガーは存在の意味の多元説のなかの類比説と問題設定を共有しているかもしれないが、しかし、帰属の類比説が訴える存在の中核的意味としての実体をも存在の一つの解釈に過ぎないものと見なし、その解釈がどのようなタイプの時間的解釈なのかとさらに問い進めているということだ。なるほど、ハイデガーはフィリプセの言うようにただ多義性にとどまるというのではなく、類比による統一という着想から学んで何らかの意味の統一を問うてはいるが、しかし、その結果は、中核的意味さえも問い直すという仕方で、類比説に含まれうる根底的な何かという想定の根を断っているのである。

しかし、ハイデガーは結局、存在の意味を統一するものとして時間を持ち出したのであり、時間を存在の多様な意味を統一するはずの根底的意味として仮定するという形而上学的独断に陥っているのではないか。このように思われるかもしれない。しかし、この非難は的外れである。たしかに『存在と時間』は、時間性の観点から存在の意味の統一を問うというプロジェクトに関わっており、存在の意味は時間性だと語っているところもある。しかし、このプロジェクトは、実体のような形而上学的概念に基づいた理論構築ではないし、理論的説明の基礎として時間がハイデガーの着想なり思考の結果として持ち出されているわけでもない。そうではなく、どのように存在が時間的に解釈されてきたかを問うことは、私たちが存在の意味を問おうとするとき、すでに投げ込まれている歴史的状況からの要請なのである。

ハイデガーの指摘によれば、「〈時間〉は、古くから、存在者の様々な領域を素朴に区別するための存在論的な（ontologisch）、あるいはむしろ存在者的な（ontisch）規準として機能している」（SZ, 18）。具体的には次のように言われる。

> ひとは、「時間的」な存在者（自然の経過や歴史的な出来事）を、「非時間的」な存在者（空間的関係や数量的関係）に対して境界づける。ひとは、文の「無時間的」な意味を、文を言明することの「時間的」なプロセスに対して際立たせるのが常である。さらに、ひとは、「時間的」な存在者と「超時間的」な永遠なるものとの間に「裂け目」を見出し、両者を架橋しようと試みる。「時間的」とは、ここではいずれの場合でも「時間の内で」存在しているというほどのことを述べているが、もちろんこれではまだかなり不明瞭な規定である。それでも時間が、

「時間の内で存在している」という意味において、諸々の存在領域を区別する規準として機能していることは、事実として成立している。(SZ, 18)

ハイデガーがここで指摘しているのは、まず、様々な学問の領域は、その学問の対象が「時間的」な存在者か「非時間的」な存在者かによって区別されてきた、ということである。物理学が扱う自然現象や歴史学の対象となる出来事は「時間的」であるが、幾何学や数学が扱う関係は「非時間的」である、というわけである。次に、哲学者たちは、ある文(例えば、「このリンゴは赤い」)を発話することは特定の時間点において遂行されるのに対して、この文の意味は発話の時点にかかわらず、それゆえ「無時間的」に同一の意味をもつという見解を示してきた。さらに、有限な時間を生きて死んでいく人間が、「超時間的」で永遠の神的なものにどのように関係できるかも問われてきた。このように見てみると、時間が世界を区分するための標識として機能していることは端的に「事実」として認められる、というわけである。

つまり、私たちが存在の意味を問うときには、すでにこのように、時間によって存在者の存在が解釈される歴史的状況のうちにいるのであり、私たちは時間的に区分された世界にすでに生きている。ハイデガーはこのような時間による存在者の領域の区分を古代ギリシャにも、自らの同時代の当時のドイツ哲学にも見てとっていた[11]。しかしながらハイデガーによれば、ウーシアの場合も含めてひとが存在を時間的に解しているという状況は、では自分たちは存在をいかに時間的に解釈しているのかを哲学的な考察の的にするということとは別である。先の引用文では、時間が存在者の領域を区別する規準として「存在論的、あるいはむしろ存在者的に」機能してきたとあったが、これはつまり、その機能は存在者の素朴な了解に貢献してきたものの、厳密に存在論的な——その存在者の存在に関する——探究の対象になってきたとは限らない、ということを含意している。

いかにして時間がこのように際立った存在論的機能を果たすに至るのか、どのような権利をもってまさしく時間といったものがそのような規準として機能するのだろうか。さらには、時間のこのような素朴な存在論的利用において、時間の本来的で可能的な存在論的重要性が表現されているのか。これらのことは、従来問われることもなかったし、探究されてもこなかったのである。（SZ, 18）

ハイデガーは、存在の中核的意味としてのウーシアも、諸学問の対象となる物理的・歴史的・言語的な存在者も、その存在については多かれ少なかれ時間的な解釈を受けていることを確かめた上で、時間の存在論的機能の解明へと考察を進めていく。なるほど、存在の意味への問いを存在と時間の連関の解明という観点から引き受けようとするハイデガーの存在論は、存在は多様に語られるという事態を前に、アリストテレスが「類比による統一」によって基盤を据えた存在論の伝統を現代に甦らせようとするものである。しかし、ハイデガーにおいては、中核的意味を担うはずの実体が廃棄されており、また、そのことを可能にしているのは、形而上学的仮定からの出発を拒否し、自分がすでにそのうちで存在を了解している歴史的状況に考察の出発点を取り、歴史を資源として問題を設定するという立場の徹底である。ハイデガーにおいては、実体さえも存在の時間的解釈の一つに過ぎないものに引き下げられており、フィリプセの見立てとは異なり、存在の多義性へのとどまりは徹底されているのである。(12)

3－3　ハイデガーを現代存在論に位置づける

現代存在論における多元説の代表的論者であるK・マクダニエルは、ハイデガーが定式化した存在の意味への問いを、現代における多元説の重要な表明として高く評価している。存在は多様に語られるという見方を、存在は単一的である（unitary）という立場に対して、存在は多くの断片からなる（fragmentary）とする立場の一つと見なした上で、マクダニエルは次のように述べている。

> 存在が多くの断片からなるのではなく単一的であるとすれば、存在の仕方はたった一つしかない。存在には何の様態もない。存在が多くの断片からなるのではなく単一的であるとすれば、存在は実在と同じ外延をもつのであり、実際のところ、実在と同一である。というのも、もし存在と実在が一つではないとすれば、実在は存在の一つの仕方であるはずだからである。(McDaniel 2017, 1)

存在の複数の仕方ということで、マクダニエルが念頭に置いているのは次のことだ。例えば、石、人、人工物、数、神などは、それが存在するとすれば、異なる仕方で存在しているように思われる。また、存在の様々な様態には、必然的にある、偶然的にある、時間を超えている、時間の内にあるなどがある（McDaniel 2017, 1）。

ここで挙げられている存在の多くの断片が、『存在と時間』における存在の意味への問いにおいて主題化されたものに大部分対応していることは明白である。第一に、2－3節でも触れたように、『存在と時間』においてハイデガーは、自然、道具的存在者、事物的存在者、現存在（人）などの存在の仕方の違いとその連関を問うことを主要な仕事として引き受けていた。第二に、3－2節で触れたように、ハイデガーは、存在論の歴史に、存在者の領域を時間的に存在するか否かで区分する慣行を見て取り、存在が時間の観点から了解される仕方の解明を『存在と時間』の課題に据えた。しかもこの課題の重要な部分には、現存在に適した可能性と事実性の概念を、世界内部的な出来事の可能性や現実性の概念と区別するなど、存在の様々な様態を体系的に明らかにすることが含まれている。

マクダニエルは、先の引用において、存在の多義性を認めず単一のものとする着想を問題視しただけでなく、この着想の典型例を存在と実在とを同一視することに求めている。この点でもマクダニエルはハイデガーに忠実である。2－3節で見たように、ハイデガーは、存在の意味を実在性という一つの存在様式に縮減する傾向に対して、実在性は一つの存在様式に過ぎないことを明確にしていた。しかしながら、マクダニエルの著作は『存在と時間』から九〇年後に書かれた最近の著作である。ハイデガーが存在と実在の同一視を批判してから一世紀経っても事情がたいして変わらないとは、どういうことだろうか。

マクダニエルは、この百年間について次のような認識を示している。まず、「現代の分析哲学の形而上学においては、存在は単一であるというのが圧倒的に支配的な見解である」(McDaniel 2017, 2)。このように現状を認識した上で、しかし、存在には様々な仕方があるという考えは——アリストテレスからH・ロッツェまで——西洋哲学の歴史には脈々と受け継がれていることを確認する。「二〇世紀の初めにさえ、私たちは存在の諸々の仕方に友好的な者たちを多く見つけることができる」(McDaniel 2017, 3)。そのなかには当然ハイデガーが含まれるが、それ以外には、A・マイノング、G・E・ムーア、B・ラッセル、フッサール、E・シュタインなどが挙げられている。要するに、ハイデガーが『存在と時間』を書いていた頃には、分析哲学と現象学の区分はともかく、存在には様々な仕方があるというこの問題設定は共有されていた、というわけだ。その上で、マクダニエルは、これらの二〇世紀初めの哲学者たちを「クワイン以前」としている(McDaniel 2017, 3)。

ハイデガーの時代から現在までの約百年間に対するマクダニエルの理解はつまりこうである。存在は単一であり実在と同等であるというのが今日の分析哲学における支配的な見方だが、これはW・V・O・クワイン以降のものである。もっとも二〇世紀の始め頃でもハイデガーが指摘していたように、実在性への存在の意味を切り詰める傾向はあったが、クワイン以前には、現象学であれ分析哲学であれ、実在は存在の一つの仕方に過ぎないのであり、様々な仕方があるという見方も多かれ少なかれ共有されていた、というわけである。この見方を理解するためには、クワインの存在論の問いとハイデガーらの存在の意味への問いを比較するのがよい。次はクワインによる一九四八年の論文「なにがあるのかについて」の冒頭部分である。

存在論的問題に関して不思議なことのひとつは、その単純さである。この問題は、「なにがあるのか」というご

くありふれた言葉だけから成る問いの形で表現できる。（クワイン 1992, 1）

クワインはここで存在論の問いは「なにがあるのか（What is there?）」（「何が存在するのか」）であるとし、この問いを「単純さ」によって特徴づけている。この論文がクワイン以前／以後と言われるような、時代を画する程の影響をもっていたとはどういうことか。パトナムはこう表現している。「存在論が、分析哲学者にとって、探求に値するれっきとしたテーマになったのはいつか」と問うなら、「答えは、一九四八年――そう、クワインが、あの有名な論文「何があるのかについて（On What There Is?）」を発表したその年である」、と（パトナム 2007, 95–96）。逆に言えば、「何がある（存在する）のか」という問いの形で存在論が確固としたテーマになるまで、分析哲学において存在論は探究に値するまともなテーマだとはあまり思われていなかったという理解がここにはある。すると、マクダニエルの言う「クワイン以前」の二〇世紀初頭の哲学者たちが伝統的哲学と共有していた意味での存在論は、どこか非分析哲学的なテーマだと思われていたということかもしれない。例えば、「何が存在するのか」ではなく「存在とは何か」を問うハイデガーの存在の意味への問いが、非分析哲学的な――「ヨーロッパ大陸の伝統」という名称で分析哲学の〈他者〉と見なされた哲学に属する――テーマだと、ある時期までの分析哲学者の多くに思われていたことは想像に難くない。実際、パトナムも、クワイン以前にも存在論の語が起用されていた「ヨーロッパ大陸の伝統」の例としてハイデガーを挙げている[13]（パトナム 2007, 96）。

いずれにせよ明白であるのは、同じ存在論と言ってもクワイン以前／以後では探究されているテーマが異なるという理解はそれなりに一般的だということである。中畑正志が先のクワインからの引用とパトナムの回想を踏まえて述べているように、「何が存在するのか」という問いは分析哲学の多種多様な領域に及ぶことになるが、その問い方は次のようなものに定まってきた。

たとえば、原子や素粒子などだけが存在するのか、生物や人工物などのマクロな事物も存在するのか、さらに色や香りなどの第二次性質なども存在するのか。あるいは個物だけが存在するのか、普遍も存在するのか。こうした問いは、現代において存在論（ontology）あるいは形而上学（metaphysics）の中心問題である。（中畑 2020, 48）

このような問いの集まりによって問題にされているのは、この世界には何が存在するのかであり、マクダニエルの言い方を踏まえれば、何が実在するのかである。そしてこの実在への問いは、原則的に、一定の物理的存在者の存在をモデルにしてこのモデルに合わないように思われるもの――マクロな事物、色や香り、普遍など――の存在（実在）が問われるという仕方で立てられている。

中畑はこのクワインの問いを取り上げた後、先に引用した『形而上学』第四巻の一節などを取り上げ、アリストテレスにおいて「ある」は多様な語られ方をしても、それらはどれもウーシアとの関係においてそう語られることなどを解説し、結局、「アリストテレスにとって、「存在するか否か」そして「何が存在するか」は主要な問題ではなく、したがって「存在論」としてのオントロジーは不在である」（中畑 2020, 66）という見方を示している。さらに中畑は、アリストテレスは「「存在する」ということの一律の基準を考えたり、存在するとはどのようなことかをそれ自体として探究しようとはしていない」（中畑 2020, 66）ことも指摘している。ここでアリストテレスについて言われていることは、マクダニエルが挙げていた「クワイン以前」の現代の哲学者たち、特にハイデガーには明らかにそのまま当てはまる。マクダニエルの論点を再度確認するなら、存在とは実在と同等であり単一であるという着想が今日の分析哲学――オントロジーないし形而上学――においては主流であり、だからこそ、見失われた「存在とは何か」という問い――ハイデガー流の存在の意味への問い――を再び蘇らせる必要がある。このように述べることは、約百年前に『存在と時間』でハイデガーが表明していた課題とほとんど同じであるが、その課題の設定の意図は当時よりも今のほうが見えやすいかもしれないのである。

ハイデガーが存在論と呼ぶものは、多くの読者にとって、『存在と時間』の出版当時もそこから百年近く経った今でも、独特で風変わりなものに見えるようである。しかし、それは逆に言えば、存在を実在と同一視する発想の根深さを物語っているに過ぎないのかもしれない。ハイデガーの存在の意味への問いは、アリストテレス由来の正統的なアプローチを批判的に継承するものである。百年前に、事物的存在性と実在の理念への一面的定位によっては見失われてしまう、存在の意味への開かれた問いをハイデガーは現代に蘇らせようとしたが、今日でもこの課題の設定はなお有効だと言えるのである。(14)

3-4 フィリプセよる批判の虚しさ――生そのものの探究

ハイデガーの存在の意味への問いを現代存在論の文脈に位置づけた今、フィリプセのハイデガー批判の虚しさを一層明白にできると思われる。彼はハイデガーにアウグスティヌス的言語像を帰する際、ハイデガーが、哲学的範疇の区別を取り上げ、かつ、それらの区別の多様性を示すだけで満足せず、多様な意味の何らかの統一を探究したことを悪しき伝統から抜け出せていない証拠だと見なし、平均的日常的な「ある」の使用を「サーヴェイ」するというウィトゲンシュタインが切り開いた反伝統的な道を歩むことを推奨していた。

まず、もしこのように述べることが正しいとすれば、古代の存在論の伝統に連なった存在論はほとんどどれも無意味だということになり、さらに、シールズやマクダニエルらが従事しているような多元説とか類比説についての現代の真面目な考察も無駄だということになる。彼にそれほどに大胆な態度を取らせることを可能にしているのはウィトゲンシュタインの語の使用と家族的類似性の考え方によるのだが、本当にそんな考えをウィトゲンシュタインに帰せられるのだろうか。この点にも疑問がある。

まず問いたいのは、平均的な「ある」の使用のサーヴェイに徹するべきだと述べるとき、フィリプセは、日常的な

「ある」の使用と哲学者の範疇論を全く別の領域に属するものとして扱っているが、存在論的考察にとって、その区別は一方を捨てて他方を残せるほどに明確なのか、ということだ。例えば、存在するといえば、事物的に存在する（あるいは実在する）ことを意味するという理解は、哲学的考察だけでなく日常的な語りにおいても支配的である（例えば、「幽霊なんて存在しない」という場合、子どもであっても、存在を事物的存在性ないし実在性の意味で捉えている）。また、ハイデガーが、存在は時間との関係で理解されてきたと言うとき、ハイデガーは存在論を営む私たちがすでに存在を了解しているその仕方から出発しようとしている。例えば、私たちが自分自身の存在を了解するとき、自らの存在の終わりとして自らの死を了解するというものがある。存在が終わりへと向けられているという了解が、その存在を時間の観点から了解することの一例であることは明らかだろう。そして、これも明らかなことに、死は自らの存在に含まれた可能性としても、一つの物理的な出来事としても了解可能である。このように考えるとき、私たちの日常的な語りと存在論的範疇（可能性と現実性など）は、それぞれ独立に成立していると考えることができる——日常的な語りは哲学的範疇や理論の影響を全く受けず、哲学的範疇は日常的使用から独立に定義される——などと素朴に前提できるだろうか。少なくとも相当な議論が必要であろう。

ハイデガーとともに言えば、例えば、私たちが自分自身の存在をどのように了解しているかという問題は、フィリプセが想定しているように、字面として「ある」が現れる用法のサーヴェイによって明らかになるようなものではない。例えば、死という存在の終わりをどう了解し、どのように語っているかは、明らかに私たちの存在了解の一部であり、存在が問われる仕方の用例である。私たちがどのように存在という語を了解しているかの探究を、私たちがその存在を実際に問うのはどういう仕方においてかという観点から真面目に進めるとすれば、それはいわば、生そのものの探究、ハイデガーに忠実な表現で言えば、「現存在の実存論的分析」となるのは当然であるように思われる。

フィリプセは、現実の多様な使用にとどまる場合には「ある」の用法のサーヴェイを行うことこそが仕事になると考え、この方向に向かうウィトゲンシュタインとハイデガーを対比する。しかしそもそもこのような方向性は、ウィトゲンシュタイン的な精神にもかなっているのだろうか。むしろ、ハイデガーとウィトゲンシュタインは今、「生そのものの探究」と呼んだものにおいて方向をともにしていると言うべきかもしれないのである。

ここで、先に登場したパトナムの見解を参照することは有益である。パトナムは、クワインが「何が存在するか」という問いにおいて分析哲学に存在論を根づかせたと回想していたが、パトナムが言いたいのは、これによって分析哲学の広い分野に壊滅的な影響がもたらされたのであり、そのような存在論には死亡記事を捧げるべきだということである。壊滅的な影響を与えたとされる場合の一つの例は、数学的対象の存在論である。数学的対象のように目に見えず手にも触れられない存在は、イデア的で抽象的な対象であるか、それとも、そのような対象は存在しないかが議論されているとしよう[15]。パトナムが指摘するのは、一方で、このような純化された存在に関わらなくても数学は客観性をもつことはできるということである（パトナム 2007, 2）。数学が客観性をもつことを示すために、抽象的対象の存在を仮定するのは「インフレ的形而上学」と呼ばれるべきである。他方で、数学的対象など存在しないという消去主義者は、「存在するのはこれこれに他ならない」という還元主義的主張をしている。還元主義的な主張は、「これこれ」は感覚に与えられるものに他ならないとか、究極的には、原子と真空に他ならないなどと表現されうる[16]。いずれにせよ、「ここで「これこれ」と言われている領域は、われわれがふだん語る領域のうちのきわめて狭い部分でしかない」という点で、消去主義も還元主義も「「デフレ的」な存在論の戦略」と呼ばれる（パトナム 2007, 23）。パトナムがこれらの存在論的議論に対して苛立っているのは、存在という語も様々な仕方で語られるにもかかわらず、たった一つの意味しかないかのように語りたがる分析哲学における存在論の習性なのである。

> 語「存在する」には〔…〕ただ一つの「真なる」意味、ただ一つの「字義どおりの」意味があらかじめどうにかして与えられており、いわば大理石で彫られた神像にも等しいそれを勝手に拡張したり収縮させたりするのは神への冒瀆でしかない、と思い込んでしまうとき、われわれはいつしか自らの作り上げた理想郷に遊んでいるので

ある。クワインの議論の背景には当初からこの思い込みがあった。（パトナム 2007, 103）

クワインの思い込みとは、パトナムによれば、「何があるのかをめぐってまじめに受け取ってよいのは、世界についての当代一流の科学理論がわれわれに教えてくれる事柄に尽きる」（パトナム 2007, 102）という前提のことである。そう前提するや否や、「カントの作品には解釈の難しい箇所がある」という日常的な言明における「解釈の難しい箇所」ですら本当は存在しないとか、あるいは、中世錬金術の四元素のような時代遅れの科学理論を信じることと同じになってしまいかねないが、「そのような結論は、やはりどこか常軌を逸しているのではないだろうか」（パトナム 2007, 103）とパトナムは問いかける。

このように、存在の一義的で本質的な意味を求めることが哲学の様々な領域に惨事をもたらすことを暴いていくパトナムの議論に、ウィトゲンシュタインの影響があることは容易に予想がつく。そしてこのことはフィリプセにとっても何ら意外ではないだろう。フィリプセにとっては、まさにこの点でウィトゲンシュタインは正しい道を行き、ハイデガーはこの道に進み損ねたのである。しかし、パトナムはフィリプセとは異なり、ウィトゲンシュタインとハイデガーを対照的に描き出してはいない。

二〇世紀において、「生活世界（Lebenswelt）」を真剣に考察しようとしない形而上学者たち（そこには自らは「分析哲学者」と名乗る、いく人かの形而上学者たちも含まれる）に対して非難の声をあげ、「生活世界」に重きを置いた有力な哲学者は、何もハイデガーだけではない。ウィトゲンシュタインもそうであったし、アメリカのプラグマティストたち、とりわけジョン・デューイもまたそのような哲学者の一人であった。（パトナム 2007, 18）

ここでパトナムが「生活世界」と呼んでいるものは、『存在と時間』においては「世界内存在」の語で体系的に探究されたものだと言えるだろう。先に述べたような、私たちが自らの死をどのように理解して生きているかなどがそこに含まれる。[17] では、ウィトゲンシュタインの場合にはどういうテーマが含まれるのか。

〔…〕私は「プラグマティックな多元主義」とでも呼べるような立場を擁護したい。われわれが日常言語において数多くの異なった種類の語り方（異なった基準に従い、異なった適用をもち、異なった論理的・文法的特徴を備えたさまざまな語り方、ウィトゲンシュタイン流に言えば、異なった「言語ゲーム」）を採用していることには、それなりの必然性がある。というのも、実在のすべてを記述することのできる、たった一種類の言語ゲームがありうるなどと考えることは、幻想に他ならないからである。プラグマティックな多元主義とは、このような認識に基づく立場なのである。（パトナム 2007, 24–25）

目下の文脈においては、デューイに由来するプラグマティズムの側面については度外視するしかないが、明らかであるのは、パトナムがここでフィリプセと同じように、存在の多元説のためにウィトゲンシュタインの言語ゲームを持ち出しているということである。正確に言えば、日常言語における様々な語り方のことが異なった言語ゲームというウィトゲンシュタイン由来の言葉で表現されている。しかしながらパトナムは、フィリプセのように、私たちが様々な種類の語り方をするという事実にとどまることは、様々な語り方のサンプルをサーヴェイするという実証的な仕事を哲学者が受けもつことだとは考えてはいない。むしろ、多様な言語ゲームを前にして哲学がやるべきことは、自分たちの生活世界を真剣に考察することである。ここでパトナムが生活世界と呼ぶものに対するウィトゲンシュタインの重要な概念として、「生活形式（Lebensform）」のことを想起することは自然だろう。

「言語ゲーム」ということばは、ここでは、言語を話すということが、一つの活動ないし生活様式〔生活形式〕

の一部であることを、はっきりさせるのでなくてはならない。（ウィトゲンシュタイン 1976a, 32）

ウィトゲンシュタインはこのように述べて、命令することから、仮説を立て検証すること、物語を創作し読むこと、感謝すること、ののしること、挨拶すること、祈ることなど、言語ゲームの多様性を示してみせる（ウィトゲンシュタイン 1976a, 32–33）。それを見れば明らかであるのは、言語を話すということはまさに私たちの生活そのものであり、多様な言語ゲームの探究は私たちの生活の驚くべき多彩さと豊かさに目が開かれるような経験だということである。古田徹也はこう述べている。

> 言語に着目する哲学者は、得てして言葉のみに焦点を当て、たとえば、語がそれぞれどのような対象を指示し、文は語からどのような仕組みで構成されるのか、といった探究に目を奪われる。これに対してウィトゲンシュタインは、言葉が織り込まれた実践全体に目を向けるように促す。そして、そのために彼が案出した用語が「言語ゲーム」である。（古田 2020, 184–185）

ここで「言語に着目する哲学者」と呼ばれる人には、生活世界を真剣に考察しようとしないとパトナムの言う哲学者の一部、さらに、存在の意味の多様性に忠実であることをSein 動詞が現れる文のサーヴェイをすることだと思い込んでしまう人も入れることができるだろう。フィリプセは存在の多義性にとどまることをウィトゲンシュタインの道を行くことだとして、意味の統一を問うハイデガーとの対比をつけたがっていた。しかし、ハイデガーとウィトゲンシュタインは、意味の多義性が、実際に言葉によって私たちが生きているその有様へと向け、生そのものの探究のフィールドを開くことを知っていた点で、むしろ接近しているのである。（なお、本書では、ハイデガーとウィトゲンシュタインにおける言葉についての見解の興味深い関係について第7章で詳細に扱う。ただし、その際に参照するのは『存在と時間』と『哲学探究』ではなく、『存在と時間』から二年後にフライブルク大学就任講演をもとにして公刊された「形而上学とは何か」と『論理哲学論考』である。）

＊

ハイデガーによる存在の意味への問いは、生そのものの探究と呼びうるものの形を取る。この探究は「現存在の実存論的分析」と呼ばれる。私たちがそれである存在者は現存在と名づけられ、その存在は「実存」であるとされる。他方、世界内部的存在者は道具的に存在したり、事物的に存在したりするのであり、これらの実存、道具的存在性、事物的存在性が存在者の範疇的規定とされ、その違いと関連が探究される。この探究は、私たちが道具などを用いて行為する仕方、世界を知覚する仕方、情動的な経験の仕方、他者を経験する仕方、さらには、世界の実在を懐疑する仕方などの探究を含む。次章以降では、これらのトピックについて、ハイデガーの議論を現代現象学の手法で読解し、その議論の強みや射程の広さを明らかにしていく。

3 行為

はるとあきは大学近くの通りを歩いて、目当てのカレー屋に向かっていた。近くではビルの解体工事が行われており、重機がアームを動かし、廃材をつかんでは運搬用トラックに器用に載せている。はるは、それを見ながら、機械がアームを上げることと、人間が腕を上げることの違いは何だろうか、と考えていた。

そのとき、あきが立ち止まり、腕を上げた。なつが、なぜ腕を上げているのかと問うと、あきは「もう暑くて歩くのが嫌になったから、タクシーを止めようと思って」と答える。アームを上げる機械は動きがどれほど見事でも、このような理由を挙げることはない。人間が腕を上げる場合にはなぜそれをするのかという理由があるのだ。このようにはるが考えていると、あきは腕を小さく上げたり下げたりしながら、「いや、やっぱりどうしようかな」と迷っている。

はるが、今度はなぜ腕を下げているのかを聞くと、あきは「タクシーに乗るほどでもないかな、と思って」と言う。はるが、なぜそのように思うのかと聞くと、あきは少し真剣な顔になってこう答える。「去年はこんな近い距離を歩かないなんて考えもしなかった。タクシーに乗れば結構なお金もかかるし。体の調子とか、金銭感覚とか、どこか自分が変わったのかなと思って」。あきは、結局、確たる理由を挙げることなく、自分自身について自問している。あきによれば、人がなぜそのように行為するのかという問いの答えには、その人が自分をどういう存在と了解しているかが含まれているのであり、そのような行為観は実存論的と呼ばれる。

1　古典的意志理論の批判的吟味——現代行為論の出発点

私たちは実に多くのことをしている。たった一日分だけでも自分が何をしたかをリストアップしようとすれば、途方もなく大変な作業になる。あえて「今日は何もしなかった」というような日を選んだとしても、ベッドから起き上がり、台所に向かい、コップで水を飲んでまたベッドに戻って、今度はスマートフォンを手に取り、インターネットのサイトを眺め……などと書き出していくと膨大になる。しかも、以上はこれでもかなり粗い記述である。「コップで水を飲んだ」ときには、食器棚を開け、コップをつかみ、水道の蛇口をひねり、水をコップに注ぎ、コップを口にあてて、コップを傾け……といったこともたしかにしていたはずだ。これでもまだ、一日が始まってまだ最初の数分の行為を数え上げているに過ぎない。人は驚くほど巧みに行為している。このことはそれ自体で哲学的な興味をそそるに十分である。

行為をリスト化するときの問題は、量が膨大だということだけではない。何を行為に数え入れ何は数え入れないのか。つまり、行為と行為でないものを区別する基準の問題がある。例えば、私はベッドから起き上がるときに大きくあくびをした。台所に向かうときには、寒くて身震いした。あるいは、途中で躓いたかもしれない。あくびをすること、身震いすること、躓くことは、たしかに自分に起こったことではある。しかし、自分がしたことに数え入れるのにはきっと躊躇するだろう。あくびしたり身震いしたり躓いたりすることを、食器棚を開けたり、水を飲んだりすることと同等の意味で行為と呼ぶことは不自然に感じられるのである(1)。だが、それはなぜなのだろうか。

一つの考え方は、あくびをしたりすることは、水を飲んだりすることのように行為と呼ぶには何かが足りないからだ、というものである。別の例で言えば、「腕を上げる」ことと「腕が上がる」ことの違いは、後者には前者に含まれている何かが欠けていることにある。そのような引き算の発想から、哲学的な課題を定式化するなら、「わたくしが自分の腕を上げるという事実から、わたくしの腕が上がるという事実を引きさるとき、あとに残るのは何なのか」というものになろう。このように問われたら、前者から後者を引くと「意志」が残ると直ちに答えたくなるかもしれない。「腕が上がる」という物理的動作に「腕を上げよう」という意志が加わることで「腕を上げる」行為が成立していると言える一方で、あくびをしたり躓いたりすることはそれをしようという意志を欠いているため、行為とは呼べない、というわけだ。[2]

このような見解は古典的意志理論と呼ぶべきものであり、実のところ、現代哲学における行為論の結論では到底なく、むしろ、このような見解の批判的吟味が現代行為論の開始点となったというのが正確である。一九四九年の『心の概念』でライルは次のように述べていた。

> この理論によれば、彼らは頭痛や倦怠感以上にはるかに頻繁に意志作用の働きを経験しているはずなのであるが、一般の人々は意志作用が働いたということを報告することはけっしてない。このように、一般的語彙が意志作用の働きを指示するための非学術的な名前をもたず、しかも、われわれが意志作用の頻度、持続時間、強さなどに関する簡単な問にどのように答えるべきかということを知らないという事実がひとたび確認されるならば、意志作用の働きが存在するという主張は何ら経験的根拠を持つものではないと結論することは正当であろう。(ライル 1987, 84)

先に挙げたリストの各行為には「〜しよう」という意志が先行していたのだと、哲学者は仮定するかもしれない。しかし、日常生活者は行為のリストと同数の意志を経験していたと報告することはないし、しようとしてもできないだろう。例えば、過去一五分に限ったとしても、ライルが言うように、私たちの誰も、何度「〜しよう」という意志を経験したか、それぞれの意志はどれくらいの長さ持続したか、あるいはどれくらいの強さだったかを言うことはできない。行為に先行するはずの意志についてこんなに単純な報告もできないのだ。このことは、コップをつかむといった細分化された行為だけに言えることではなく、「コップで水を飲んだ」のような時間幅のより広い行為でも同じである。いつ、「コップで水を飲もう」という意志を、どれくらい長く、どのくらいの強度でもったというのか。皆目わからないだろう。

古典的意志理論においては、意志の存在は内観的な自己観察によって簡単に示すことができると自明視されてきたが、まさにそのような方法を使ったときに私たちはこの方法が全く使い物にならないことを思い知る。しかし、自己観察以外に、意志の存在を十分な根拠をもって主張するための別の方法を探しても、それが何であるのかもわからないのだ。そうだとすれば、各々の行為に先行する意志なるものの存在は仮定にとどまると言うべきであって、その存在に経験的根拠はないと言うことは妥当であるように思われよう。

私たちは、「〜しよう」という意志が先行していたかと問われれば、先のリストのほとんどについてそのような意志の経験を報告することはできない。それにもかかわらず、なおも古典的意志理論に依拠して、ある動作を行為とするのは意志であると考え続けるならば、どうなるか。先のリストの行為のほとんどは行為ではなくなってしまう。なるほど、先のケースでも、ベッドから起き上がるときに（まだ暖かい布団のなかにいたい気落ちを抑えて）「よし起き上がろう」と決意したとか、水を飲むときに（特に何かが飲みたいわけではなかったが、二日酔いの気持ち悪さを緩和するために）「水を飲もう」と言い聞かせたりしたということはありうる。これらの場面では、行為に意志が先行していると言えるように感じられる。では、このように特に〈強い意志〉が確認される場面を行為論は扱えばよいということになるのだろうか。

そうではない。まず、「〜しよう」と決心したり自分に言い聞かせたりした場合には、意志が比較的に強く働いたのであり、意志がはっきりと経験されていると言うことはそもそもできない。ライルの言うように、意志の「強さ」を知るための信頼できる方法が私たちにはないからである。「よし起き上がろう」という場合の意志の強さを問題にできるためには、相対的に意志が弱く働く場合との比較が必要だが、では、コップに口をつけたときには意志が弱く働いていたとどう確認できるだろうか。すでに見たように、そのような確認のための信頼できる方法は存在しない。

むしろ、「〜しよう」と決意したり言い聞かせたりする場面については、次のように考えるのが妥当だろう。すなわち、この場合、私たちはまさに自分自身に対して語るという特殊な振る舞いをしているのであって、行為に先立ってはっきりと経験されているのは強い意志の存在ではなく、自己に語るというこの振る舞いである、と。実際、「よし起き上がろう」と自分に言い聞かせても、起き上がらないということがある。その際、この決心するという行為は、起き上がるという行為に先行する心的状態として——そもそも起き上がっていないのだから——特定することはできないのであり、むしろ、起き上がることとは独立の——自分に対して語るという——一つの行為である。ライルとともに言えば、「ある行為を決心したり決意したりする過程、あるいはある行為を勇気を奮い起こして行なったり奮起して行なったりする過程のような、われわれになじみ深い他の過程を意志作用と同一視しようという試みも不成功に終わることがわかる」（ライル 1987, 89）。加えて言えば、ライルによれば、決心することや勇気を奮い起こすことはそれ自体が特有の努力を要する行為であり、それゆえ、その作業は「それ自体が称賛に値すると記述されたり称賛に値しないと記述されたりするような部類に属するもの」（ライル 1987, 89）であり、全く独立の扱いが必要である。(3)

以上のように見てみると、ある動作に意志が加わると行為が成立するという古典的意志理論の考えは、行為の説明に提供すべきものをほとんどもたないように思われる。まず、当の意志の存在を確認しようとすると、その場面は決心などの自己語りがなされる場面に限定される。それゆえ、先の行為のリストで言えば、蛇口をひねったりコップを傾けたりすることは行為のリストから除外され、リストはずいぶんと短くなる。次に、決心などの自己語りは意志の経験とは同一視できない固有な行為であることが確認されるなら、リストのなかに残されていた行為も、意志の存在によって行為と呼ぶことはできなくなる。このように、古典的意志理論は、行為の説明としての力をもたないだけではなく、私たちが行為と呼んでいるものを行為として扱うことを阻害してしまう。

さて、現代行為論の出発点としての古典的意志理論の批判的吟味は、ライルの『心の概念』において「機械の中の幽霊」としての心という近現代哲学がはまり込んだ神話的存在を解体するという壮大なプロジェクトの一部であった。行為に先立って意志が心のなかに存在するという哲学者の仮定には、経験的な根拠はないというだけではない。ライルが指摘するように、そのような心のなかの存在は、プラトンやアリストテレスという古代の哲学者の議論にも見つけることはできない。

> プラトンやアリストテレスは魂の本性や行為の源泉について頻繁にかつ詳細にわたって議論したが、その際に彼らが意志作用に言及することがなかったという事実は、日常生活においてよく知られている要素の一つを彼らが気まぐれによって無視したということに由来するものではなく、むしろ、機械の中の幽霊がもつと考えられるようなこれらの実体のない推進力を仮定する——発見するのではない——ことによって初めて受容可能となるある特殊な仮説を彼らが知らなかったという歴史的状況に由来するのである。(ライル 1987, 84)

今日では、人間存在の探究にとって必須と思われている心や意識に関する用語が、いかに私たちの現実の姿を歪めた仕方で哲学的考察を導いてしまうか。このことを明らかにすること、また、そのために古代ギリシャの哲学的資源に遡ること、といったライルのモティーフには、明らかに、『心の概念』から二〇年前に出版されたハイデガー『存在と時間』と呼応するものがある。私たち自身の存在を「現存在」と名づける『存在と時間』は——本書の章立てにある通り——行為、知覚、情動などと呼ばれる振る舞いの体系的な現象学的分析に取り組んでいるが、その際、心的な概念を徹底的に排除したし、かつ、そのような分析を可能にした背景にアリストテレスの魂論を参照することがあったこともたしかである。[4] 現代行為論の出発点の源泉にハイデガーがいたとまでは言えないかもしれないが、ハイデガーがその出発点をある程度共有していたと言うことに無理はない。このことはライル自身が示している。ライルは『存在と時間』の出版からすぐ翌年の一九二八年に、今日でも丁寧な読解に値する書評論文「ハイデガーの『存在と時間』」を著し、次のように述べていたのである。

> ハイデガーは、彼の意識の考察の底知れない精妙さと鋭利さとによって、また彼の方法と結論の大胆さと独創性とによって、そして、正統的な哲学や心理学のありふれたカテゴリーの背後にまで思索を及ぼそうとするたゆまざるエネルギーによって、自らが真に重要な思想家であることを証し立てたのである。（ライル 1979, 166）

ライルの理解では、『存在と時間』のハイデガーは、意識や心の概念を単に廃棄したのではなく、その考察があまりにも深く鋭かったがために、正統的な哲学や心理学の概念やカテゴリーで仕事をして満足するわけにはいかなかったのである。ライルとハイデガーの明らかな共通点は、当時の学問的な心の取り扱いを保留した上で、行為・知覚・情動などの考察を徹底的に進めたために、哲学的な語彙の大幅な入れ替えを必要としたという点にある。[5] では、意志による説明を手放した後、現代の行為論はどのように展開していったのか。ライルの『心の概念』から八年後、一九五七年に出版されたアンスコムの『インテンション』は、現代行為論の方向性を定めたものと見なされている。そして、その内容をよく見れば、『存在と時間』の行為論との重なりを見つけることが可能なのである。

2　意図的行為の解明——アンスコムが示した方向性

本章第1節で見たように、意志によって行為と単なる動作を区別することは不可能であり、意志の経験が確認できるかどうかという基準では、蛇口をひねったりコップを傾けたりすることとあくびをすることや身震いをすることの区別も——いずれにせよ先行的意志の確認はできないので——なくなってしまう。このような区別の説明に対して古典的意志理論がいかに無力であっても、しかし、そのことはこの区別自体が無効であることを意味するわけではない。経験的な区別はなお明らかにある。

例えば、蛇口をひねったが水が出なかったとか、コップを傾けたら手が滑ってコップが落ちたなど、行為が妨げられた場面を考えるとよい。これらの場合、自分が水を飲もうとしていたことやコップを傾けようとしていたことは明らかである。他方、あくびをするとか身震いするという場合には、あくびをしようとしていたとか身震いしようとしていたと、同じように言うことはできないだろう。注意されて慌ててあくびを抑えたとか、急に体を羽交い締めにされて身震いしなかったとかいう場合には、あくびや身震いが起こりそうだったが起こらなかったと言うのが自然であり、自分がしようとしていた行為が妨げられたと言うのはどこかおかしいと感じられる。

心のなかの意志とか決心の自己語りが不在であっても、行為のリストのほとんどはやはり除外されず、リストはそれほど短くはできないのだとすれば、次の問いが生じる。水を飲んだりコップを傾けたりする行為を、あくびをしたり身震いする振る舞いから区別しているのは、意志でも決心でもないとすれば何だろうか。この問いは、現代行為論において、行為が「意図的（intentional）」と見なされる状況への問いとして探究されてきた。たしかに私たちは「意図的」と呼べる行為に従事し続けているが、その意図性は、単なる動作に先行的意志や自己語りを加えることによっては説明されえない。現代哲学においてこの意図的行為を主題として設定し、現代行為論の方向性を定めたと見なされるのがアンスコムが一九五七年に出版した『インテンション』である。

意図的な行為とは、ある意味における「なぜ」の問いが適用可能な行為のことである。（アンスコム 2022, 40）

これがアンスコムの提案である。例えば、私がハンマーを振るっている場合、私は「なぜハンマーを振るっているのか」という問いに対して、「窓を補強するためだ」などと理由を挙げて答えることができ、その限りで、この行為は意図的であると見なされる。他方、「なぜ〜をしているのか」という問いが適用できない場合、その行為は意図的ではないものとして示される。この問いに対する行為者による一定の答えは、この問いを自らの行為に適用することが拒絶されている状況として理解される。例えば、ある人がノコギリで厚紙を切っているとき、なぜオーク材を切っているのかとか、なぜスミス氏の厚紙を切っているのかと問われたとする（アンスコム 2022, 41）。そのときこの人が、いや自分はそんなことはしていない、と答えるとすれば、その人はこの答えでもって「なぜ」の問いを拒絶していると考えられる。あるいは、証拠を示され、たしかにオーク材なりスミス氏の厚紙なりを切っていることを知ったとしても、「自分がそれをしていることに気づいていなかった」と答えるならば、その答えは「なぜ」の問いの拒絶になり、その行為は意図的ではないものとして示される（アンスコム 2022, 46）。さらに、こうした状況は、自分がそれをしていることを知ったことを認めても「知ったのは観察によってだ」と答える事例であり、この答えも「なぜ」の問いの拒絶になるとされる（アンスコム 2022, 46）。

ある意味における「なぜ」の問いが適用可能な行為である場合、その行為は意図的だと言えるが、アンスコムによれば、意図的行為は「観察によらずに知られる事柄のクラス」（アンスコム 2022, 44）の下位クラスである。なるほど、ハンマーを振るっているときに窓を補強するためだと行為の理由を挙げる場合には、ハンマーが手のなかにあることとか、板が窓に部分的に付着していることとかを観察して、「ああ、私はハンマーを振るっていたのだ」と気づくことは必要でない。むしろ、そのような観察によって自分がハンマーを振るっていることを知ったのであれば、そのことはこの行為が意図的でないことを示している。あるいは、「なぜハンマーの音で隣人を苛立たせているのか」と問われたが、自分はそれをしているとは知らなかったとか、隣人がベランダから覗き込んで頭を抱えているのを見たり、隣人が「ああ、音がうるさくてイライラする」と叫んだりするのを聞いてはじめて、「ああ、私はハンマーの音で隣人を苛立たせていた」と知る場合、この行為は意図的になされたものではない。他方、厚紙を切っているとき、何らかの証拠を得ることで（自分のではなく）スミス氏の厚紙を切っていることを知ったという場合、自分が何をしているのかを知ることにとって何らかの「観察」――厚紙にスミス氏のサインがあることを確認するとか、スミス氏が自分の厚紙と私の厚紙をすり替えたと証言するのを聞くとか――は不可欠である。ハンマーを振るっている場合でも、「なぜ隣人のハンマーを振るっているのか」とか「なぜ五〇〇グラムのハンマーを振るっているのか」と問われ、そのハンマーに隣人の名前が刻まれているのを見たとか、ハンマーを計量器に乗せたら五〇〇を示したのを見て、自分は隣人のハンマーを振るっているとか、五〇〇グラムのハンマーを振るっていることを知ったという場合、名前の刻印や計量器の数字を観察したことなしにはこのような行為の理解は不可能である。

もっともアンスコムが「観察」ということで何を念頭に置いているのかはそれほど判然とはせず、広い範囲の振舞いを含むように思われる。ただし、一点だけ注意を促すなら、観察によるかよらないかという区別は、感覚的知覚の有無に重ねて理解するべきではない、ということだ。ハンマーを振るっているときであれ、ノコギリで切っているときであれ、その道具や道具を取り巻く環境は当然知覚されている。そうでなければ、例えば目をつぶってハンマーを振るう場合と目を開けてハンマーを振るう場合の間に、あるいは、音を聞きながらピアノを弾いている場合と強力な耳栓をしてピアノを弾いている場合の間に何の違いもないことになってしまう。しかし、自分がハンマーを振るっているとかピアノを弾いていることを観察によらずに知っている場合、このことを知るために、自分が何を見たか、あるいは何を聞いたか――ハンマーを手のなかに見た、ピアノの音を聞いた――などを挙げることは不要である。他方、自分がスミス氏の厚紙を切っていることを知るという先の例の場合、自分が何を見たか、何を聞いたか――厚紙にスミス氏のサインがあるのを見た、スミス氏の証言を聞いた――は決定的な役割を果たしている。[(6)]そして、このように観察によって知る場合、私たちはその行為は意図的でないものだと理解するのである。

以上のように、観察によらずに自分が何をしているのかを知っており、なぜそれをしているのかという「なぜ」の問いに答えられる場合、その行為は意図的である。では、このように考える場合、先に挙げたような、あくびをするとか身震いをするといった動作はどのように扱われるのだろうか。

> (b)が属する不随意的な行動のクラスは、純粋に物理的に記述される身体運動のクラスであり、それ自体観察によらずに知ることができる。だが、それは観察によることなく知られる原因をもたない。（アンスコム 2022, 47）

ここで「(b)が属する不随意的な行動のクラス」と呼ばれるものの個別例としては、「寝入りばなにときどき体験する、妙な感じで全身がびくっとなったり跳ねたようになったりすること」（アンスコム 2022, 43）が挙げられている。あくびをしたり身震いしたりすることもこの種の行動に含めてよいだろう。この種の行動は「不随意的」と呼ばれている以上、すでに意図的でないことを含意してはいるが、アンスコムの狙いは、随意的／不随意的や意図的／非意図的という概念を用いずに——説明が循環することなく——意図的行為を説明することである。それゆえ、この種の不随意的行動も、観察によらずに知られる／観察によって知られるという観点から特徴づけられている。すなわち、あくびをしているということは、それ自体は観察によらずに知られるが、しかし、「なぜあくびをしているのか」という理由については「観察によって知られる原因」を挙げる以外の仕方では答えようがない。可能であるのは、例えば、あくびを身体運動として純粋に物理的に記述した上で、その物理的な原因を生理学的に調べて挙げる、などであろう。このような理由の挙げ方は、典型的に、観察者の立場から証拠を挙げてその行動を説明することである。アンスコムによれば、このように、観察によって知られる原因によってのみ説明可能な行動のクラスにある運動を割り当てることは「「なぜ」の問いを拒絶すること」（アンスコム 2022, 48）である。つまり、ある運動を単なる物理的動作と見なし、観察者の立場からこの運動の原因を調べるという状況において、当の運動は意図的になされたものではないと見なされているのである。

意図的行為は、その行為をしていることやなぜそれをしているのかが観察によらずに知られているものである。こうしたアンスコムの議論には様々に重要な指摘が含まれているが、その代表的なものに、行為は多様に語られるのであり、様々な仕方で記述されるというものがある（アンスコム 2022, 41)。より正確に言えば、行為は様々な仕方で記述されるが、同一の行為がある記述の下では意図的であるが、別の記述の下では意図的でないことがありうる。例えば、「ハンマーを振るう」という動作は、「手を動かしている」とか「木材を固定している」とか「窓を補強している」などとも記述されることが可能であり、そのすべてが真でありうる。だが、さらにこの行為は「ハンマーの音で隣人を悩ませる」とも記述されることができ、かつ、この記述も真でありうる。しかし、そのことを知らなかったとか、隣人が怒った顔で自分のほうを見ていることに気がつき、この観察に基づいて自分が隣人を悩ませていることを知ったのだとすれば、「ハンマーを振るう」という記述の下では意図的な同一の行為が「ハンマーの音で隣人を悩ませている」という記述の下では意図的ではない。

アンスコムの議論が示した行為論の方向性は、前節で見た古典的意志理論と対比することで、明確になるだろう。古典的意志理論においては、行為は多様に語られるというこの点が十分に考慮されえない。先行する意志――実際には、決心などの自己語り――がその動作を行為にするのだとすれば、その意志が行為の内容をほとんど汲み尽くしていると想定することは自然である。しかし、実際には私たちの行為が意図的であるのは様々な記述の下においてである。また、古典的意志理論の枠組みにおいては、決心したり自己に語ったりする行為に類比的な、明示的で判明な意識作用の存在が想定されているが、観察によらずに知られるという知のあり方は非明示性を特徴としている。一つの行為は様々な仕方で記述されることができ、私たちは聞かれればそれらの記述の下での行為の理由を挙げることもできるが、実際のところ、そこに含まれている知は相当な量にのぼるのであって、たった一つの行為についても私たちが自分で知っていることの一切を明示的に意識できるなどということはありえない。

以上、(1)行為は様々な記述の下で意図的であるという点と、(2)意図的行為は観察によらずに知られるものの一部だという点の二点に限ってアンスコムの提案を見てきた。行為の前や行為の最中に当の行為に関する明示的な意識をもっていなくても、私たちは、何をしているのか、なぜそれをしているのかと聞かれれば、観察によらずに即座に答えられる。しかも、様々な記述の下で行為は意図的であり、その記述のうちには、手を動かすとかコップを傾けることのように、ほとんど意識せずに行っていることも含まれている。これらの一切について行為者としての私たちは観察知とは根本的に異なる、複雑な自己知をもっているようなのである。

観察によらずに知られるという性格をもつ行為者の自己知は、その存在自体が驚嘆を覚えさせるもののように思われる。一九八三年に出版された『志向性』においてJ・サールは次のように述べている。

> われわれは次の事実が意味するところに強く印象づけられるのを認めざるをえない。すなわち意識生活のいかなる場合においても人は「君はいま何をしているのか」という問いに対する答えを観察によらずに知っているという事実である。多くの哲学者がこの事実に気づいていたが、私の知る限り誰もその事実が志向性にとって意味するところを追究してはこなかった。（サール 1997, 126–127）

自分が何をしているのか、なぜそれをしているのかという問いに対する答えを観察によらずに知っているという事実は、たしかに印象深いものであり、哲学的な関心をそそるに十分である。しかし、この事実が志向性にとって意味するところを誰も追究してこなかったというサールの認識は、まさに意識の志向性の分析に従事してきた現象学の立場から見ると、自分とは異なる伝統に対する無知か軽視を意味するように見える。さらに、「このような知識は、意識を伴う行為経験にはその経験の充足条件についての意識が含まれる」（サール 1997, 127）という彼の所見は、現象学的に見れば、志向性を、実際の経験よりも過度にメンタリスティックに解しているようにも見える。以下に見るように、『存在と時間』におけるハイデガーの行為論は、この種の事実が志向性にとって意味するところをたしかに探究していた。そして、その仕方は、行為者が自分の行為に対する問いに答えられるという能力の説明には意識に関する用語は適さないことを示すものであったのである(7)。

3 ハイデガー行為論の基本的発想

現代行為論の方向性を定めたアンスコムの行為論は、行為は様々な記述の下で意図的であるという点と、意図的行為は観察によらずに知られるものだという二つの論点を含んでいることを見てきたが、これらの論点は、アンスコム『インテンション』から三〇年前のハイデガー『存在と時間』に部分的には含まれているものである。その共有点の確認は、『存在と時間』の議論の一部を現代行為論の文脈に位置づけるために役に立つと思われる。もっともその共有点の確認は、あくまで『存在と時間』の行為論を理解するための出発点に過ぎない。その終着点までには、ハイデガーの行為論に顕著な特徴が、特に志向性という現象学の基本概念の下で明確になるはずである(8)。

3-1 行為の記述と理由

『存在と時間』でハイデガーは、私たちが世界へと関わる基本的なあり方を「配慮的気遣い(das Besorgen)」としばしば呼んでいる。配慮的気遣いとは、何かに従事するとか何かを使用するとか何かを制作するとかの総称であり、およそ私たちが「行為」と通常呼んでいるものに相当する。何かを作ることには何かを使用することが含まれており、例えば、料理を作ることにはまな板や包丁を使うことが含まれている。何かを使用することは、例えば、座っていることには椅子を使用することが含まれ、歩いていることには床や地面を使用することが含まれるように、生活の全体に遍在している。制作と使用に着目したハイデガーの行為論は、意図と身体動作への言及に尽きるものではなく、世界への依存性や存在者との相互作用という側面への言及を要求するものだ。このことが行為論にとってもつ含意は後に明らかになる。まずは、ハイデガーが挙げる配慮的気遣いの具体例を見よう。

> 例えば、私たちがそれゆえにハンマーと名づけているその道具的存在者でもって、ハンマーを振るうことに際して適所が得られ、このハンマーを振るうことでもって、固定することに際してその適所が得られ、この固定することでもって暴風雨に備えることに際して適所が得られる。(SZ, 84)

この引用文には、「或るものでもって(mit)或ることに際して(bei)適所が得られる」という「適所性」の定式化が含まれている。ここで私たちは、この適所性という連関をどう解釈するかという難しい問題に巻き込まれる。しかし、まずは単純なことを確認しよう。ここで登場する「ハンマーを振るうこと」「(板を)固定すること」「暴風雨に備えること」は、独立した三つの行為ではなく、同一の行為の異なる記述だということだ。ハンマーを振るった後に板を固定するわけではなく、ハンマーを振るうことが完了したときには板の固定を終えたのであり、板が固定された後に暴風雨に備えるのではなく、板の固定が完了したときには暴風雨に備え終えたのである。適所性の連関は、連続する行為の順序や因果的関係を述べるものではなく、世界の内での行為(配慮的気遣い)に伴う理解の形式を述べるものである。(9)

例えば、暴風雨が近づいていると聞き、私が窓にハンマーで板を打ちつけているとしよう。そこに通りかかった隣人が私に何をしているのかと問うたとして、私は「ハンマーを振るっているところだ」とも「板を固定しているところだ」とも「暴風雨に備えているところだ」とも答えることができ、いずれも私の行為の記述として真である。とはいえ、おそらく私たちは、最初の答えはやや奇妙に感じ、最後の答えを最も普通の答えだと感じるだろう。この感覚の背景には、私がハンマーを振るっていることや板を固定していることは、本人からの報告を待つまでもなく隣人にとって見て明らかであり、かつ、「暴風雨に備えている」という答えは「ハンマーを振るっていること」や「板を固定していること」の適切な理由を与えているという理解があるだろう。もっとも、「ハンマーを振るっているところだ」とか「板を固定しているところだ」といった記述で答えることが自然な場合もある。例えば、作業で疲れた手首をほぐしている時とか、窓から少し離れて板の位置を確認しているときに、隣人が通りかかって、何をしているのか聞かれた場合などを考えるとよい。手首をほぐしているときには「ハンマーを振るっているところだ」という答えが、位置を確認しているときには「板を固定しているところだ」という答えが自然であり、かつ、前者の場合に「なぜ」への答えとして「板を固定するためだ」と答えることも自然である。

　ハイデガーの行為論において、行為は様々に語られるものであり、またそれらの記述はランダムに並んでいるのではなく、それらの間には適所性と呼ばれる関連性がある。この関連性の一つの捉え方は、すでに示唆されている通り、「理由」の関係である。この解釈は後で見る通り、これらの行為の記述の連関の最終的な項として「現存在の存在の可能性」が挙げられる箇所を確認するとより明確になるのだが、この点はハイデガーの実存論的行為論の核心に触れるものであり、本章第４節で別に検討する。

　ここではさしあたり、アンスコムの議論との近さを指摘しておこう。『インテンション』二三節にポンプを操作する人物が出てくる。この行為は、腕を上下に動かしているとも、家に飲み水を送っているとも、家の中の人々に毒を盛っているとも記述できる。しかし、これらの行為の記述は単に複数的であるだけではなく、理由による関連性をもっている。

> たとえば、「なぜ腕を上下に動かしているのか」――「ポンプを操作しているんだよ」。「なぜポンプを操作しているのか」――「ポンプでこの家に飲み水を送っているんだ」。〔…〕「なぜあなたはポンプで水を送っているのか」――「この家でこの水が必要だから」、そして（小声でそっと）「連中を片付けるためにね」。「なぜここの住人に毒を盛っているのか」――「連中さえいなくなれば、別の誰かが政権に就き、そうなれば……」。／さて、

以上のような問いに対して得られる答えの連鎖はいつか途切れる。（アンスコム 2022, 90–91）

同一の行為が複数の記述の下で意図的である場合、それらの記述は「なぜ」という問いに対する様々な答えであり、理由の連鎖を成している。ハイデガーにおいて、行為の理由の関連は適所性と呼ばれ、さらに後に見るように、この理由の連鎖は、行為者の存在に関わる自己了解が登場するところで終局に至る。今は、アンスコムからの引用文における、「連中さえいなくなれば、別の誰かが政権に就き、そうなれば……」という最後の理由も、この行為者の政治的な自己了解に補完されることで理解可能になる――「なぜ」の問いは自己了解を含んだ答えまで続く――だろうということを示唆しておくにとどめよう。

さて、一つの行為を分析するためには、その行為が複数の記述を許し、かつそれらの記述の間には重層的な理由の連関があること、また、この連関には最終的な落とし所――「なぜ」の問いが枯渇するところ――があり、その意味で一定の組織性があることを認識しなくてはならない。これらの点で、ハイデガーの論述とアンスコムの議論との間には近さが認められる。しかし、先の引用文をあらためて確認すると、ハイデガーの適所性の連関の他方の極には、「ハンマーと名づけているその道具的存在者でもって」という要素がある。このことには注意が必要である。つまり、行為の理解は、一方で行為者の自己了解へと問い進められるが、他方で道具的存在者の了解に結びついているのだ。この点がハイデガーのアプローチの際立った特徴の一つをなしている。ハイデガーにおいて、自分が何をしているのか、なぜそれをしているのかの了解は、その行為において自らが交渉している存在者が何をするためのものかという了解から独立ではない。

もっとも、この点は、本節の最初に述べたように、行為に対するハイデガーの名称は道具的存在者との交渉としての配慮的気遣いだという点を確認することに過ぎない。だが、論点の現象学的な文脈を明確にするために、次のことをさらに確認したい。つまり、配慮的気遣いとしての行為という着想には、私たちの行為は志向性をもつという考えが含まれているということだ。志向性をもつとは、最も広義には、表現や振る舞いが自分以外の何かへと「向けられていること（directedness）」、何か「についてのものであること（aboutness）」であり、フッサール以来、現象学的分析の原点にある考え方である。例えば、考えること（思考）が志向性をもつとは、考えることは何かについて考えることであり、この何かを欠いているのであればそもそも何も考えていない（思考していない）ということを意味するだけではない[10]。その何かが物理的な対象なのか想像上の対象なのかなどの違いは、考えるという振る舞いは何をすることなのかの考察にとって重大である。要するに、何に向けられているのかという観点なしに思考の振る舞いをそれとして取り出して考察することは不可能であるか、全く見込みがない、ということだ。同様に、配慮的気遣いとしての行為の場合も、ポイントはこの行為は自分以外の存在者へと向けられており、存在者を何らかの仕方で了解する働きから独立には考えられない、ということである。例えば、「靴紐をしめる」という行為は、靴紐を何らかの仕方で了解し、この存在者と実際に交渉することなしには存在しえないし、「ハンマーを振るう」という行為は、ハンマーを何らかの仕方で了解し、この存在者と実際に交渉することなしには存在しえない（靴紐なしに靴紐をしめるとか、ハンマーなしにハンマーを振るうというのは、靴紐をしめたりハンマーを振るったりする「フリをする」という別の特殊な振る舞いである[11]）。

使用や制作を典型とする配慮的気遣いが存在者へと向けられる仕方は、志向性のなかでも実践的な志向性と呼びたくなるものである。もっともハイデガーは、実践的か理論的かという定番の区別には私たちの振る舞いに関する様々な先入見が含まれるがゆえに、これらの概念の使用を避けている。しかし、配慮的気遣いの志向性が広い意味での「認識」の志向性から区別されていることはたしかである。C・F・ゲスマンの指摘を参照するなら、両者の「プロトタイプ的な語りの形式」は次のようになる（Gethmann 2007, 36–37）。

配慮的気遣い：「これは〜をするためのものである（Dies ist zum ...）」［行為述語[12]］

認識：「これは〜である（Dies ist ein ...）」［性質述語］

簡略化して言えば、認識の眼目はそれが「何か（Was）」の把握であり、その理解内容を言語的に表現するなら「これは〜である」となる。例えば、ハンマーを見たことのない人が「それは何ですか」と聞くなら、「これはハンマーです」と答えるとか、それが釘であることを知っている人が（例えば店頭で）その材質や重さなどの性質について聞く場合に、「それは鉄の釘です」とか「それは三グラムの釘です」などと答える場面が典型である。他方、行為が向けられている存在者は、ハンマーは「釘を打つため」のものである、釘は「板を固定するため」のものである、板は「暴風雨に備えるため」のものであるなどと、「〜をする」という行為述語によって言語的に表現可能な仕方で了解されている。もちろん、行為を遂行している最中にこうした内容を言語化して自分に言い聞かせたり他人に述べたりしているわけではない。だが、手許の存在者について「それは何をするためのものですか」と聞かれれば、上記のように答えられるという限りで、言語的に表現可能な仕方で了解しているとは言える。

また、各々の存在者のこうした了解は単独で成り立っているわけではない。先の引用文から明らかな通り、各々の存在者の了解は「適所性」の連関のうちにあり、理由の関係を含んでいる。つまり、ハンマーを「釘を打つため」のものであると了解するその理由は、釘が「板を固定するため」のものであるという了解によって支持されており、釘が「板を固定するため」のものであると了解するその理由は、板が「暴風雨に備えるため」のものであるという了解によって支持されている。

ハイデガーとともに意図的（intentional）行為を志向的（intentional）行為として探究することで、明確になるのは次のことである。同一の行為が「ハンマーを振るっている」「板を固定している」「暴風雨に備えている」などと記述され、かつ、それらの記述が理由の連関を成しており、しかも、行為者は何をしているのか、なぜそれをしているのかを観察によらずに知っているという自己知の難問を解明するにあたって、注目すべきは、世界の内部で存在者がどのような連関を保っているか、ということである。すなわち、ハイデガー現象学の観点から言えば、アンスコムの提案に含まれる行為者の自己知の問題は、心の不可思議さの問題ではない。むしろ、重要なのは、適所性の連関は、行為の記述の連関であると同時に世界の内部で存在者が存在する仕方の連関であり、つまり、行為の了解は世界の了解に符合しているということである。要するに、行為者の驚嘆すべき自己知を支えているのは世界についての安定的な了解だという観点を取ることで、考察を進められるのである。

3-2 観察によらない行為の了解

道具的存在者の配慮的気遣いないし交渉としての行為は、『存在と時間』において現存在の「世界内存在」の基礎的なあり方と見なされている。すでに見たように、配慮的気遣いは「認識」の振る舞いと区別されている。ただし、この区別は単なる分類ではない。むしろ、ハイデガーの狙いは、認識は配慮的気遣いからの派生態に過ぎないことを示して、世界と自己の関係を「認識」をモデルに考えてきた伝統を批判することにある。自己と世界の関係を認識中心に考える哲学的伝統への批判は、『存在と時間』の最大の眼目の一つだと言っても過言ではない[13]。

目下のところ肝心であるのは、この批判の内容には次の論点も含まれているということだ。つまり、行為における私たちの世界への関わりには、広い意味での「認識する」という振る舞いは含まれないのみならず、そのような振る舞いが登場するのは行為が中断したり停止したりする場面だという考えである。「これは〜である」と判断することは、典型的な認識的振る舞いであるが、このような判断を下すための通常の手続きには観察も含まれる。また、配慮的気遣いの「これは〜をするためのものである」の了解も、その了解内容を確認するような場合には、観察を含んだ認識的振る舞いに接近する場合がある。いずれにせよ、これらの典型的な振る舞いやそれらの振る舞いに含まれる明示的な意識が後退していることは、行為が十全に遂行されていることの目印である。以上のような考えは、自らの行為は観察によって知られる事柄には含まれないということを含意しており、ハイデガーもそれを認めると思われるだけではなく、観察知とは異なる自己の行為の理解の仕組みを解明するための資源を提供してもいることを、以下では確認していきたい。そのための手がかりとして、配慮的気遣いについて述べられた次のパッセージを取り上げよう。

> 〈環境世界〉を日常的に配慮的に気遣うことのうちで、道具的に存在する道具がその〈自体存在（An-sich-sein）〉において出会われうるようになるには、配視（Umsicht）がそのうちへと〈没入している〉諸々の指示や指示全体性は、この配視にとって、まして非配視的な〈主題的（thematisch）〉な把握にとってはますます、非主題的にとどまっていなければならない。世界が自らを告げないということは、道具的存在者がその目立たなさ（Un-auffälligkeit）から踏み出さないことを可能にする条件なのである。これらのうちで、こうした存在者の自体存在の現象的構造は構成されている。（SZ, 75）

難解ではあるが、一つ一つ解きほぐしていこう。まず、ここでは配慮的気遣いの対象が「〈環境世界〉」と呼ばれている。この環境世界のなかで「道具的存在者」と「世界」という二つの位相の区別が生じていることに注意する必要がある。

まず、制作や使用を典型とする配慮的気遣いは存在者を「何かをするための」道具として発見し、道具的存在者としての存在者と交渉する仕方である。重要なのは、ハイデガーはここで道具的存在者が「自体存在」において出会われると言っていることだ。そして、この自体存在の成立の一契機として、「道具的存在者が自らの目立たなさから踏み出さない」ことが挙げられている。次の引用文はこの点を明確にするものである。

> ハンマーという事物は単にぽかんとして見られているだけであることが少なければ少ないほど、つまり活発に使用されればされるほど、この事物への関わりはますます根源的になり、この事物は、それがそれである当のもの

として、つまり道具として、ますますあらわに出会われる。(SZ, 69)

配慮的気遣いとしての行為においては、自らが関わっている存在者は目立たずにとどまること、別の角度から言えば、私たちがその存在者との関わりに注意を向けて、凝視したり観察したりしないことが本質的である。存在者の「自体存在」とは、伝統的には、人間による認識から独立に存在者が存在する（実在する）ことに関する概念であるが、ここでの存在者の「目立たなさ」も存在者が認識の対象にならずに存在していることに関わっている。とはいえ、認識から独立に存在すると言っても、ではその存在は人間にはもはやアクセス不可能だという話になるのではなく、ハイデガーが問題にしているのは、認識の対象になるのとは異なる仕方で存在者が私たちに与えられている仕方である。つまり、配慮的気遣いが向けられている道具的存在者の存在であり、その存在は「目立たなさから踏み出さない」ことのなかで構成されるのであり、その際、行為者はまさに行為を遂行するために手許の存在者やその存在者との自らの関わりを、観察などによる認識の対象にしていないのである。

次に、こうした配慮的気遣いの行為において、「配視」に対して世界が「自らを告げない」ということが言われている。この指摘においては、第一に、個別の道具ではなく「世界」が言及の対象である点が重要である。この点に注意が必要なのは、個別の道具は世界そのものではなく、個別の道具がそこへと帰属している何かが世界であり、逆に言えば、世界それ自体は一介の存在者ではないからだ。さて、その世界であるが、これは、先の引用文では、配視が「そのうちへと〈没入している〉諸々の指示や指示全体性」として言及されている。「指示」とはこれまでに出てきた例で言えば、ハンマー、釘、板などがお互いに「何をするためのものか」という点で関連づけられている仕方である。ハイデガーによれば、「〈〜をするために〉という構造のうちには、或るものから或るものへの指示が存している」(SZ, 68)。このことは、別の角度から言えば、「厳密に解すれば、単一の道具が〈存在する〉ということは決してない」(SZ, 68) ということでもある。道具的存在性においてある存在者が「何をするためのものか」という点で了解されている場合、その存在者が存在する理由は別の存在者が存在する理由によって支持される——例えば、ハンマーは釘を打つために、釘は木材を留めるために、木材は窓を固定するために、など——という仕方で連関している。世界とはここで、存在者の単なる空間的隣接ではなく、個々の存在者の存在理由の連関であり、行為者は、例えば、ハンマーを使用しているならば、このような理由の連鎖のうちで当のハンマーをそれ以外の存在者と関連づけている。行為者はそのような存在者の存在理由の連鎖を言わば見抜いているが、そのような指示連関の〈知覚〉が「配視」と呼ばれている。この「配視」が現象学的な知覚論としてどういう含意をもつのかは次章で詳しく扱う。目下のところは、この配視にとって世界が「自らを告げない」で非主題的なままであることが、道具的存在者にそれ自体で出会うための、ということは結局、この存在者との交渉である行為を遂行するための条件だという点を確認するにとどめよう。

では、「非主題的」にとどまるとはどういうことか。一般に、何かが非主題的にとどまるということは、その何かは主題化されていないものの、潜在的には主題化可能な状態にある、ということだとさしあたりは言える。何かを主題化することには、例えば、ある存在者が「何をするためにあるのか」をあらためて確認する場合が含まれよう。しかし、このような問いはいつ生じるのだろうか。それは、存在者の存在理由が自明でなくなったり不明であったりする場合だろう。ハイデガーは、道具が利用不可能になった場面を取り上げるが、この場面で起こっているのは、ただ単一の道具が物理的に故障したということではなく、「指示の故障」(SZ, 74) だと言う。

ハイデガーはこのような場面を、存在者を「解釈」する場面として論じており、その解釈を発話した例として「このハンマーは重すぎる」を挙げている (SZ, 157)。ハンマーで木材に釘を打っているときに、そのハンマーは重すぎる（あるいは釘が短すぎる）ことが判明したとして、その場合、ハンマー（あるいは釘）は物理的に破損したわけではない。むしろ、ハンマーは釘を打つために、釘は木材を留めるために、といった各存在者の存在理由の指示連関が不具合を起こしており、それゆえに行為が滞っているのである。このハンマー（あるいは釘）は役に立たないと判断されるとき、このハンマーは釘を打つ（あるいは釘は木材を留める）ためのものであるというまさにその点で問われている。

あるいは、ハイデガーは「別のハンマーを！」(SZ, 157)（あるいは「別の釘を！」）という別の発話も挙げている。このように私が言ったところ、一緒に作業していた人がもとのハンマーよりも少しだけ軽いハンマー（あるいはもとの釘よりも少しだけ長い釘）を持ってきたり、もとのハンマーより軽いけれど取っ手が破損したハンマー（あるいはもとの釘よりも長いけれどももとの釘よりも随分と細い釘）を持ってきたりした場合、「ちょっと見て、この釘を打つためのハンマーの話をしているんだよ（あるいは、この木材を留めるための釘の話をしているんだよ）」などと言うかもしれない。このように指示の故障が生じたときに、指示連関としての世界は主題的になり自らを告げる。

道具連関は、これまで全く見たことのないものとしてではなく、配視のうちで不断にあらかじめすでに見て取られていた全体として、閃く。こうした全体とともに、世界が自らを告知する。(SZ, 75)

このように行為のエラー状況は、指示連関としての世界の認知にとっては好機である。世界が主題的になるとき、存在者は「目立つ」ようになり、短さなどの物理的性質に関して観察される対象になる。その存在者が何をするためのものかを確認したり、あるいはその存在者が何をするためのものかを問うたりする場合の通常の手続きには、その存在者をよく見ることが含まれる。しかし、そのような存在者との関わりが生じていることは、配慮的気遣いの側からすれば、行為の中断や停止という欠損状況にあることなのである。

なお、先の引用文において、諸々の指示や指示連関が「非主題的にとどまっていなくてはならない」とされたとき、「まして非配視的な〈主題的（thematisch）〉な把握にとってはますます」という注意書きが加えられていた。『存在と時間』において「主題化（Thematisierung）は客観化する」(SZ, 363) とか「世界内部的な事物的存在者のもとで客観化する存在」(ebd.) と呼ばれていることから、この「主題的な把握」はもはや「何をするためのものか」を問うているのではなく——そうであれば「非配視的」とはまだ言えない——、むしろ、それは「何であるか」の認識に関わっていると推察できる。例えば、もはや釘が目下の状況で利用できないことが問題なのではなく、純粋にその短さを問題にし、正確に何センチかを計測するなどの場合を考えることができる。ハイデガーが挙げているのは、さらに純粋に存在者の性質について言明する発話の例であり、「この目の前の存在者は重さをもつ」というものであって、その場合には「重量という〈性質〉」が問題になっている (SZ, 360-361)。

　以上を踏まえると、ハイデガーの論点には、私たちは行為中に、それぞれの存在者が「何をするためにあるか」を確認したりするだけでなく、「何であるか」という点で判断しようとしたりしてはならないということも含まれることが判明する。長さや形の点で存在者が「何であるか」を正確に認識するときの典型的な手続きにもその存在者をよく観察することが含まれる。配慮的気遣いとしての行為にとっては、自らが関わっている存在者やその存在者との関わりを観察していないこと、そのような観察を含む確認や判断のような認識に従事していないことは、行為が十全に遂行されていることを保証する目印になる。

　アンスコムは、意図的行為においては「なぜ」という問いに対する答えが観察によらずに知られているという見方を示した。ハイデガーの議論もまた、同一の行為は様々に記述可能だという点だけでなく、行為者がそれを了解した上で何かを行っている場合、この行為の了解には観察を含んだ認識は含まれていないという論点を明確にしている。もっとも、ハイデガーにおいては行為は志向的なものとして考察され、行為者の身体も世界内部の存在者との関わりから独立に取り出されうるという発想はないため、観察の対象として問題になるのは、第一に、行為者が関わっている存在者と、存在者と関わっている限りでの自らの行為である。この点には意図的行為を志向的行為として分析対象とするハイデガーの観点の独自性があるが、しかし、自分が何をしているのか、なぜそれをしているのかについての了解は、何かについて観察によって知る仕方とは異なるのであり、後者をモデルに前者を考察することができないという点の強調には、やはりアンスコムとの重なりを見出すことができる。(14) では、観察によらずに知られるという論点は、サールが示唆するように、人間の意識生活についての謎を生じさせるものなのだろうか。ハイデガーの議論ははっきりと別の見方を提示している。

配慮的気遣いとしての行為が遂行されている状況とは、諸々の存在者が「何をするためのものか」に関する指示連関が、「配視」によって見抜かれている――そうでなければ行為できない――ものの、それ自体として主題になってはいない状況である。これらの指示連関の各部分は、潜在的には主題化可能であるが、行為の遂行中には全体として非主題的にとどまっていなくてはならないものである。この世界の非主題的な了解から個々の存在者の主題化への移行がしばしば生じることは経験的には明らかである。私たちは行為の進行中には全く意識していなくても、問われれば何をしているのか、なぜそれをしているのかを答えられる。ハイデガーの議論に基づけば、そのときに私たちがやっているのは心の状態の報告ではなく、様々な存在者の「何をするためのものか」の指示連関の一部を明示的に取り出して言語的に表現したということになる。言い換えれば、いつでも自分が何をしているのかを答えられるという行為者の能力は、心の状態でも、行為それ自体でも、行為が関わっている個別の存在者でもなく、むしろ、指示連関としての世界に私たちの非主題的な意識はとどまっているという現象学的な実情によって解き明かされる。そうした可能性をハイデガーは示しているのである。

3-3 ドレイファスのサール批判とその問題点

では、ハイデガーの行為論はこれまでどのように解釈されてきたのだろうか。先に挙げたサールの論敵であったドレイファスの解釈を見ることは、目下の議論の文脈によく適合しているだろう。

すでに見たように、サールは、私たちは自らの行為を観察によらずに知っているという事実が「志向性にとって意味するところ」を哲学者たちは探究してこなかったとし、その志向性を「意識を伴う行為経験にはその経験の充足条件についての意識が含まれる」という観点から考察しようとしていた。サールによれば、ある心的状態が志向性をもつとはそれが充足条件をもつことであり、行為経験の場合であればその「充足条件」とは「行為者による何らかの身体運動、状態などが存在し、これらが行為経験に対してある因果関係をもつこと」である（サール 1997, 127 表）。例えば、腕を上げようという意図が充足するのは、腕を上げるという行為が実際に遂行されるとき、そのときに限る。そして、腕を上げるという行為が実際に遂行されるときとは、⑴腕が上がっているという身体運動が出来事として生じており、かつ、⑵腕を上げようという意図がこの出来事を引き起こしているときである。仮に、腕が上がっているのに、この出来事は腕を上げようという意図が引き起こしたものではないとすれば、（反射的に腕が上がったのかもしれないが）腕を上げようという意図が充足された、とは言えない。

これに対してドレイファスは、意図が出来事を因果的に引き起こしているという意識は行為経験に含まれない、という現象学的所見を示してサールを批判する。それどころか、彼によれば、私たちは行為を逆向きに経験しているのだ。ドレイファスは一連の行為に従事することをハイデガーにならって「日常的な没入的交渉」と呼び、そのように行為していることの経験は「環境についての感覚に応答する技能的活動の絶え間ないフローの経験」であるとする（Dreyfus 2014, 81）。環境についての感覚とは、そのつどの状況が身体と環境との調和的均衡を保っているかどうかについての感覚である。私たちは、不均衡を感じれば調和を回復し、均衡を保つべく身体を運動させる活動に絶え間なく従事している。この説明は、熟達したスポーツ選手の行為や習慣的行為の例を用いると理解しやすい。テニス選手は、ボールを打とうという意図が打つ身体運動を引き起こすというよりも、そこにボールが来たために手を伸ばし、ラケットが下がりすぎているために持ち上げる、などとよりよく記述されるような一連の経験をしている。あるいは、車を運転中に、ハンドルを切る、ギアを変える、ブレーキを踏むといった行為のフローも、通行人が現れる、道が空いてくる、信号が変わる、といった状況における環境への身体の対処として理解できる。

> 人の活動は、状況の要求（demands of situation）に完全に連動している。〔…〕その活動を引き起こすものとして自己言及的に自らを経験してはいない。（Dreyfus 2014, 81）

> 私たちは状況を私たちから行為を引き出すものとして経験する。（Dreyfus 2014, 82）

さて、「環境についての感覚に応答する技能的活動」の探究というドレイファスのプロジェクトがなぜハイデガー行為論の解釈と展開であるのかは見えにくいかもしれない。両者を結びつける要になるのは、ハイデガーの配慮的気遣いとJ・J・ギブソンに由来するアフォーダンス概念の親近性である。

> ハイデガーとメルロ＝ポンティは、実質的に、身体化された技能的対処者は、ギブソン――彼はメルロ＝ポンティに影響されていた――が*アフォーダンス*と呼ぶものに直接的に応答すると考えている。食べ物は食べることをアフォードし、ドアは入ることと出ることをアフォードし、床は歩くことをアフォードする等というように。（Dreyfus 2014, 116）

この見方は、道具的存在者との交渉ないし配慮的気遣いが非主題的に了解している内容が「これは……をするためのものである」であることを思えば、無理のないものであるように見える。ドアは「入る」という行為述語において「これは入るためのものである」と了解されるのであり、ドアから中に入るときには、そのような環境内の存在者のあり方に応答していると言うことにおかしなところはない。そこから、ハイデガーの議論は、穴はそこに身を隠すことをアフォードし、ナイフは切ることをアフォードし、行為機会を提供するというアフォーダンスの基本的見解との親近性を示している、とドレイファスのように述べることには一定の意義を認めることができる。第一に、自分が何をしているのか、なぜそれをしているのかを即座に答えられるという事実を理解するために、心の偉業という神秘的な描像は不要であり、むしろ世界のほうから自己の行為を了解する私たちのあり方へと目を向け直すことを可能にしている。第二に、意図が行為を因果的に引き起こしていることを意識しているという、現象学的に見て実情に合わない過剰な要求を行為者に課す必要がなくなる。[15] 行為を遂行しているときには意識は透明だというハイデガー行為論に含まれる論点を踏まえて、ドレイファスは、ではいかにして私たちは行為を了解しているのかという問いを探究し推し進める道を示している。

しかし、ドレイファスの立論は、ハイデガーの行為論の解釈と展開という点から見た場合には問題を含んでもいる。第一に、床が歩くことをアフォードすることへの応答としての行為という捉え方は、同一の行為は様々な仕方で記述されるという、私たちの行為の特異性をどう説明できるのだろうか。アンスコムやハイデガーの議論において、床の上を歩くという行為は、同時に、「足を動かす」「窓を開けに行く」「外の空気を入れる」などと記述可能であり、特にハイデガーの議論において、床が「歩くため」のものであることは、窓が「開けるため」のものであるとか、外の空気が「中の空気をきれいにするため」のものであるなどの記述と理由の連関を形成している。床の上を歩くという行為は、ハイデガーとともに言えば、諸々の存在者のこのような指示連関において床でもって「適所が得られる」ということであり、こうした指示連関によって組織化された世界への言及なしに了解できるものではない。実際、配慮的気遣いとしての行為には、まさにこのような「適所を得させる」ことが含まれるとハイデガーは言っている。

> 適所を得させることは、存在者的に言えば、次のことを意味する。事実的に配慮的に気遣うことのうちで、道具的存在者を、それが今もう存在している通りに、またそれがそのように存在するために、これこれとして存在させる（*sein* lassen）ことである。(SZ, 84)

存在者が私たちに何かをすることをアフォードし、私たちは存在者がアフォードすることに応答するという仕方で行為すると述べるとき、では、食べ物、ドア、床といったそれぞれの存在者が個々に何をするようにアフォードするのかという点を超えて、これらの存在者がいかに連関して一定の「環境」と呼びうるものを構成しているのかという点に関してハイデガーから得られるはずの説明資源を、ドレイファスは失っているように見える。適所性は、存在者の存在理由の連関であり、行為の理由の連関として表現可能なものであるが、この適所性の了解は、「環境についての感覚に応答する」という表現で解するには高度に言語的であるように思われる。その存在者が何をするためのものであるかを、行為者は、さしあたりは非主題的に、しかし問われればいつでも言語化可能な仕方で了解しているからである。ドレイファスの議論は、適所性のようなハイデガー行為論の重要概念を活かせていないように思われる。

この問題は、別の角度から言えば、ハイデガー行為論を実存論的行為論と呼ぶべきものにしている肝心のポイントが失われているという問題でもある。私たちが、心のなかを覗き込むことなく、自分が何をしているのか、なぜそれをしているのかを答えられるのは、世界の内部の存在者が「何をするためのもの」であるかという点で相互指示している連関を私たちが非主題的に了解しており、その了解を主題化して言語的に表現する体勢が整っているからである。では、行為の了解を支えている世界了解はなぜこのように安定的であり、私たちは世界とかくも親密なのだろうか。

ハイデガーによれば、「〈私は存在する（ich bin）〉の不定詞としての、すなわち実存範疇として了解されたものとしての存在（Sein）は、……のもとに住んでいる、……と親密であるということを意味している」（SZ, 54）。この見方において、私が存在するとはそもそも世界と親密であるという意味なのである。たしかに、ドレイファスも「没入的交渉」という用語を用いるとき、世界とのこの根源的な親密性に私たちが身を任せているという描像を共有している。だが、世界との親密性についてのドレイファスの描き方は、ハイデガーの重要なポイントを逸するもののように思われる。彼によれば、「アフォーダンスとの直接的やり取りにおいては、大人も、幼児も、動物も同様に応答する」（Dreyfus 2014, 117）。ここで、世界との親密性は動物や幼児と同様の一種の適合（fit）に求められている。だが、ハイデガーが「私は存在する」と言うときに「存在」で意味しているのは「実存」である。ハイデガーによれば、「現存在があれこれの仕方でそれへと関わることができ、常に何らかの仕方で関わっている存在そのものを、私たちは実存と名づける」(SZ, 12)。目下確認したいのは、実存は自分が「誰か」(SZ, 45)という点で問われるということであり、「それぞれ私のものである(Jemeinigkeit)」(SZ, 42)という性格で特徴づけられるということである。つまり、実存としての私の存在を了解することには自他の区別が含まれている。

> 現存在に言及する場合には、この存在者がもっているそれぞれ私のものであるという性格に従って、「私が存在する」「あなたが存在する」というように、常に人称代名詞と一緒に語らねばならない。(SZ, 42)

実存するという仕方には、自らが誰なのかという観点から自己を了解することが含まれており、この点で「大人も、幼児も、動物も」同じようであるということはない(例えば、大人に比べて、幼児においては自他の区別は曖昧である)。ハイデガーにおいて、私が世界と親密であることは、私が誰として自己を了解しているか、どのような自己了解において実存しているのかという点から独立には考察されえない。言い換えれば、自分は誰であるかという長期的で安定的な了解と一体であることではじめて、世界は馴染み深いものでありうる。実際、ハンマー、釘、板、暴風雨といった存在者の存在理由の連関を配視によって見抜けるのは、一定の気候の地域で家を守ることを大事にすることが自己了解の一部に含まれているような行為者に限られるだろうし、自分が誰であるかの了解は単に一時的に生じるものではなく、その人の生活に表現されているような長期的なもののはずである。同じことを行為の側から言えば、行為の多様な記述は、理由の連鎖によって組織化されているのだが、これらの理由の連鎖は最終的に自分自身への言及を必要とする。自分が誰であるかがその行為の最終的な理由をなす、というこの点がハイデガーの行為論を実存論的な行為論と呼ぶべきものにしている。

4　自己了解とハイデガーの実存論的行為論

以下ではハイデガーの実存論的行為論を提示する。しかしその前に、「実存論的（existenzial）」という用語の意味を確認しておく必要があるだろう。『存在と時間』において「実存論的」は「実存的（existenziell）」と対比され、また、この両者は「存在論的（ontologisch）－実存論的」「存在者的（ontisch）－実存的」といった対で用いられる（SZ, 135）。「存在者的－実存的」の対に関しては、例えば、「現存在は、むしろ、この存在者にとっては自ら存在することにおいてこの存在自身が問題であることによって存在者的に際立っている」（SZ, 12）とか、「実存の問いは、現存在の存在者的な〈関心事〉である」（SZ, 12）などと言われる。私たちは、現存在として存在する限り、自分が誰であるかといった問いにおいて自分の存在を問題にし、その存在に関わっている。このような存在のあり方は「実存」と呼ばれるが、実存の問いは存在論を営む以前にすでに私たちの関心事であり、私たちの存在がこの意味で実存であることは生活するなかですでに知られている。しかしながら、私たちに対するこうした存在者的－実存的な了解は、当の実存的経験の様々な要素、例えば、将来や過去のような時間性、喪失されたり獲得されたりする自己なるもの、不安や恐れのような情緒、死へと向けられているという事実などがいかに関連し、実存を成り立たせているのかについては何も言っていない。これらの実存の構造連関の解明は存在論的－実存論的な考察を必要とするのであり、この考察こそ『存在と時間』が体系的に試みていることだ(16)。

そこで、実存論的行為論とは、自分は誰なのかという点から自己を了解する実存の構造連関に基づいて行為を説明するような見方のことだと言える。逆に、実存論的でない行為論として考えられるもののなかには、古典的意志理論だけでなく、ドレイファス流の自己了解抜きの行為論も含まれる。なお、この実存論的行為論は、実践的推論の議論として見た場合には、その大前提が一般的な規則ではなく、行為者の自己了解の内容であるという風にも提示できる。

しかし、本書においては、まず本章で実存論的行為論の全体像を描き、次章でこの行為論と密接に結びついた知覚論を論じた上で、この行為と知覚の結びつきを実践的推論の定式化において明確にするという手順を踏む。実践的推論についての実存論的見解を示すには、ハイデガーの知覚論を確認するなどのさらなる準備が必要なのである。

4−1　行為の終局的な理由（ハイデガー）

では、ハイデガーの実存論的行為論を再構成していこう。3−1節では、ハイデガーが適所性の連関として提示するものの一方の極には「道具的存在者でもって」があり、この点から、私たちの行為は志向性をもつものとして考察されるというハイデガー行為論の基本的特徴が明らかにされた。例えば、ハンマーという存在者抜きにハンマーを振るうことはできない。そして、行為者はこのハンマーを「釘を打つための」ものとして、つまり、何の行為をするためのものかという観点から了解している。さらに、この了解は、釘は「板を固定するため」、板は「暴風雨に備えるため」などという諸々の存在者の存在理由の連関のうちで適所を得るという仕方で成立している。こうした世界の適所性の連関への見通しは、私たち行為者が、同一の行為を「ハンマーを振るっている」とも「板を固定している」とも「暴風雨に備えている」とも記述でき、かつ、何をしているのか、なぜそれをしているのかと聞かれれば、それらの記述の下で当の行為の理由を挙げることを可能にしている。しかし、存在者の存在理由の連関として、行為の様々な記述の間の理由の連鎖として表現されるものも、どこかで終局するのではないだろうか。適所性の連関のもう一方の極について、ハイデガーはこう述べている。

> 適所性の全体それ自体は、最終的に、もはやいかなる適所性も得られないような〈何のために〉へと帰っていくのだが、その〈何のため〉は、それ自身は、世界の内部で道具的なものの存在様式で存在しているのではなく、その存在が世界内存在として規定される存在者であり、世界性という存在体制がそこに属しているような存在者

である。(SZ, 84)

もはやいかなる適所性も得られないような〈何のため〉とは現存在のことである。現存在は道具的な存在者ではないので、何らかの行為をするための何かとして了解されるものではなく、むしろ、当の行為をする存在者であるが、私たちは、諸々の道具的存在者と自分自身を「ために」という理由の関係において連続的に了解している。別の角度から言えば、私たちの存在と道具的存在者の存在を区別しているのは、この理由の性質なのである。実際、なぜハンマーを振るっているのか——釘を打つためだ、なぜ釘を打っているのか——窓を固定するためだ、なぜ窓を固定しているのか——暴風雨に備えるためだ、というこれまでにも見た行為の理由の連関のその後に、私たちはなおも、なぜ暴風雨に備えるのかと聞くことができる。ハイデガーはこの問いに対して、「この備えは、現存在が宿るため(um-willen des Unterkommens des Daseins)、つまり、現存在の存在の何らかの可能性のため〈である〉」(SZ, 84)という答えを挙げている。もっとも、「宿るため」という答えは、その人が暴風雨に備える理由としてあまりに当然に聞こえるし、さらに、何のためにあなたは宿るのかと問われたならば、この人はきっとうんざりした様子で「そりゃあ、安全な家の中にいなければ身に危険があるからに決まっているでしょう」と答えるなどするだろう。さらに問われるなら、「いい加減にしてください、誰だって死にたくはないでしょう」などと言うかもしれない。重要なのは、「宿るため」以降の答えには、自分が世界に存在することについての何らかの了解が表現されているということだ。このように「現存在の存在の何らかの可能性」が理由として登場したとき、理由の連関は終局を迎え、なぜの問いは枯渇し始める。

どのように自らの存在を了解しているのかが挙げられるときに、行為の理由の連関は終局する。ハイデガーによれば、この理由は適所性の連関の終局であると同時に、もはや何の適所性も得られない、という特徴をもつ。道具的存在者はそれが何をするためのものかという点で、他の存在者の存在理由に支えられ、世界の内部で適所を得ることができる。しかし、私がどのように自己了解しているかのその内容は、もはや、何をするためのものかという連関のうちで適所を得るという仕方では理由を与えられない。私が、安全を気にかけて長く生きようとしていることは、さらになぜと問われても、釘を打つためとか窓を固定するためといった道具的存在者の存在理由によって答えることはできない。そのなぜへの答えは、自己了解のさらなる解釈にしかならない（長く生きれば良いこともあるだろうから、未来の世代の子どもたちの成長を見るのが楽しみだから、など）。そしてこのように、行為に終局的な理由を与える自分の存在こそが実存にとっての問題なのである。

〈何のために〉の第一次的なものは〈これのために（Worum-willen）〉である。この〈ために〉は常に現存在の存在に関係しており、この現存在にとっては、その存在において、本質上この存在自体が問題なのである。（SZ. 84）

〈何のために〉という問いは、道具的存在者の存在理由に関しても、一定の記述の下での行為に関しても投げかけることができ、その理由は連鎖する。しかし、この連鎖が終局する〈これのために〉は自己の存在である。そしてこの自己の存在は終局であると同時に、「第一次的」なものだと言われている。通常、私たちは何をしているのかという問いに「窓に板を固定している」とか「暴風雨に備えている」などと行為の記述でもって答えることで満足し、さらにその理由を問うたりはしない。その理由を聞くなら、自分の存在に関する自己了解に言及した答えが得られるだろうが、通常は、自己了解の内容にまで踏み込んで理由を問うたりはしない。しかし、仮に、理由を問うたときに行為の記述で尽きていたとしたら、つまり、「なぜ暴風雨に備えるのか」という問いに対して「それは暴風雨に備えるためだとしか言いようがない」などと答えられたら、要するに、これ自体が最終的な理由だと本気で言われたら、奇妙に思うだろう。当然、暴風雨に備えるという行為の理由として、もしかしたら死んでしまうかもしれないとか、命の安全を第一に考えて暮らしているとか、自分自身に関して本人が問題にしている事柄があるのだろうと思うはずだ。

そうでないなら、そもそも、暴風雨に備えることも、窓に板を固定することも、釘を打つことも、その人が本当に行っていることというより、外形だけ行動をなぞっているように思われるのではないか。つまり、自己の存在が「第一次的」だということは、この存在が行為の理由の終局であると同時に始まりでもある、ということを含んでいるように思われる。この種の自己了解はもはや行為の記述の一つではない。むしろ、その欠如が行為の理由の連鎖を全体的に無効化しうるという意味において第一の理由である。

4−2　行為の理由の連鎖の途切れ（アンスコム）

ハイデガーにおいて、行為の様々な記述は理由の連関をなしており、かつ、この理由の連関は自己了解において終局するという仕方で組織化されたものである。この最後の点が特にハイデガーの実存論的行為論を特徴づけるものだが、行為の終局的な理由としての自己了解に着眼するという点において、ハイデガーが全く孤立しているわけでもない。すでに簡単に触れたように、アンスコムも理由の連鎖の「途切れ」について語っていた。その議論の続きを見ることは、ハイデガーの議論のポイントを明確にするためにも示唆的である。

先に登場した、A．腕を動かす、B．ポンプを操作する、C．貯水槽に給水する、D．住民に毒を盛っている、と記述される一つの行為に立ち戻ろう。このAからDまでの記述列についてアンスコムはこう述べている。

> 例のような記述列の終端に位置する項に見いだされる一つの意図とは、残りの項の諸記述のいずれのもとでも、行為がその一つの意図を伴って為されていると言えるような意図のことなのである。よって、その一つの意図が、記述列のより初期の項に伴われていた先行する他の意図のすべてを、いわば包み込む形になっている。（アンスコム 2022, 105–106）

この記述列の終端に見出されるのは、D「住民に毒を盛っている」という意図であるが、A、B、Cのどの記述の下でもその行為はこの「住民に毒を盛っている」という意図を伴ってなされていると言える。別の言い方をすれば、DはA、B、Cのいずれの理由にもなる（が、逆に、A、B、CがDの理由になることはない）。最も初期の項であるA「腕を動かしている」についても、なぜと問われれば、D「住民に毒を盛るためさ」と答えられる。もっともその場合には、「住民に毒を盛るために腕を動かすとはどういうことさ、どうやって毒を盛るのかね」という問いが生じるかもしれないが、その問いにはB「ポンプを操作する」とC「貯水槽に給水する」を挙げることで答えられる。

Aに関する「なぜ」の問いに対する答えとしてDが与えられたとすれば、BとCは、そのDに関して「どのようにして」を問う問いに対する答えのなかに登場しうる。項がこのような仕方で関連しあっている場合、それらは手段の連なりを構成する。そしてその連なりの終端に位置する項は、まさに終端として与えられていることにより、そのかぎりにおいて、全体の目的として扱われる。（アンスコム 2022, 106）

記述列の終端に登場するDはそれ以前のAからCを包み込むのであり、その限りで「全体の目的」として扱われる。別の言い方をすれば、Dは行為の理由の連鎖に対して、手段の連なりに対する全体的な目的として、包括的な理由を与える。このDはハイデガーの例で言えば、「暴風雨に備えている」という記述に相当する。暴風雨に備えることは、A．ハンマーを振るっている、B．釘を打っている、C．窓に板を固定している、などのいずれの理由としても挙げることができ、なぜハンマーを振るっているのかという問いに暴風雨に備えるためだと答えた場合には、どうやって暴風雨に備えるのかという問いに対してBやCを挙げて答えることができる。ただし、Dに対するなぜの答えに、A、B、Cのいずれによって答えることもできない。

さらにアンスコムは、このD「住民に毒を盛っている」という行為の記述に対しても、なぜかと問い、「連中さえいなくなれば、別の誰かが政権に就き、そうなれば……」という答えを挙げ、その上で、「以上のような問いに対して得られる答えの連鎖はいつかは途切れる」と述べていた。アンスコムによれば、この種の問いと答えの連鎖は、どこかで、自分の行為を単に記述するのではなく、「私が何を欲しているのか」という自己了解に触れざるをえない。住民に毒を盛っている人物も、この行為の理由として最終的には、自分がどういう政治状況を欲しているかを挙げることになる。

こうした「あなたは何を欲しているのか」という問いは、たとえば火を囲んでいるときに唐突に尋ねられる「あなたは人生で欲しいものは何か」といった大雑把な質問とは違う。そうではなくそれは、特定の文脈において、実際に行っている事柄について「あなたは何を得ようとしてそのX、Y、Zをしているのか」と問うような質問である。つまりその問いは、われわれが論じてきた「なぜ」の問いをすこしだけ外形にしたものなのである。そしてもし一人の男が、自分の行っていることについてこの質問をされるとすれば、彼が「得ようとして」いる当の目的は、つねに、第二十三節でわれわれが立ち止まった連鎖の途切れの向こう側にあることになる。というのも、たとえその男が〔…〕自分の「欲する」ことを「行っている」としても、彼がそれを欲する期間が終了するまでは（彼は一生涯それを求めつづけるかもしれない）、完全にその目的を手にすることはないからである。（アンスコム 2023, 135–136）

二十三節で立ち止まった連鎖の途切れとは、先のD「住民に毒を盛っている」である。その先にあるのは、この人物が欲しており得ようとしている目的であり、つまり、「連中さえいなくなれば……」とか、あるいは「ユダヤ人を救うためだ」「より善良な人間を為政者にするためだ」「地上の楽園を建設するためだ」などと記述されるものである（アンスコム 2022, 94–95）。アンスコムはその人が「何を欲しているか」と言っているが、これらはハイデガーの自己了解と重なり合う。その内容は、行為の様々な記述のいずれの理由にもなりうるものであり、かつ、もはや行為の記述と同等の位置づけにはない。アンスコムが考えているのは、場合によっては人生の全体に渡って問題になるような目的であり、ハイデガーであれば、その内容を分節化していけば、自分の存在の了解とか自分が誰であるか——私は不正な社会で生きることはできない、など——の了解が関与していると言うであろうものである。

アンスコムのこの議論が、ハイデガーの議論を理解する上で示唆するところをさらに二点挙げておこう。第一に、人生においてその人が欲していることとしてここで問題になっているのは、具体的な行為に理由を与えるようなものであり、談話の途中で急にシリアスな調子になり、「あなたが人生で欲しているものは何か」と漠然と問われて答えることを迫られるような何かではない、ということだ。ハイデガーの議論においても、何をするためのものかという観点からの存在者の存在理由の連鎖、つまり行為の理由の連鎖として表現されるものの終局として自己了解が問題になっており、何の理由にもなっていないような空疎な人生観は実存の問いとは明らかに関係がない。この点は、ハイデガーの実存論的分析に対する初歩的な誤解を防ぐのに役立つと思われる。

第二に、行為の理由の連鎖の途切れの「向こう側」に関して、アンスコムは、「あらゆるケースで行為を促しているのは、何らかの意味での欲求——つまり、「何かをしたいということ」——ではないのか」(アンスコム 2022, 134) という問いを挙げ、「始点(アルケー)となるのは欲求の対象(オレクトン)なのである」(アンスコム 2022, 135) というアリストテレスの見解に同意している。ほとんどの場面で私たちが問題にするのは行為の記述だけであったとしても、それ以外の記述の下での意図を包み込むような意図に対して「なぜ」の問いが適用された場合には、その人が結局何をしたいのかということに遡らざるをえない。ここで言う欲求——人生の目的であったり、それを分節化すればハイデガーにおける自己了解に言及せざるをえなくなったりするであろうもの——は、たとえ通常は明確に表明されなくても、行為の理由の「始点」となるものだと言われている。この「始点」になるという点は、実践的推論の大前提になるという意味で理解可能であり、この点については次章で振り返る。

アンスコムの包み込みや欲求の議論を参照した上で、ハイデガーの実存論的行為論を振り返るなら、行為の理由の連鎖が止むのは、自己了解が登場して行為に包括的な理由を与える時であり、この包括的な理由が行為の眼目と言うべきものだとまとめられる。この自己了解は、まさに私たちが存在するなかで問題にしているものであり、実存としての私たちの存在を特徴づけるものである。古典的意志理論の想定とは異なり、個々の行為は先行する意志を必要としてなどおらず、長期的な自己了解が個々の行為に対する理由をたいていは殊更に表明されることなく与えているのである。そしてこのことは、ドレイファスが描くように、実存する私たちの行為を環境に対する単なる反応として理解することはできないことをも明確にしている。

4-3 腕を上げることについての実存論的説明

本章では、古典的意志理論を批判したライル、意図的行為の哲学的考察の方向性を示したアンスコムの議論と対比しながら、ハイデガーの実存論的行為論の輪郭を示してきた。では、この行為論は、本章の出発点にあった「私が腕を上げる」という振る舞いをどう扱うのか。この点を明確にして本章の成果としよう。

例えば、腕を上げることは「タクシーを止める」とも記述可能であり、この記述の下で意図的である。ハイデガーの行為論に基づいてこの事例を説明するなら以下のようになるだろう。ハイデガーにおいて行為とは道具的存在者の配慮的気遣いであるから、「腕を上げる」というこの事例は特定の道具を使用していない点で特異な事例である。しかし、この場合には、タクシーを止めるために腕を道具にしていると考えれば、ハイデガー行為論に基づく分析を先に進めることができる。(17) この場合、A．腕はタクシーを止めるためのものであるが、B．タクシーは家に帰るためのものであり、C．家は寝るためのものである。私はこのような道具的存在者の存在理由の連関を了解している。これらの了解は行為の理由の連関としては、A．腕を上げている、B．タクシーを止めている、C．帰宅する、と表現される。最後のCは、アンスコム流に言えば、それ以前の記述列の項を包み込むものである。しかし、私たちはなお、なぜ帰宅するのかと問うことができる。もちろん通常、帰宅する理由についてそれ以上問われることはない。しかし例えば、深夜に友人宅におり、今日は泊まってもよいと言われている状況だとしよう。その場合、なぜ自分の家で寝るのか、という問いは自然に生じうる。すると、同居している親が心配するのが嫌だからだとか、友人に迷惑をかけたくないためだ、といった答えがあるかもしれない。それ以上になぜかを問うとすれば、その答えはこの人がどのように自分のことを了解しているかについての解釈の表明になる。つまり、〈何のために〉の連鎖は行為者の自己了解への言及によって終局するのであり、このような自己了解は理由の連鎖の終局であるとともに、CからAの記述による理由の連鎖の始まり（大前提）でもある。実際、自分の家で寝ることに、一番安心できる場所だからだなどの理由すらなく、それ以上の理由はないということなのであれば、実のところどこで寝ても構わないはずであり、タクシーを止める理由もなければ腕を上げる理由もなく、友人宅に泊まればよいという話になるだろう。

以上の実存論的行為論には、個々の行為に先行する意志への言及はなく、「腕を上げることから腕が上がることを引いたら何が残るのか」という引き算の発想に従ってもいない。腕を道具として用いているというその時点で、行為者はすでにこの腕を、何をするためのものかという観点で世界内の様々な道具的存在者との適所性の連関のうちで発見している。あるいはむしろ、そうした連関のうちでこの腕に適所を得させているという点からこの行為を了解することができる。このような見方にとっては、私たちが聞かれれば、何をしているのか、なぜそれをしているのかを答えられるという事実を、私たちの心の不可思議さを誘発するものとして受け取る必要はない。この事実は、世界、配慮的気遣い、実存といった概念で十分解明可能である。これらの概念には、さらに指示、適所性、道具的存在者、自己了解などが関連しているが、これらの複雑な関連を扱いうるということにこそ、実存論的分析の体系性が示されているのである。

行為の終局であり始点でもある自己了解の重要性は、古典的意志理論はもちろん、ドレイファスのようなハイデガーの解釈者によってさえ見失われている。ただし、このように重要性が見失われてしまうのには現象的な根拠がある。

通常、私たちは、自分の行為を最終的に支えている理由には言及せずに、何をしているのか、なぜそれをしているのかについて語っている。つまり、本章に出てきた例で言えば、「住民に毒を盛っている」とか「暴風雨に備えている」を包括的な行為の目的として、これ自体を問うことはしない。ところが、実存論的行為論はその先に隠されている終局であり始点に光を当てるものなのである。

自己了解が潜在的に行為の理由を支えていることは、ジレンマの場面を考えればよりよく理解できる。例えば、タクシーを呼ぶかどうかを迷っているとしよう。先のシナリオによれば、なぜ腕を上げたのかという問いに行為者はタクシーを呼ぶためだと答え、さらに、帰宅するため、自宅で寝るためなどの理由の連鎖を経て、最終的には、なぜ自宅で寝るのかという問いに、親に心配をかけたくないなどの答えがある、ということだった。しかし、今はタクシーを呼ぶかどうかを迷って、結局、腕を上げなかったとする。では、なぜ腕を上げなかったのだろうか。そのように問われた行為者は、やはり家に帰るのは止めてもう一杯飲みに行くことにしたからだ、と答えるかもしれない。しかし、なぜこんな深夜に飲みに行くのか、親に心配かけたくないんじゃなかったのか、と問われるなら、この人は「いや、羽目を外す時だって必要なんだ」などと答えるかもしれない。いや、そんな理由は理解できないと言われたら、この人は自分の人生をどう了解しているかに言及せざるをえないだろう。人生が物足りないんだ、といったようなことかもしれない。しかしいずれにせよ、不可解だった行為もこの自己了解が登場すれば理解可能になるだろう。

あるいは、ハイデガーの例では、現存在はハンマーで釘を打ち、窓に板を固定することで、暴風雨に備えている。しかし、ハンマーで釘を打つかどうかをためらっているとしよう。なぜこの人はハンマーで釘を打たないのだろうか。そう問われたら、この人はハンマーで打つと音がするからだ、そして、音がすると人を苛立たせるからだ、この人を苛立たせるとトラブルになる、私は対人トラブルは避けたいと考える人間なんだ、などと連鎖的に理由を挙げるかもしれない。このとき、自分をどのような存在と了解しているかが選択を左右している。対人トラブルを避けたいと考える人だという自己了解がないなら、暴風雨が近づいている状況で暴風雨に備えるために釘を打つことを止めるものはなかったかもしれない。

このように考えると、行為の選択を別様にしているのは、そもそもどのように世界を見ているのか、あるいは、見ている世界がどう違うのかによることがわかるのではないだろうか。タクシーを呼ぶ人と呼ばない人、ハンマーを振るう人と振るわない人とは、世界のどの部分が配視的に浮き彫りになっているかが違うのである。例えば、ハンマーを振るう人は、ハンマーは釘を打つために、釘は木材を固定するために、木材は窓を補強するために、といった指示連関において世界を見ていた。しかし、ハンマーを振るわずにいた人は、ハンマーは釘を打つために、釘を打つことは騒音を立てるために、騒音を立てることは隣人を悩ますために、という全く別の観点で世界を見ていたのである。

*

本章では、配慮的気遣いとしての行為についてのハイデガーの説明を実存論的な行為論として提示してきた。その際、様々な道具的存在者の「何をするため」のものかの指示連関、あるいは存在者の存在理由の連鎖としての世界を見抜く「配視」という概念が重要な役割を果たしていた。実際のところ、行為者にとっての世界は一様に見られているわけではなく、行為者が自分の置かれている状況をどのように見るかが行為の選択に影響を与えていることが、本章の最後に示唆された。言い換えれば、行為者の知覚は中立的なものではなく、世界のどこに注目するのか、何が顕著な仕方で目に入るのかはその行為者がどのような存在として自己を了解しているのかによって変化するという見方が可能である。次章では、配視というハイデガーに特有の実存論的な知覚概念を独立したものとして取り出し、現代哲学における知覚論のコンテクストに位置づけて、その意義を明らかにしよう。

4 知覚

はるが、部屋の窓から外を眺めながら、格子状の柵がずいぶん古ぼけているなあと思っていると、その柵越しに、一匹の猫が道路の上に座っているのが見えた。はるはなんとなくその様子を絵にしてみることにした。奥から順に、まず、道路を、次に猫を、最後に柵を書いた。すると、猫の上には格子状に何本もの線が引かれる結果になり、猫の胴体はバラバラに切断されているかのようになってしまった。

はるは自問した。今は道路を歩いている人が見えるが、視覚に与えられているのは格子で遮られていない部分だけのはずだ。しかし普通、私たちはこうした場合でも、バラバラに切断された猫や人を——まるでマジックショーの場合のように——見ているなどとは考えもせず、一つの統合された身体を見ていると疑っていない。それに、私たちが「見る」と言う場合、〈猫〉を見たという風にも言うが、〈フェンスの向こうの道の上に一匹の猫が座っている〉のを見たとも言う（はるは、猫を描いたというより、〈フェンスの向こうの道の上に一匹の猫が座っている〉という事態を描いたつもりだった）。この事態には、「〜の向こう」とか「〜の上に」が含まれるが、これらは「猫」とは異なり、手で触れることのできるような存在者ではない。ではこのように複雑な事態を私たちはどのようにして「見る」ことができるのだろう。

はるがあきにこれらの疑問をぶつけると、あきは、「その猫が自分の家の庭に入ってきたとしたらどうしたと思う?」と聞く。「立ち上がって庭を荒らしていないか、確認するかな。窓を開けてシッと言って追い払おうとするかもしれない」と答えると、あきは続けて言った。「なるほど、すると君は、猫を見ようと起き上がって目線を左右に走らせる。さらに、なぜ窓を開けてシッと言っているのかと聞かれれば、〈猫が庭のなかを歩いている〉からだ、と答えるのだろう。猫を見ることはそれ自体、身体を動かす行為であり、ある事態を見たことは行為の理由になる、ということかな」。はるが考えていると、あきは、「いや、でもなぜ猫が庭を歩いているのを見ることが猫を追い払う理由になるのだろう。猫をじゃらしに行ったってよいかもしれない」とつぶやいている。はるは、自分の性格が問われているような気がして少し嫌な気がしたが、でも、実際なぜだろうと考えてみると、思いあたることがたしかにある。「それは、私が……」と、はるが思いあたったことを話すと、あきは、行為の状況をどう見るかは自分をどういう存在と了解しているかから切り離せないという考え方があり、そうした知覚の捉え方は実存論的だと言う。

1　感覚所与ではなく「対象」を見る

私は、円形のテーブルに座って本を読んでいる。このテーブルは木製で茶色である。私はそういう茶色の円いテーブルを見ている。このように言うことに何の問題もないように思われる。しかし、少し吟味してみると、このテーブルが何色であるかを言うことは難しくなる。視点を変えたり、照明の当て方を変えたりすると、さっきよりも白っぽく見える。照明を消して暗闇になると、もはや何の色もない。「色は、テーブルそのものに属するのではなく、テーブルと観察者、そしてテーブルへの光の当たり方に依存するのである」(ラッセル 2005, 12)。色だけでなく形についても同様であろう。上から見ると円形のこのテーブルは、姿勢をそらしたり目線を下げたりすると楕円に見える。「見えるものは、見ている人が部屋の中を動き回るにつれ、その姿を変え続ける」(ラッセル 2005, 14)。私たちが見ているテーブルの形もまた、このテーブルに属するものではない。このテーブル自体が何色であるとも何形であるとも言いがたいのであり、それゆえ、私は「茶色の円いテーブル」を見ていると言うのは素朴に過ぎたのである。

分析哲学の祖の一人とされるラッセルは、哲学の諸問題を紹介する入門書的著作を一九一二年に刊行したが、その最初の章で知覚経験を以上のように記述した。彼によればこうした知覚経験の性格から知覚にまつわる難問が生じる。私たちが直接に経験しているのは、そのつどの色、形、音、匂い、硬さ、手触りなどである。これらを直接意識している経験は「感覚」、これらの感覚されているものは「感覚所与（sense-data）」と呼ばれる。直接経験されているのは感覚所与だということは、私たちが直接に経験しているのは一定のテーブルといった対象ではないということである。むしろ、テーブルが存在するのか、どのような存在なのかは、直接的に感覚される感覚所与から推論されるしかない。次のような問いがここに生じる。⑴そもそも実在のテーブルはあるか。⑵もしあるのなら、それはどんな対象でありうるか」（ラッセル 2005, 14–15）。

「私は茶色の円いテーブルを見ている」という、知覚についてのごく単純な言明は、当初は自然で何の問題もないように思われたが、ラッセルによる吟味を経た今では、疑わしい言明のように思えてくる。そして今では、このテーブルを見ているということさえ、本当にそう言えるのか疑わしくなり、哲学的証明を必要とするものにさえ思えるかもしれない。

さて、この問題に対してラッセル自身がどう取り組んだのかについてはここでは置いておこう。むしろ、確認したいのは、直接に知覚されるのは机のような対象ではなく「感覚所与」であると考えることは、ラッセルに特有の議論ではなく、二〇世紀の前半には哲学者たちの慣例になっていたということである。一九四〇年に、イギリスにおける論理実証主義の代表的哲学者であったA・J・エアは、知覚を論じる同時代の哲学者たちについてこう書いている。

彼らはペンとかタバコのような対象が直接に知覚されることを概して認めようとしない。彼らの考えでは、

> われわれが直接に知覚するものはつねにそのような対象とは異なった種類の対象、つまりいまや「感覚所与（sense-datum）」という名前を与えるならわしになっている対象なのである。（エア 1991, 2）

ここで「彼ら」と呼ばれている哲学者たちは、ラッセルを含めたイギリスの哲学者たちのことであり、一般に、感覚所与という概念——あるいは特異な存在者——は、しばしばイギリス経験論の現代における継承物と見なされている。しかし、この概念は、ほぼ同時期のドイツにおいても、哲学的問題を生じさせる概念として類似の仕方で慣例的に使用されていたようだ。ハイデガーは、一九一九年に行われた講義でこう書いている。

> ここから講壇の体験を見ると、疑いの余地なく示されているのは次のことである。つまり、私には第一次的に感覚が与えられていなければならず、しかもさしあたりは視覚的な感覚が与えられていなければならず、あるいは、講壇に同時に触れたりこれに寄りかかったりする場合には、触覚的な感覚が与えられなければならない、ということだ。これらの感覚所与（Empfindungsdaten）が与えられている。（GA56/57, 80）

ハイデガーもまた、直接的に与えられているのは感覚所与であるというこのような仮定から哲学的難問が生じることを論じている。つまり、「私たちはいかにして感覚所与の〈主観的領域〉から出て、外的世界の認識に至りうるのか」とか、「私たちはこの〈主観的領域〉にとどまったままで、いかにして客観的認識に至りうるのか」といった問題である（GA56/57, 80）。

ハイデガーはここで、感覚所与の仮定から生じるこれらの問題に従事する者として、ラッセルらのイギリスの哲学者ではなく、むしろ当時のドイツの哲学者や心理学者のことを念頭に置いている。前者の問いを真正な問いだと見なす立場は「批判的実在論」、後者の問いをそのような問いだと見なす立場は「批判的‐超越論的観念論」と呼ばれている（GA56/57, 80)。そして、前者に関してはＯ・キュルペ（GA56/57, 81)、後者に関しては新カント派のマールブルク学派が（GA56/57, 83)、つまり一九世紀後半以降にドイツ語圏で活躍した人物や学派が挙げられている。

イギリスとドイツの間のこうした問題状況の共有は思想史的に興味深いが、この点は本書の関心事ではない(1)。何よりも重要なのは、ハイデガーは最初に感覚所与が与えられるという着想から生じる難問を、ラッセルやエアのように真面目に論じるべき哲学的問題と認識し、読者をこの問題に巻き込もうとはしているのではない、ということだ。むしろ、ハイデガーが感覚所与論を取り上げるのは、外的事物の実在をめぐる難問と称されている問題は、第一に経験されるのは感覚所与であるという誤った仮定から生じる見せかけの問題に過ぎない、ということを言うためである。

> 講壇の体験において私に直接に与えられているのは、講壇である。私はこれをそうしたものとして見ているのであって、感覚や感覚所与を見ているなどということはない。私は感覚の意識などもっていない。たしかに、私は茶色を、茶色という色を見ている。しかし、私は茶色を、茶色－感覚として、つまり、私の心的経過の一契機として見ているのではない。私は茶色を見ているが、講壇との統一的な意義連関においてである。しかし、私は講壇に属している一切を度外視することもでき、単なる茶色感覚しか残らないところまですべて捨象して、この感覚を一つの客観にすることができる。このようにして、なるほど感覚が第一次的に与えられるものとして示される。（GA56/57, 85)

ハイデガーはここで直接的に与えられているのは講壇という対象であり、私は〈茶色の講壇〉と自然に表現されるものを見ているという点を確認している。この確認は、理論的主張というより、単に、私たちの日常言語に表現されているような自然な理解を考察の出発点としているだけである。ハイデガーはこの箇所に続けて、この知覚している「私」を「歴史的な私」（GA56/57, 85）とも言っている。「歴史的」の意味はそこだけでははっきりしないが、ここでは、この講義録の議論が、大学の講壇に立っているハイデガーが学生に語っている場面であることを考慮し、大学教員であるとか、その大学はフライブルク大学であるとか、フライブルクは南ドイツの黒い森の近くにあるとかいった、この「私」——つまり、講壇で「私」と発しているハイデガー——に自然に帰属する内容を考えればよいことにしよう[2]。そういう私がこの講壇を見ているということを聞き手（学生）と確認するのは極めて容易な出発点の取り方であるが、「私は感覚所与を見ている」という発話を当然の出発点にすることはできない。むしろ、そのように述べうるようになるには、講壇に帰属する様々な要素を度外視し、捨象するという手続きを行うことが必要であり、その後にこの感覚所与を議論の主題として一つの客観にし、今やこれが直接的に第一に与えられると付け加える必要がある。ハイデガーは、私たちがそのまま共有できる「直接的に」の自然な理解から出発することで、感覚所与論における「直接的に与えられる」という言説は理論的に構築されたものであることを論じている。感覚所与論において「直接的に」と呼ばれるものは、様々な手続きと推論に媒介された高度に〈間接的なもの〉であることが示されるのである。

　まず感覚所与を見ているという理論的に構築された仮定が発端に置かれてはじめて、では私は主観的領域から出発して講壇という外部の領域にいかに到達できるのか、などといった哲学者たちの難問がそれらしく登場する。この難問に頭を悩ませている限り、もともと「私は講壇を見ている」という自然な理解の内実はついに顧みられることなく、ということは結局、私たちが「見る」ということで何をやっているのかという問題に対して最大の資源を提供している日常の経験も言語もそのまま廃棄されてしまうのであり、このこと自体、哲学的な事件である。むしろ、真正な哲学的考察は、「私はテーブルを見ている」とか「私はペンを見ている」という自然な語り方に現れている、対象の知覚経験にとどまるべきであり、このような経験に分析の照準を定めるべきである。一九一九年のこの講義——ハイデガー全集に収められた講義録のうち、最初の講義——で詳論されたこの立場は、『存在と時間』にも確認できる。ハイデガーは「聞くこと」についてこう述べている。

〈さしあたり〉私たちは決して音とか音響複合体を聞いているのではなく、きしむ車とかオートバイを聞くのである。ひとが聞いているのは、行進中の縦隊、北風、木をつつくきつつき、パチパチいう火である。／〈純粋な音〉を〈聞く〉ためには、すでにかなり人工的で複雑な態度を必要とする。（SZ, 163-4）

なぜ、私は感覚所与を見ているのではなく、ペンや講壇の対象を見て
いるという自然な語りにとどまって、その経験を分析するべきなのか。ハイデガーの見解は、師であるフッサールの知覚の現象学に多くを負っている。その見解の詳細は後に見よう。その前に確認したいのは、分析哲学における感覚所与論の行方である。知覚の哲学は、対象を見るという経験の分析であり、感覚所与のような疑わしい存在者に立脚した問題設定は捨てられるべきだというハイデガー風の考えは、現代哲学のなかでは珍しいものではなくなった。この点を明確にするために、日常言語学派の立役者の一人であるJ・L・オースティンがエアの感覚所与論を徹底的に批判したところを見ておく。

エアは、先に見た引用文のように、私たちが直接に知覚するのは感覚所与であるという見方が今日のならわしであるという現状認識を示した上で、なぜこの用語を導入する必要があるのかを説明する。彼はまず、「ある視点からは円形に見える硬貨が、別の視点からは楕円形に見えたり、通常はまっすぐに見える棒が水の中に入れられると曲がって見えたり」（エア 1991, 3）するといった例を挙げて、事物の見え方の変化は観察者の状態やその他の条件に依存していることを確認する。その上で、水中の棒の例を特に取り上げて次のような推論を提示する。

水の中へ差し入れられたとき、本当は棒はその形を変えていないと、さしあたり仮定しなくてはならない。〔…〕ともかく、そうすると、棒の視覚上の見えのうち少なくとも一方は人を欺くもの（delusive）であるという結論が出てくることになる。なぜなら、その棒が曲がっているとと同時にまっすぐであるということはありえないからである。しかし、われわれが見ているものが物質的事物の本当の性質でない場合でも、われわれは何かを見てい

ると考えられ、さらにその何かに名前を与えるのが便利だと考えられる。そして、哲学者たちが「感覚所与」という用語を用いるのはこのためである。（エア 1991, 4）

この議論においては、水の中で棒が屈折して見えることは欺きであり、この屈折した棒は蜃気楼の幻覚と同様の種類の「錯覚」だとされる。しかし、水の中に棒を入れたら曲がって見えるとか、まして、円形の硬貨は別の視点からは楕円に見えるとかいうことは、明らかに、幻覚を見ることとは異なる。むしろ、通常の身近な知覚の典型だと言うべきなのではないか。オースティンはこう述べる。

通常の場合には、錯覚は問題にならない。円い硬貨がある視点からは（ある意味で）「楕円に見える」ということは、まさしくわれわれの期待することであり、われわれが正常な状態において見出すことである。もしそう見えなかったら、かえって、われわれは大いに当惑することであろう。（オースティン 1984, 42）

水の中に棒を入れたら曲がって見えることも、私たちが期待する通常の知覚のあり方であり、まっすぐに見えるままであったらその場合にこそ視覚に何らかの異常が疑われるだろう。感覚所与論は、知覚の日常的な理解からすると逆立ちした議論である。

哲学者達が使う「直接的に知覚する」の用法は、それがどんな用法であるとしても、日常的な、あるいは人々によく知られている用法でないことは、明白である。なぜなら、日常的用法では、ペンとかタバコのような対象が決して直接的に知覚されない、と言うのは、単に誤りというより、むしろ全くばかげたことだからである。（オースティン 1984, 32）

エアの感覚所与論が日常的理解を誤謬の源泉だと信じ込ませることで成り立っているのに対して、オースティンはペンやタバコなどの対象を見るという日常的用法から出発する。感覚所与論が、上から見たら円いテーブルが目線を下ろせば楕円に見えることから、私たちは対象を直接には見ていないと述べるのに対して、このような対象の現れの変化は通常の知覚のあり方だということを確認する。ここには、日常的な語りを誤謬として退け、感覚所与というさらに奇妙な心的存在者を受け入れさせようとする哲学者たちの振る舞いへの不信があり、そのかわりに、日常的理解の――哲学者たちの論法以上の――緻密さへの信頼がある。

オースティンが感覚所与批判において救い出した日常的観点は、現象学が、あらゆる理論的予断を排して、私たちの経験を経験されている通りに明らかにしようとすることと少なからず重なりがある。とりわけ、対象の現れの変化は全く正常な知覚のプロセスだという着眼点は重要である。なぜなら、現象学の知覚論は、まさにこの経験プロセスの詳細な分析だからだ。ここで言語の分析を離れて意識の現象学的分析に移ろう。

2　フッサールにおける知覚の現象学――ハイデガーへの影響

2-1　知覚における意味と対象

感覚所与を見るのではなく対象を見るという自然な発想を出発点に据えよというハイデガーの議論は、明らかにフッサールの知覚の哲学に影響を受けたものである。そのことは、「私が見るのは色彩感覚ではなく、色のついた事物であり、私が聞くのは音響感覚ではなく、歌手の歌である」（フッサール 1974, 171）という『論理学研究』（第二巻）の一節を見るだけで明らかである。ハイデガーとフッサールはともに、知覚において私が見ているのは、感覚所与ではなく茶色い講壇や赤いリンゴであり、私が聞いているのはオートバイや歌手の歌だと強調していた。私が見ているのは茶色い講壇や赤いリンゴと呼ばれるものの現物である。このことをハイデガーは、「私はこれをそうしたものとして見ている（Ich sehe dieses als solches）」と言っていた。私は何かある対象を茶色い講壇「として」見ているのである。

注意が必要なのは、私がこのように或るものを茶色い講壇として見ていると言いうるには、私は茶色い講壇という言葉の意味を理解している――ないしはこの概念を使う能力を有している――必要があるということである。実際、ハイデガーは、ドイツ語を解さない人物を急に講壇に連れてきた場合、その人は同じ事物を別の何かとして見るとしている[3]（GA56/57, 71-72）。つまり、ハイデガーによる知覚の考察は、一定の言語を理解している人が対象を何らかの意味において見ている、という状況から出発している。別の言い方をすれば、この出発点において、言語を習得することと世界を特定の仕方で知覚する能力を獲得することは不可分である。感覚所与ではなく対象を見る、という場合には、このように、知覚に言語理解や概念能力の関与を認めることになる。

或るものを何か「として」――何らかの意味において――見るというハイデガーの議論の背景に、フッサール『論理学研究』があることは疑いえない。この点をまず確認しておこう。

『論理学研究』において、フッサールは対象と意味との区別を論じている。例えば、（ナポレオンという）同一の対象について私たちは「イエナの勝者」と「ウォーターローの敗者」という異なる意味をもつ名辞を用いることができる。あるいは、「等辺三角形」と「等角三角形」とは異なる表現であるが、同じ対象に関係している（フッサール 1970, 58）。「イエナの勝者」という表現を用いて対象N（ナポレオン）に関わることと、「ウォーターローの敗者」という表現を用いて対象Nに関わることとの間には明らかに違いがあるが、その違いはこの対象N自体にあるのではない。この場合、違いは、複数の言語表現を用いて対象に向かっている私たちの振る舞いの側にある。その違いは、同一の対象に異なる側面から関わる私たちの「作用（Akt）」の側に属するのである。

この場合の作用は言語表現を用いた対象の記述であるが、フッサールにおいては、知覚も（志向的）作用であり、知覚の作用も同じように対象と意味の相違を含んでいる。フッサールによれば、一般的に、およそ志向的作用は、どういうタイプの作用であるか（作用性質）と、どういう内容をその作用はもつのか（作用質料）という点で特定される（フッサール 1974, 210–211）。例えば、私が赤いリンゴを見ている場合、この作用の質料は〈赤いリンゴ〉であり、作用の性質は知覚である。あるいは、私が〈赤いリンゴ〉を欲している場合、作用の質料は先の知覚と同じであるが、作用の性質は欲求だという違いがある。

　フッサールによれば、質料は、「作用がそれをどのようなものとして（als was）統握〔するか〕」（フッサール 1974, 214）を規定する特性であり、「統握意味」とも呼ばれる（フッサール 1974, 214–215）。なるほど、私が何かを〈赤いリンゴ〉として見る経験は、「赤いリンゴが落ちる」という文を発話したり、リンゴという語の意味を説明したりするような言語的経験とは異なる。しかし、一定の意味において対象に関わるという点で両者は共通している。意味の理解は知覚においても単に付随的なものではない。

　ここで重要なのは、私が対象へと関わる仕方は意味（質料）が規定するという論点である。別の言い方をすれば、何の意味内容も示さずに、相貌が一切欠けた対象へと関わるということは、知覚には（あるいは想像にも、およそ作用一般に）できないということである[4]。私が志向的と呼べる作用を遂行するには、それが何かしらの相貌において自己を示すような何かに向けられていなくてはならないのである。それゆえ、感覚所与ではなく対象を見ているとは、まず、むき出しの対象なるものを見ていて、次に、何らかの意味を付加する、ということではない。私が感覚所与ではなく赤いリンゴを見ているということは、現象学的に言えば、私はある対象を〈赤いリンゴ〉として見ているのであり、その知覚は〈赤いリンゴ〉という意味によって規定された仕方で対象に向けられているということである。

　論点を明確にするために、仮に全く得体の知れないものを見ているとしよう。そうだとしても、私がそれを〈得体の知れないもの〉として概念的に分節化して見ている限り、この〈得体の知れないもの〉という質料（意味）が当の対象への関わり方を規定している。私はそれを〈得体の知れないもの〉として見るがために、恐る恐る触れるなどといった対象への特定の関わり方を取るのであり、それによって、この対象は〈柔らかい〉〈熱い〉などの特定の規定性においてさらに自らを示すだろう。

ところで、ハイデガーは『存在と時間』より二年前の講義『時間概念の歴史への序説』において、「フッサールの決定的な点」は「知覚は……へと向けられているという現象そのものの方向へと目を向けたことである」(GA20, 41)と述べている。私は感覚所与ではなく対象を知覚している、というこの経験の考察にハイデガーがフッサール現象学の重要性を認めていることはあらためて明白である。ただし、この講義では、すでに見た知覚の意味と対象の区別だけが取り上げられているわけではなく、フッサールの知覚の哲学のさらなる論点が複数詳述されている。その一つは、現象学的な知覚論の最も有名な概念の一つである「射影」についてのものである。

私が感性的に知覚されうる客観、ここにある熟知のこの椅子を見るとき、私は――見ることのある特定の仕方において語っているわけだが――常にただある特定の側面やあるアスペクトを見るのである。私は、例えば、座席の上の部分を見ており、下の表面は見ていないが、それにもかかわらず、椅子をこのように見たりあるいは脚のみを見るときに、椅子が切り離された脚をもっていると思ったりはしない。部屋に入り、戸棚を見るとき、私は戸棚の取っ手を見るとか、単なる表面を見るとかいうことはない。むしろ、知覚するということの意味には、私は戸棚を見ているということがある。戸棚の周りを動き回ると、私は常に新たなアスペクトをもつ。私は、しかし、そのつどの瞬間に自然にそう思うという意味で、戸棚の何らかのアスペクトではなく、戸棚そのものを見ていると思うのである。このアスペクトは私に呈示される多様なアスペクトとともに不断に変遷する。事物の周りを動き回るとき、知覚されるものそのものの有体的自同性がずっと維持される。事物は自らの諸々のアスペクトにおいて射影する。しかし、ある射影が思念されるのではなく、ある射影においてそのつど知覚される事物自体が思念されるのである。(GA20, 57–58)[5]

この箇所はフッサールの射影論の見事な要約になっていると言ってよい。まず、ここでの議論の眼目もまた、私が見ているのは戸棚そのものであることを示すことにある。ただしこの箇所で、戸棚そのものを見ることと対比されているのは、感覚所与を見ることではなく、この戸棚の何らかの側面を見ること、射影している戸棚のアスペクトを見ることである。なるほど、日常経験を反省してみれば明らかなように、私たちはある対象を見るとき、その対象の特定の側面しか見ていない。椅子を見ているといっても、実際に見ているのはその上部だけであったり、戸棚を見ているといっても、実際に見ているのはその表面だけであったりする。他方で、対象の周りを動き回ると、先に見えていた側面は見えなくなり、先に見えていなかった側面が見えてくるのであり、対象の射影した姿は変動している。それにもかかわらず、私たちはそのつど、目下見えている部分だけを（椅子の上部をその脚などから切り離された何かとして）見ているとは思わず、その現れは変化しても同じ椅子を見ていると思っているのである。

以上の議論から明白になるのは、私が（感覚所与ではなく）対象を見ていると言うとき、その対象は全体として見られているわけではなく、あるアスペクトが見られているに過ぎないということである。それでも同一の戸棚を見ているとなぜ言えるのだろうか。意味や質料の議論は、この対象を〈戸棚〉という概念の下に包摂できることに訴えることができる。しかし、射影の議論が示しているのは、それを〈戸棚〉として見ることのうちには、身体を動かしながらそれを様々なアスペクトから見ることのうちでその同一性を意識する能力が含まれる、ということである。何かをある概念の下で見ることは、単に頭のなかで生じる何かではないのである。

知覚のこの身体化された意識についてはこの後で見るが、その前に次の点を確認しておこう。ラッセルやエアも、私たちが移動すると見えているものが姿を変え続けることに注目していたということだ。ところが、このように姿を変え続ける以上、私たちが見ているのは感覚所与だけであり、対象の存在は推論されるに過ぎないといった議論が、フッサールやハイデガーの時代には広く受け入れられていた。これに対して、フッサールもハイデガーも、私が見ているのは感覚所与ではなく対象であると反論したのである。射影の議論が明白にしているのは、私たちが移動すると見えているものが異なる側面からパースペクティブ的に現れるということが、対象そのものの知覚を疑わしくさせる由々しき限界なのではなく、まさに対象を知覚するごく自然な知覚経験の典型例として扱われているということだ。オースティンの表現を繰り返せば、見えているものが別の視点から別様に見えるということは「まさしくわれわれの期待することであり、われわれが正常な状態において見出す」ことに他ならない。

2-2　知覚のIf-so連関——フッサールとノエ

正常な知覚におけるこの種の期待についてフッサールは重要な分析を施している。以下は『ヨーロッパ諸学の危機と超越論的現象学』の一節である。

すなわちわたしが、わたしの運動感覚をはたらかせながら、共に経過するさまざまな呈示を、共に帰属し合うものとして体験するとき、みずからを多様な呈示する一つの物が現実に現前しているという意識が維持される。しかし、この物のさまざまな呈示が変移する運動感覚に帰属しているということになにがふくまれているかを問うてみるならば、そこには隠された志向的な「もし……ならば、……である」という連関がはたらいている、ということにわれわれは気づくであろう。詳しく言えば、さまざまな呈示は、ある種の、体系的な継続として経過していないにちがいないし、こうしてそれらの呈示は、知覚が適応したものであるならば、その進行につれて、期待されつつ予告されているのである。（フッサール 1995, 294）

知覚においては、一つの対象が様々な仕方で呈示される一方で、その多様な現れ方を貫いて同一の対象が現前していると私たちは意識している。この点の確認は射影の議論と同じである。しかし、この箇所では、この意識への運動感覚（キネステーゼ）の関与が論じられている。そして、この運動感覚には「もし〜ならば、……だろう」というWenn-so連関（英語では、If-so連関）が含まれるということも指摘されている。

このIf-so連関は、例えば、「ああ動けばこう見えるだろう」といった仕方で具体化される。この連関の理解は知覚者の発達した運動感覚（キネステーゼ）に属するのであり、〈もしその事物が網膜を刺激したならば、これこれの知覚経験を生み出すだろう〉といった、知覚者にとって外的な因果関係ではない。あるいはむしろ、「ああ動けばこう見えるだろう」は、引用文の言葉で言えば、知覚者が次に対象がどのように呈示されるかが「期待されつつ予告される」図式だと言うこともできる。すると、オースティンが、知覚者が期待することであり正常な状態において見出すことと述べていたことに対する現象学的見解が示されているとも言える。ただし、期待と言っても「試験に合格することを期待する」といった明示的な作用とは異なり、身体に帰属する運動感覚能力によって非明示的に未来が予持されるなどと言ったほうがよい[6]。

フッサールの知覚の哲学は、私たちの知覚経験を変遷する時間的プロセスのなかで捉えている。私たちは楕円に見える硬貨という一つの見えをそれだけ孤立して見る、ということはない。その見え方は、〈さっきまで円く見えていたものが、手を動かしたら楕円に見えたが、手をもしこのように動かしたならば再び円く見えるだろう〉と運動感覚的に予期されている、といった一連のプロセスのなかにある。私たちが何かを見るとは、私たちが身体を動かして時間をかけてすることである。スナップショットのように瞬間的に切り取られた知覚イメージのようなものを与えられることではない。

現代の知覚の哲学において、フッサールの知覚の現象学に正確に対応した論点を提示しているのはノエであろう。ノエが知覚に対するエナクティブ・アプローチと呼ぶものは現象学的な知覚論と共有する部分が非常に多く、現代現象学の文献では現象学的説明の一部として扱われているくらいである[7]。ノエの基本的な着想は「知覚とは行為の仕方である」（ノエ 2010, 1）というものだ。「知覚は、私たちに対して、あるいは私たちのなかで生じる何かではない。

知覚は私たちが行う何かなのである」（ノエ 2010, 1）。知覚に対するこのようなアプローチの背景をなす知的伝統の一つに現象学が数え入れられており、フッサールの名前が挙がってもいる（ノエ 2010, 26）。

知覚を私たちに生じる何かと見なす見解をノエは「スナップショット的発想」と呼んでいる。「この発想が想定するところでは、世界を見るとは、世界についての詳細な画像を心の中に抱くようなことである」（ノエ 2010, 62）。私たちは、何かを見ることを、写真のような映像が心の中に浮かんでいる——世界が心に映ずる——ことのように捉えがちである。ノエはこのような発想においては「目とはカメラのようなものであり、視覚とは写真撮影のようなプロセスである」（ノエ 2010, 57）という想定がなされがちだとも言う。このような想定は、次のような問いを喚起する。「私たちが実際に知覚によって世界に接触するとき、それは網膜の刺激というかたちで非常に限られたものであるのに、私たちはどうやってこれほどまでに詳細で高解像度の視覚経験を享受しうるのだろうか」（ノエ 2010, 58）。実際、この種の問題をめぐって哲学者を巻き込んでの論争が様々に起こってきた。

ノエの立場によれば、このような問題の立て方はそもそも知覚の本性についての誤解に基づいている。知覚とは私たちに生じる何かではなく、私たちが行う何かである。行為するものとしての知覚者の観点から言えば、まず、知覚において私たちが経験している内容は、写真のように高解像度でどの部分も一様に鮮明な何かではなく、一部には焦点が合っているが別の部分はぼやけているというようにムラのある何かである。私たちが実際に見ているものが写真のようなものではないという点は、知覚者にとっての目はカメラのレンズとは異なるという点に関連する。その端的な証拠は、私たちが何かを見ているときには眼球を動かしており、眼球の動きを止めたり、別様に眼球を動かしたりすれば、その何かは異なる仕方で見えるようになることを、非明示的な仕方であれ、理解しているということである。自らの身体を動かしながら行為する者としての知覚者の経験を探究するためには、カメラと画像という特定の機械の仕組みのほうから人間の知覚の構造を想定する癖を一度正さなくてはならない。

> 私たちが近づくにつれて、対象は視覚野のなかでより大きいものとして現れ、私たちがその周囲を動き回るにつれて、対象の姿は変わっていく。私たちが音源に近づくにつれて、音はより大きくなる。対象の表面上で手を動かすと、感覚が移り変わる。知覚者として私たちは、感覚－運動的依存性［sensorimotor dependence］のなすこの種のパターンに精通している。私たちがそれに精通しているということは、周囲に何があるのかを見て取ろうと、目、頭、身体を動かすときの、無思考の自動性に示されている。私たちは、よりよく見るために（あるいは、自分の関心を引く対象を上手に扱ったり、嗅いだり、なめたり、それに耳を傾けたりするために）、自ずと首を伸ばしたり、じっと見つめたり、目を細めたり、眼鏡に手を伸ばしたり、近づいたりする。（ノエ 2010, 2）

ノエは、ここでフッサールとともに、知覚者の身体の運動につれて対象が姿を変えるという事実に基づいて知覚経験を探究しようとしている。フッサールによれば、私たちの知覚能力には、If-so 連関の非明示的な理解が含まれるのであり、この理解は知覚者の発達した運動感覚に属する。この議論を、ノエの表現で言い換えれば、感覚が運動に依存するパターンへの精通によって、対象を適切な距離や角度から見る知覚能力は構成されている、と言える。このように動くとあのように見えるといったパターンに習熟することなしには、その対象を見るという経験をすることはできない。「知覚するためには、感覚－運動的な身体技能を所有していなければならないのである」（ノエ 2010, 17）。この身体技能は、もちろん、眼球に限られることではなく、身体の全体に関わるものである。

身体をもった活動的な行為者として知覚者を捉え、知覚経験を身体技能への習熟の点から解明しようとするノエのエナクティブ・アプローチがフッサールの現象学と多くを共有することはすでに明らかだろう。フッサールの知覚の現象学において運動感覚能力が重要性をもつのは、対象はそのつど様々なアスペクトにおいて現れる一方で同一の対象として意識される、という射影の構造を事物知覚がもつからである。椅子の上部しか見えていなくても、私たちはこの椅子の脚が切り離されているとは思わない。それがなぜであるかを説明するのは感覚－運動的技能であるとノエは考える。

例えば、柵の向こう側に座っている猫を見ているとき、私たちは、柵越しに見えている猫の部分を見ているだけであるのに、猫が全体として現前していると思っており、猫の全体（あるいは猫そのもの）にアクセスしていると見なしている。「このアクセス可能性の根拠となるのが私たちの感覚‐運動的技能である」（ノエ 2010, 96）としてノエは次のように述べている。

柵の向こうの猫に対する私の関係は、まばたきをすれば私にはその猫が見えなくなるが、右に数インチ動けばそれまで隠れていた猫の面の一部が見えるようになるという事実によって媒介されている。そういうわけで、柵の薄板の向こうで今は隠れているものが知覚的に現前しているという私の感覚は、身体を動かすことによって適切な種類の「新しい猫」の刺激を生み出すことができるという私の予期の内にある。（ノエ 2010, 96）

身体を動かせば「猫」が見え方を変えることは知覚の正常な状態であり、もしかして、猫という同一の対象を見てはいないのではないかとか、本当は対象ではなく感覚所与を見ているだけなのではないかと不安になる必要もない。そのように思ってしまうのは、知覚経験は、フッサールが運動感覚の能力と呼び、ノエが感覚‐運動的技能と呼ぶものの行使であるという観点が抜けているからである。知覚者としての私たちは、同一の対象が様々に現れるという事実を前に途方に暮れているのではなく、同一の対象がこう身体を動かせば新たな姿で現れるということを予期する能力を発達させることで、この事実に応じた知覚経験を享受しているのである。このように考える場合、エアらが好んで取り上げる水中の曲がったスプーンについても、感覚所与などという存在者を追加することなく、柵越しの猫と全く同じように扱えることがわかる。スプーンがまっすぐであると同時に曲がっているのは矛盾であるから、一方は誤りであるとエアは述べていた。だが、経験にとっての真実は、スプーンが水に入れる前にはまっすぐに見えていたが、水の中に入れたら曲がって見えたということであり、運動感覚の能力を行使して、水の中からスプーンを取り出したら先ほどと同じようにまっすぐに見えるだろうと予期して、実際にそうすると、同じスプーンが再びまっすぐに見える、というだけのことである。この経験に矛盾など何もない。

2-3　知覚と正当化

フッサールは、知覚において私たちが対象を見ていることを解明しようとしている。このことは、知覚もまた対象に向けられているという志向性をもつということである。しかし、志向性には様々な種類のものがある。なぜフッサールはそもそも知覚の志向性にかくもこだわって詳細な分析を加えたのだろうか。その主たる理由は、知覚はそれ以外の志向的作用に比べて、真理あるいは認識の権利源泉として特別な地位にあるからである(8)。

もっともこのように知覚の地位を見定めること自体には何も目新しいことはない。私が〈隣の部屋の机は四角い〉と言うとする。私は〈隣の部屋の机は四角い〉と信じており、隣の部屋の机は四角いというのは真であると主張している。私がそう主張できるのは、昨日、隣の部屋に行ったときに四角い机があるのを見て、今もそのことを覚えているからである。なぜそんなことが言えるのかと聞かれるならば、この記憶を持ち出すことで一応の正当化ができる。しかし、相手がなおも納得いかないようであれば、隣の部屋に行って、実際にその机を見て、現に机が四角いことを確認するのが最善であろう。つまり、知覚はある信念を正当化する理由の重みにおいて際立っているのである。

知覚は信念の正当化において際立った認識的地位を占めるのであり、その点で真理に特段の寄与をする、ということには、一見すると何の問題もないように思われる。ところが、この点について現代哲学においては議論が戦わされてきた。例えば、D・デイヴィドソンの斉合説は、「信念を保持する理由となりうるのは他の信念だけだ」(デイヴィドソン 2007, 224) とする立場である。この説によれば、知覚は信念の理由になることはできない。

感覚と信念の関係は論理的ではありえない。なぜなら感覚は、信念をはじめとする命題的態度ではないからである。（デイヴィドソン 2007, 227）

まず、信念は命題的内容をもち、かつ、その内容を信じるという命題的態度をもつ。他方、感覚をもつことにはこの種の命題的構造がない。しかし、正当化のような論理的関係は命題の間にのみ成り立つ。すると、知覚が信念を正当化することはできない。例えば、私が「机の上に赤いリンゴがある」という信念をもっている場合、赤いリンゴを見ているという感覚をもっていても、この感覚が当の信念を正当化することはできない、ということになる。[9]

注意したいのは、ここで知覚は命題的内容をもたないと言われるとき、知覚は感覚と見なされていることだ。命題的内容は文の構造をもち、英語の that 節の内容はそれに相当する。たしかに、信念（何ごとかを信じること）は I believe that ... と表現され、命題的内容に対する命題的態度だと言うことは自然である。これに対して、知覚においては単に机が四角いと見えているだけであり、感覚に何かが与えられているに過ぎないのであって、文で表現可能な内容の態度を取っていたりはしない、と言えそうに思われる。

だが、ある命題的内容に対して私が知覚する（見る）という態度を取っている、と言ってよい場合もあるのではないか。例えば、子どもが見慣れないオモチャをこっそり棚の奥に隠しているのを見たときに、親が「あなたが何かを隠しているところを私は見ているよ（Ich sehe, dass du etwas versteckst.）」と（やや強めの口調で）言うような場合である。[10] この場合、何かを隠しているあなたが単に見えているというより、〈あなたが何かを隠している〉ことを私は見ている、ということが表現されている。この場面は、あることが真であることの理由をまさにそのことを見ていることによって与えようとしている場面である。そのような場合、知覚は命題的内容をもち、その内容に対する態度として表明されている。もちろん、このような場面が知覚経験の全体に浸透しているわけではない。むしろ、知覚経験が信念を正当化しうるものへと入念に仕上げられた卓越した場面と言うべきかもしれない。少し違った角度からであるが、佐藤駿は知覚経験の「開発」についてこう述べている。

> 知覚経験が信念を正当化するということが仮に可能だとしても、経験はいつでもそれ自体で「正当化するもの」として利用可能なものとなっているわけではない。それは、そうしたものとしていわば開発される必要があるのではないか――知覚であるという性格を失うことなしに、それ自身が一つの信念でもあるような、あるいは信念を正当化するにたる構造を持つようなぐあいに開発される必要があるのではないか。（佐藤 2015, 157）

そうして佐藤は、知覚経験の開発というこのアイデアを具体化する議論として、フッサールが『論理学研究』で論じた「カテゴリー的直観（範疇的直観）」を呼び出している。後で見るように、範疇的直観はハイデガーが『時間概念の歴史への序説』で注目した概念でもある。そこで私たちもカテゴリー的直観の議論に目を向けることにしよう。まず、フッサールが議論の冒頭でこう述べていることを確認したい。

> たとえばわれわれはただ単に「この紙、このインキ壺、数冊の本を見る」などと言うだけでなく、「この紙に字が書かれている、ここに青銅のインキ壺がある、数冊の本が開かれたままになっているのを見る」などとも言う。（フッサール 1976, 152）

後者の表現は、「私は……を見る（Ich sehe, daß ...）」の形である。daß 節は英語の that 節に相当するものであり、語や句ではなく文（例えば、「私は〈この紙に字が書かれている〉のを見る（Ich sehe, daß dieses Papier beschrieben ist.）」）が続く。つまり、フッサールがここで、知覚の命題的内容を問題にしていることは明らかである。知覚が命題的内容をもちうることを認めた上で、フッサールが問うのは、では、この内容はいかにして直観的に充実されうるのか、である。この問いが興味深いのは、なるほど、「紙」とか「インキ壺」のように名辞で表現される部分については、現物を見ることによって意味を充実することができる一方、命題には「範疇的形式」と呼ばれる様々な諸契機が含まれているからである。

例えば、先の例の「いる（ist）」は典型的である。この「いる」は「Sはpである（S ist p. 英語で言えばS is p.）の「である」であり、文を作るときに重要な働きをする（コプラと呼ばれる存在動詞の用法である）。あるいは、先の例文には、「この」のような定冠詞、「数冊の」のような数詞も見られる。だが、私たちは「である」「この」「いくつかの」などを、紙やインキ壺の現物を見るようには、それとして知覚することができない。そうだとすれば、「私は〈この紙に字が書かれている〉のを見る（Ich sehe, daß dieses Papier beschrieben ist.）」と言葉の上では言えても、この知覚の命題的内容を、つまり（紙や字ではなく）〈この紙に字が書かれている〉ということを全体としていかに「私が見ている」と言えるのだろうか。これは難しい問題であるように思われる。ともすると、私が見ていると言えるのは紙や字だけであり、〈この紙に字が書かれている〉というような、命題に表現される「事態（独：Sachverhalt／英：state of affairs）」を見るとは言えないのかもしれないとも思えてくる。しかし、日常言語は、「私は〈この紙に字が書かれている〉のを見る」ということをごく当然のように許容している。

フッサールの範疇的直観の概念は、この日常的語りを支持するものである。命題に表現される全体的な事態を——その契機である「である」や「この」なども含めて——私が直観的に見るということには、然るべき意味がある。重要なのは、フッサールが、事態は「古い対象性」に対する「新しい対象性」として現れるとしていることだ（フッサール 1976, 171）。古い対象性とは、「紙」や「インキ壺」など、名辞で表現される対象を感性的に知覚する場合の対象性——対象が与えられること——であるが、フッサールは、私たちの知覚はこうした感性的知覚で尽きているわけではなく、この古い対象性に基づいて、事態の全体を知覚の新たな対象として獲得できることに注目している。範疇的直観はこの新しい対象を見る働きの総称である。この新しい対象が感性的知覚に基づいて出現する具体的な場面について、佐藤は次のように述べている。

> 〈事態という〉その対象の側から考えてみよう。例えば見知らぬ街に来て、目的地へと向かうのに「駅前に書店があって、その隣です」という案内を電話で受けたとしよう。私は、目的地にたどりつくのに、自分の知覚しているものと案内の内容とを一致させなければならない。駅も書店も単純に知覚の対象になりうるが、さらに両対象の位置関係を確かめながら〈駅の前に書店がある〉ことを対象とする必要がある。端的に個々の対象を見えるがままに意識するだけではなく、それらを何かとして明確に捉えつつ関係づけることではじめて、私は道案内にしたがって目的地にたどりつくことができるのである。実際、このような作用の総合の段階的なプロセスのうちに、事態という対象性がそもそもはじめて現出するのだとフッサールは言う。（佐藤 2015, 159）

知覚は、単に個々の対象を見ることに尽きるのではない。私たち知覚者は、諸々の対象を様々に関連づけるという仕方で知覚を働かせ、さらなる知覚の能力を獲得してもいる。それによって、感性的対象として与えられない「～の前」とか「～の隣」などを含んだ事態の全体が、私が見ることのできる対象として現出しうるようになる。

デイヴィドソンによれば、知覚は命題的内容をもたないがゆえに信念を正当化することはできない。この議論では、知覚は単に感覚をもつことに過ぎないと前提されている一方、フッサールの範疇的直観の議論は、私たち知覚者が、知覚経験を別の信念を正当化できるようなものへと、つまり「事態」の知覚へと、「開発」するという局面に目を向けさせる。

ハイデガーは、フッサールの知覚の哲学のなかでもこの範疇的直観に特有の意義を認めていた。ハイデガーによれば、範疇的直観の発見は、第一に、「範疇的なものの端的な把握」（GA20, 64）が存在することを証示している。感性的に見える対象だけが端的に、直観的に把握されるわけではない、ということである。第二に、「この把握は、最も日常的な知覚やあらゆる経験において活用されている」（GA20, 64）ことを示した。特に第二の点はハイデガーらしい観点だが、その活用のされ方についてハイデガーが何を考えているのかはあまり判然としない[11]。一つの候補は、先に見たような、日常的経験における知覚の開発と、それによる世界経験——別の信念の正当化などに開かれた——の拡張である。以下に見るように、ハイデガーが『存在と時間』で展開した知覚の哲学は、すでに触れてきた講義録から明白なように、フッサールの知覚の哲学の継承であり、知覚の現象学の伝統の一部である。私たちの知覚が日常的に存在者と関わるなかで、様々な存在者を相互に関連づけたり、世界をより充実した仕方で見る目を獲得したり、さらには自分の行為に理由を与える資源として知覚が活用されることなどが示されるはずである。

3　ハイデガーにおける知覚の実存論的現象学

3－1　指示連関の知覚としての配視

これまで、何かを〈茶色い講壇〉として見たり、事物の周囲を動いて同一の対象が様々な仕方で現れるのを見たり、あるいは、〈この紙に字が書かれている〉のを見たりする場面が登場した。しかし、このようなとき、私は何のためにその対象を見ているのだろうか。単に見るために見るというような純粋な観察は極めて例外的だろう。第三章で論じたように、私たちは目覚めている限り、何らかの存在者を配慮的に気遣いつつ行為し続けているが、特定の対象を凝視したり純粋に観察的に眺めたりすることは行為の停止や中断に相当するからである。

フッサールやノエは、知覚を単に感覚（あるいは、画像に類した何か）が生じることと同一視するのではなく、運動感覚能力の行使を含む行為活動的な何かとして考察していた。ノエ（2010）の書名を借りれば「知覚のなかの行為」について様々に明らかにしている。他方、ハイデガーの主たる関心は、何のために知覚するのかということ、何らかの行為のために見ること、つまり行為のなかの知覚にある[12]。『時間概念の歴史への序説』ではこう言われている。

私が私の世界の内で動いている場合、私がその内で生きている通りの自然的（natürlich）知覚は、たいていは事物の独立した観察や研究ではなく、事象との具体的で実践的な交渉に没入している。そうした知覚は独立したものではない。私は知覚するために知覚するのではない。そうではなく、方向を定めるために、道を開くために、何かを仕上げるために、知覚するのである。（GA20, 37–38）

ここで「何かをするために知覚する」とされているものが、ハイデガーにおいては「日常的な種類の知覚」（GA20, 37）である。[13] このような知覚が、この講義の後のほうでは「事物を真正に配慮的に気遣いつつ使用することを導く見方」としての「配視」と名づけられる（GA20, 265）。本書の第三章でもすでに頻出しているように、配視は『存在と時間』の中心的概念の一つだが、この概念によって、ハイデガーが存在者との実践的交渉に資する知覚を現象学的に問題にしていることがわかる。

第3章で述べたように、配慮的気遣いの志向性を表現するプロトタイプ的な語りは「これは～をするためのものである」（行為述語）であり、認識の志向性のプロトタイプ的な語りである「これは～である（Dies ist ein ....）」（性質述語）と対比されていた。知覚の水準で言えば、配視もまた対象を何かとして見る働きであるが、この「何か」に相当するのは〈～をするためのもの〉であり、行為を導きうる道具的存在者としての内容である。他方、フッサールの質料はそれが〈何であるか〉に関するものであり、認識に貢献する――ハイデガーの用語で言えば、事物的存在者としての――内容である。このように対比するとフッサールとハイデガーの知覚論の距離が強調されかねないが、連続性を見失うべきではない。

第一に、フッサールとハイデガーは、感覚所与ではなく、講壇を見ているとか歌手の歌を聞いているとか述べ、知覚は対象を見ているという自然な語りに忠実であろうとしていた。フッサールが明確にしたのは、この対象への関わり方は質料ないし（統握）意味が規定する、ということである。むき出しの対象がまずあり、この対象に講壇や歌手の歌という意味が付加されるのではない。何の相貌も示さない何かを見ることはできない。むしろ、〈茶色い講壇〉とか〈歌手の歌〉という意味がその事物なり音への関わり方を定める。つまり、形や硬さではなく色のついた事物を見ている以上、この対象への関わり方は色を見るのに適した振る舞い方に限定されるだろう。ある音をノイズではなく歌として聞いている以上、この音への関わり方は、例えば、耳をふさぐのではなく耳を澄ませるような振る舞い方になるだろう。しかし、その対象への関わり方を規定するという点で、〈〜をするためのもの〉という意味は特筆すべき特徴をもっているように思われる。配視は、例えば〈釘を打つためのもの〉としてあるものを見る。この実践的な知覚は、「事物を真正に配慮的に気遣いつつ使用することを導く見方」と言われるように、まさにこの対象に対してどう振る舞うかを直接的に規定している。大学の教室で何かを〈講壇〉として見る場合にも、ごく自然な状況においては、〈講義をするための講壇〉として見るのであり、この意味がその対象への振る舞い方——その上に資料を置いたり、手をついたりすること——を規定している。

第二に、配視が見ているのは、厳密に言えば、独立した対象ではないという点がある。例えば〈釘を打つためのもの〉としてハンマーを見ることは、この対象の使用の仕方を規定しているが、実際にこの対象を使用しているときにはこの対象のことをまさに観察的に眺めてはいない。むしろ、釘や木材を見ているのだが、それは、ハンマーを〈釘を打つためのもの〉として見ることは、釘を〈木材を留めるためのもの〉として見ることと連関しており、配視が見ているのは、正確には、個別の対象ではなくこの〈〜をするために〉の指示連関だからである。

> 道具との交渉は、〈〜をするために〉の指示の多様性に服している。このように適応するところを見るのが配視である。（SZ, 69）

ハンマーを振るっているところを想像して欲しい。そのとき、ハンマーだけを注視しているのではなく、ハンマー、釘、木材などに目配りしているはずであり、そこで目を配られているのは〈～をするために〉の連関であろう。いずれにせよ、ここで明白なのは、配視が見ている指示連関は、特定の事物として感性的に見えるものではない、ということだ。

振り返ると、フッサールは範疇的直観の議論において「私が〈この紙には字が書いてある〉のを見る」といった場合、感性的には直観できないが、命題の形式を成り立たせている契機（「この」「ある」など）に注意を向けていた。そして、単に紙やインキ壺を見るというのではなく、命題に表現される事態を新しい対象性として見ることができるように、知覚は開発可能であり、命題的内容を獲得することで別の信念を正当化する資格を得ることができる。他方、ハイデガーの配視は、何かを〈～するためのもの〉として見ることで、特定の存在者への関わり方を規定するが、しかしその規定のされ方は、別の存在者を〈～するためのもの〉として見ること、結局は、〈～するために〉の指示連関を見ることで特定されている。配視は、感性的に見ることを超えて、信念や行為の正当化に活用可能なものへとすでに開発されている。

例えば、私がいつもと違う道Bで駅に向かっている。友人に出会い、なぜ今日は道Bで行くのかと聞かれるとする。私は〈道Aが工事中である〉のを見たからと答える。この際、私は〈道Aが工事中である〉のを見たことでもって、「いつもの道Aでは駅に行けない」という信念を正当化し、この道Bで行くという行為を正当化している。ここまでは範疇的直観の議論でも十分に言えることである。しかし、この正当化が有効であるのは、道Aが〈駅に行くために〉役立つ何かとして、あるいは、工事用の車両が〈駅に行くために〉有害な何かとして道具的に解されている限りにおいてである。ある事態の知覚が別の信念や行為を正当化しうるのは、ハイデガーの議論に従えば、私たちがすでに様々な存在者を〈～するためのもの〉という存在理由の連関において発見済みだからである。案内通りに駅の前の書店を探し当てるという場合にも、この関連づけの作業が可能であるのは、すでに、駅を〈電車に乗るために〉、書店を〈本を買うために〉、道路を〈歩行するために〉などと道具的な指示連関において関連づけており、世界を自らが行為可能な空間としている場合だけであろう。別の角度から言えば、そのように空間を知覚的に分節化して移動したり行為したりできる人でなければ、案内に合わせて複数の対象を関連づけるという知覚経験の開発を試みる準備ができていないのではないだろうか。

3-2 配視的考量の If-so 連関――見ることを学ぶ

日常生活――つまり、日々生きること――のなかで、知覚者は知覚経験を別の信念や行為の正当化に活用可能なものへと開発している。範疇的直観の議論に際して、見知らぬ街で目的地を探す場面が、「の前」や「の隣」といった非感性的契機を含んだ事態を対象とするものへと知覚経験が開発される場面として登場した。ハイデガーの配視は、こうした開発作業が可能になるような、より原初的な水準での知覚能力の獲得に関与しているように思われる。しかし、私たちはどのようにして〈～するために〉の指示連関という、感性的には見えないものを見る能力を自分のものにできるのだろうか。ハイデガーはこの指示連関を見ることを私たちが学ぶための好機が日常経験のなかに埋め込まれていることに注目している。注目されるのは、行為の開始時や停止時に考えながら周囲を見渡すような場面である。

配慮的な気遣いの〈見渡しつつある〉配視は、そのつど使用したり従事したりしている現存在に、見られているものを解釈するという仕方で、道具的存在者を接近させる。配慮的されたものを配視的‐解釈的に特有の仕方で接近させることを、私たちは考量（Überlegung）と名づける。考量に固有な図式は〈もし～であれば……であろう（Wenn-so）〉である。例えば、これこれのものが制作され、使用され、防止されるべきであれば、これこれの手段、方途、事情、機会が必要であろう、というように。配視的考量は、その配慮された環境世界において

現存在のそのつどの事実的な情勢（Lage）を照らし出す。（SZ, 359）

フッサールと同様に、知覚に特有の図式として If-so 連関がハイデガーの配視の現象学にも現れていることがわかる。しかし、ハイデガーの場合には何かをするための知覚において働いている If-so 連関が問題である。例えば、これから味噌汁を作ろうとしているとする。そのとき私は、〈もし～であれば……であろう〉の図式をもつ考量に従事する。味噌汁が作られるべきであれば、具材、鍋、包丁、まな板のような手段が必要であろう。それだけでなく、最初にダシを取って次に具を煮るなどの方途も必要であるし、別の用事は脇に置いて台所に立つ機会が必要である。このとき、私は考量と呼ぶにふさわしい思考をしているが、同時に、環境世界のうちで見られている存在者を関連づけ、自らに接近可能になるように取りまとめている。「配視的考量」は、当の行為の概略をよく考えると同時に、見られているものを表立って何かとして、正確には、〈～をするためのもの〉として解釈し、相互に関連づける働きである。それゆえ、環境世界の「事実的な情勢」を照らし出す、と言えるのである。

行為の進行中には私たちは特定の対象を見たり、見渡すことに専念したりはできない。考量は、行為の開始時や、あるいは何らかの事情によって行為が滞り、一度行為を停止して仕切り直すような場面で生じるものであろう。例えば、料理を始めたが、特定の道具がないことに気がついたり、具材を落としてダメにしてしまったりした場合、その状況においてあらためて先のような考量が生じうる。ハイデガーは、例えば、必要なものが不在であった場面についてこう述べている。

同じように、日常的にそこに居合わせているのがあまりにも自明であったので、私たちがまるで注意を向けることのない道具的存在者が欠けていることは、配視において発見されている指示連関の破れである。配視は空白に突き当たり、今やはじめて欠けているものが何のために何とともに道具的に存在していたのかを見る。あらため

て環境世界が自らを告げるのだ。(SZ, 75)

何かを行うために必要な何かがないということは、単なる物理的不在ではなく、配視が見ている「指示連関の破れ」である。味噌汁を作ろうと、具材などを切り、鍋でダシをとり終わったとき、肝心の味噌が切れていることに気がついた、とする。この場合、このことが問題であるのは、味噌の不在は〈〜するために〉の指示連関の「破れ」であり、味噌汁を作るのに必要な道具の指示連関が破綻したからである。しかしこのことは、ハイデガーによれば、私たちが配視によってこれまで何をどう見分けていたのかが明示化されるという点では、知覚にとっては好機なのである。味噌が不在であることによって、私は、それが「何のために何とともに」道具的に存在していたのかを「見る」。この箇所において、配視が見るのは個別の存在者ではないことは完全に明白になっている。当たり前だが、私は不在の味噌を見ているのではない。むしろ、指示連関——という感性的には見えないもの——を見ているのであり、環境世界が特定の分節化された仕方で示されたのである。

以上のようにハイデガーは、配視が個々の存在者ではなく、それらの存在者を〈〜をするために〉を観点として関連づける場面を日常的経験のなかに突き止めている。私たちは完全な行為者ではないため、停止と中断を繰り返すが、それによって、指示連関の知覚の能力を獲得し、保持している。言い換えれば、私たちは（不完全な）行為者であることによって、見ることをあらためて学ぶこうした機会に絶えず開かれている。それゆえ配視は、さしあたりたいていは安定的に、道具的存在者と交渉する仕方を直接的に規定することができる。のみならず、しばしば考量しつつ諸々の存在者を配視的に解釈することは、私があることを見たという知覚経験を、別の信念や行為の正当化になるようなものへと開発したということでもある。私は味噌が冷蔵庫にないのを見たことをもって、味噌汁を作ることはできないという信念を正当化したり、切った具材で別の料理を作ることを正当化したりできるのである。

3-3　自己了解と実践的推論——知覚の倫理性

ハイデガーにおける知覚の哲学の出発点には、私たちは何の目的もなく見るのではなく、何かをするために見るということがある。行為のなかの知覚としての配視の概念を獲得することができたのも、まずこの出発点あってのことだ。私たちは孤立した対象を見るのではなく、存在者間の〈～するために〉という理由の連関を見るのであり、言い換えれば、環境世界を特定の分節化された仕方で見るのである。注意したいのは、配視が特定の目的を志向した知覚である限り、何のために見るのかに応じて世界は別様に見えるということだ。料理をするために配視が浮き彫りにしている存在者の指示連関は、料理と無縁の人にも同じように見えるということはない。

知覚を、外界からの刺激の結果として引き起こされる画像（スナップショットの出力に擬えられるもの）と考えるようなタイプの議論においては、知覚者の条件さえ同一であれば、何が見えるかは一様なはずである。あるいはそこまで極端でなくても、同じ対象を同じくらいの距離から見れば大体同じように見ていると思うかもしれない。しかし、ハイデガーの考えではそうではない。

例えば、同じ教室内の講壇を同じ場所から見ていても、誰がどのような意味でそれを見るかは異なる。全く大学という環境世界を知らない人は、それを〈講義をするためのもの〉としては見ないだろうというだけでなく、授業を受ける学生と講義をする教員とではやはり同じ見え方はしていないはずだ。単に身体の置かれた位置が異なるからではなく、それ以外の存在者との指示連関が異なるからである。講壇に近づくと資料と水の入ったコップをすぐさま置いて話を始める教員は、講壇、資料、コップ、水などの指示連関を配視的に見ている。しかし、学生は、その講壇を自分が〈講義をするためのもの〉としては見ていない。それゆえ、仮に学生を講壇の前に連れてきて教員と同じ位置に立たせたとしても、その学生に、講義をそこでするという行為を眼目とした指示連関を見るということが、教員と同じように起こることはありそうにない。学生は、そのような知覚を、経験——この道具的存在者と交渉する行為の遂行や、配視的考量など——を通じて、獲得してきてはいないからである。そして、なぜそうしてきていないかといえば、その学生は教員ではなく学生だからであろう。ここで私たちは、その人が「誰であるか」という自己の存在の了解が、世界をどう知覚するかに関与しているという論点に突き当たる。第1章で一人称的経験の実存論的なアプローチとして際立たせた部分である。

『存在と時間』は私たちの様々な経験に実存論的にアプローチするものであり、行為だけでなく知覚にも、自分がどういう存在であるかについての実存的了解は何らかの仕方で関与しているはずである。これまで論じてきたように、知覚は行為を正当化できる。窓に板を打ちつけて暴風雨に備えているとき、なぜそのようなことをしているのかと問われたら、「あそこに雨雲があるのが見えるでしょ」などと答えることができる。私は雨雲を見たがゆえに暴風雨に備えているのである。あるいは、「このあたりが暴風域に入ると天気予報で言っているのを見た」でも構わない。この場合も、世界のある事態を見たことが行為の理由として挙げられている。しかし、第3章での行為の議論と同様に考察を進めるなら、この理由はそれだけでは行為の理由としては不完全であるように思われる。雨雲があるのを見たということは、窓に板を打ちつけて暴風雨に備えることではなく、外出せずに家の中で過ごすというだけの理由でありうる。あるいは、暴風域に入ると天気予報で言っているのを見たことは、暴風雨に備えて窓を固定するのではなく、その時までに他の地域に移動する理由になりうるし、実際、周囲の住民は皆もういなくなっており、質問した人も遅れて移動するところで、私に何をしているのかと聞いたとしてもよい。どちらに際しても、この人は私の答えが行為を正当化する理由としてはどこか足りないと思い、なぜ家に入るのではだめなのか、とか、なぜ他の地域に移動しないのか、などとさらに聞くことが可能である。そこで、私がさらに行為の理由を答えようとするなら、自らの存在をどう了解しているかの内容に触れることになる。例えば、最初の質問に、念には念を入れるようにしているとか、何事にも用心深くすることにしている、と答えるなら、その人がその行為をする理由としては十分であり、質問した人もそれで立ち去るだろう。第3章で論じたように、自分の存在了解に言及したところで理由は枯渇し始めており、それ以上の問い――あなたはなぜ用心深くするのか――は目下の行為ではなくその人のあり方についての問いだからである。いずれにせよ、目下の問題は、知覚による行為の正当化は自己了解によって補完されなければ不完全だということである。雨雲を見たことは暴風雨に備える理由の一部ではあるが、それで本当に理由が尽きているとすれば、言わば条件反射のようなものであり、意図的行為と言えるのかが疑わしくなるように思われる。論点を明確にするために、次の場面を考えたい。

楽しみにしていたパーティーの日になった。学校では友人が気落ちして弱っており、学校が終わるなり、家に帰った。友人はパーティーには来なかった。私はパーティを後にして、その友人と話しに行った。

これはマクダウェルが挙げている例を少しアレンジしたものである（マクダウェル 2016）。なぜ私は友人と話すことにしたのだろうか。友人が気落ちしており、パーティーにはいないのを見たからである。私は、友人が気落ちしておりパーティーにもいないことを見たがゆえに、友人宅で話を聞くことにした。このように述べることは、知覚によって行為を正当化することである。しかし、マクダウェルによれば、状況のこのような知覚は、生き方についてのその人の捉え方に関連する一定の「関心（concern）」を伴わずには、行為を説明する力をもたない。私の状況は、多くの参加者を集めたパーティが行われている一方で、気落ちした友人は家にいるというものであるが、状況の前者ではなく後者の部分が特に重要性をもって知覚されたがゆえに、この知覚内容は行為の理由として挙げられている。マクダウェルは状況のこのような知覚を「せり出し知覚」と呼ぶ。この知覚は行為者の関心に重要な関連性をもつ事実を顕在的にするものである。パーティが行われているという事実よりも気落ちした友人が家にいるという事実のほうがせり出したものとして状況が知覚され、その知覚を行為の理由とする場合、後者の事実のほうを前者の事実よりも重要にするような関心が行為者にあると考えなければならない。

そしてもし状況が、いくつかの関心のいずれもが働きかけるかもしれない状況であれば、いかに生きるべきかについてのその捉え方が、行為についてのわれわれの理解の中に実際に登場できなければならない。そして、現に働いたのはなぜ他のどの関心でもなくこれだったのかを説明しなければならない。（マクダウェル 2016, 28）

この状況は、パーティで騒いだり知り合いを作ったりする関心と、友人と親身に語り合ったり友人を励ましたりする関心がともに働きかけるようなものである。私が自らの行為の状況として、気落ちした友人が家にいるという事実を特に知覚したということは、後者の関心が現に働いたということに他ならない。そして、状況における関心のこうした重みづけは、その人の「いかに生きるべきかについての捉え方」を背景としている。例えば、たくさん知り合いを作ることよりも、少なくても気心の知れた友人を大事にする、などの友情観をもっていることを行為者自身が理解しており、なぜパーティーに行かずに友人宅で話を聞いたのかとその行為の理由を聞かれたならば、このような生き方についての理解を持ち出すことができるはずである。

知覚による行為の正当化は、当人の生き方についての捉え方によって補完されなければ、行為の十全な理由とはなりえない。マクダウェルはこの議論を「実践的推論」の問題として提示している。実践的推論とは行為を結論とする推論であり、大前提と小前提がその行為の理由を構成するものである。マクダウェルの議論によれば、実践的推論とは、大前提に、生き方についてのその人の捉え方に関わる内容、小前提に、せり出し知覚によって識別された状況ないし事実が登場し、行為が結論として導かれる。マクダウェルの力点は、大前提の生き方についての捉え方は「成文化（codification）」できず、一般化された原理原則のように書き出すことはできないということであり、小前提の知覚内容は中立的な観察者に一様に与えられるようなものではない、ということだ。行為を導く実践的推論は、その行為者自身に固有な生き方の理解とせり出し知覚を含んでいる。

もっとも、先の事例が印象深いジレンマの場面であるように、私たちの行為のすべてがこの種の実践的推論によって説明可能なわけではない。マクダウェルの議論において、実践的推論は特に有徳な道徳的行為を説明するものとして提示されている。例えば、「理由が（広い意味で）技術的である場合、すなわち大前提がある確定した目標を特定し、小前提がある行為をそのための手段として選び出す場合」（マクダウェル 2016, 26）の図式は、実践的推論とは異なる。広い意味の技術的な理由のなかでも典型は制作的なものであろう。例えば、料理を作るという目的のために役立つ手段となる下位行為を選び出すという場合である。このような目的－手段の図式は、明らかに先に見た配視的考量の If-so 連関に相当する。配視的考量は、料理のレシピのように書き出して任意の他者と共有可能なものである。

実践的推論は、技術的な考量とは異なり、各々の行為者に特有な生き方についての捉え方を背景として成り立っている。マクダウェルのこうした議論が倫理学にとってもつ重要性は、善い行為の説明は、成文化された普遍的原則を大前提とし、中立的な知覚を小前提として、誰にとっても同様に行為を導くようなものでなければならない、という道徳哲学者によくある思い込みを問い質した点にある。道徳哲学者たちは、しばしば、行為とその理由について次のような定式化を好む。友人が困っていれば、友人を助けるべきである――大前提。友人が困っている――小前提。友人を助ける――結論。しかしながら、生き方についての捉え方をこのように一定の規則に還元しようとしても、マクダウェルによれば、「それらの規則を機械的に適用することは明らかに間違いだとその人に思われる場合」（マクダウェル 2016, 12）が否応なしに出てくるのが現実である。例えば、パーティーの開催された先の日の例で言えば、私が友人の話を聞くという行為を選択した理由は、一般的に、「友人が困っていれば、友人を助けるべきである」と表現するとどこか損なわれてしまう。パーティーで新しい知人を得たり騒いだりする関心に対して友人を助けるという関心を優先させるという、この選択の背景にある生き方についての捉え方が登場する余地がないからである。

人が機会ごとに何をなすべきかを知っているとすれば、それは、普遍的原則を適用することによってではなく、ある種類の人であることによってである。つまり、状況をある特定の仕方で見る人であることによってである。

（マクダウェル 2016, 36）

以上のマクダウェルの議論にはハイデガーの配視の現象学と多くの共通点がある。まず、技術的な理由を与える目的－手段型の推論と言われているものが、ハイデガーにおける If-so 図式をもつ配視的考量の対応物であることは明らかである。この考量は、暴風雨に備えるとか料理を作るなどの目標となる行為を完了するためには何が必要かを導くものであり、暴風雨に備えるとか料理を作るという行為を選択した理由を与えるものではない。なぜその行為をするのかを説明するような思考は別に考察される必要がある。マクダウェルは、「〔技術的な場合とは異なって〕有徳な行為を説明するさいに類似の役割を果たすのは、人間はどんな人生を送るべきかについての有徳な人の捉え方である、とアリストテレスは考えているようである」（マクダウェル 2016, 26）と『ニコマコス倫理学』第六巻を参照して述べている。ハイデガーも、配視的考量とは別に、生き方についての捉え方が現れる実践的推論のことを考えていた。このことは、ハイデガーがやはり『ニコマコス倫理学』第六巻を解釈する箇所を見れば明白である。

> 知慮（phronēsis）は選択（proairesis）に際して発揮される。このもののために（um dessentwillen）、善（agathon）のために〔…〕これがなされるべきである――第一前提。ところで今、行為の情況や情勢はかくかくである――第二前提。それゆえ、私はこれこれのように行為する――結論。[14]（GA19, 159）

まず、知慮とは有徳者の実践知であり、この知慮は行為の選択において発揮される。この知の遂行形式が実践的推論であり、大前提では、～のために……がなされるべきであるということが問題である。～に相当するのが「善」であるが、ここでの善は道徳的な善（徳）に関わるものであり、マクダウェル風に言うならば、「いかに生きるべきかについての捉え方」である。小前提では行為の状況の「端的な把握」（GA19, 159）が問題である。どういう行為が選択されうる状況なのかを見て把握することが問題である。

『ニコマコス倫理学』のこの解釈が現れるのは『存在と時間』刊行の二年前の講義だが、『存在と時間』の知覚と行為の哲学に基本的着想は活かされている。まず、大前提に現れる「このもののために」は、第3章で触れた〈これのために（Worum-willen）〉に対応している。『存在と時間』において「これのために」は「常に現存在の存在に関係しており、この現存在にとっては、その存在において、本質上この存在自体が問題なのである」（SZ, 84）とされるものであった。つまり、自分をどのような存在として了解しているか、自分が誰であるかという問いの答えに相当する内容である。では、小前提における、行為の選択がなされる状況をかくかくの状況として見出す知覚についてはどうだろうか。これについては、『存在と時間』のまさに行為概念が登場する部分を参照することができる。「状況（Situation）」を「そのつど決意性において開示される現（Da）」（SZ, 299）として術語的に導入した後、ハイデガーはこう述べている。

> 決意性は、知識を得ることではじめて状況を思い浮かべるのではなく、すでに状況のうちに置かれてしまっている。決意したものとして現存在はすでに行為している（handeln）。（SZ, 300）

決意性は複雑な概念であるが、ここでは決意性は、現存在の最も固有な自己の開示性に関わる概念であることを確認しておけばよい(15)。目下重要なのは、私たちにとって自分に固有な存在が問題になるのは、行為を選択すべき状況のうちに自らを見出す場面においてだとハイデガーが考えていることだ。言い換えれば、最も固有な自己とは、行為の状況を知覚することから独立に発見されたり発案されたりするものではなく、行為者として問われている自己のあり方である。自己とは、行為を選択するべき状況の知覚から独立に、どこかに存立しているようなものではない。

> 決意しつつ現存在は、頽落から自らをまさに連れ戻してしまっており、ますます自己固有な仕方で、状況への〈瞬視（*Augenblick*）〉のうちで〈現〉に存在するようになる。（SZ, 328）

状況を行為の状況として知覚し、行為を選択するそのとき、自分はどういう存在なのかが問われており、そして、その状況である行為をするそのことに当の固有な自己は顕示されている。先に見たように、自己了解、知覚、行為の相互の関連は、行為の選択に際する熟慮の形式である実践的推論として考察可能なものである。なお、状況の知覚に対してハイデガーが用いている「瞬視（Augenblick）」という語は、通常は「瞬間」と訳される時間に関する語である。しかしこの語はその作りを見ると、「目（Augen）」と「まなざし（Blick）」から出来ている。それゆえ、単に光景を見ているのではなく、行為するべき時を逃したり得たりするような瞬間の様相で状況を知覚している、という含意があるように思われる。

　行為を選択することは、有徳者の実践的推論と技術的な考量の違いにも示唆されていたように、私たちの平均的日常性の典型ではない。むしろ日常においては、ある行為を目標として必要な手段を考量したり、行為の理由のやり取りをしたりすることも、自己了解の登場しない仕方で、行為の別の記述や独立した知覚を与えて済ませたりしている。

> 世人には状況は、本質上、閉鎖されている。世人は〈一般的情勢〉しか識別しない〔…〕。（SZ, 300）

世人とは、行為のタイプや役割のような公共的情報で自己了解しているような私たちのあり方であり、その場合、自分が誰であるかが問われることと同じ過程において可能になる状況の知覚は生じない。むしろ、私たちはたいてい「一般的情勢」しか見ていない。マクダウェルの議論に関連づけて述べるなら、一般的な規則と中立的知覚の情報に訴えて自分がしていることを説明するのが世人のあり方と言えるだろう。「世人の分別は、手頃な規則や公共的な規範に関して、それを満たすことや満たさないことを識別するだけである」(SZ, 288)。ハイデガーとともに言えば、困っている人は助けるものであり、そして今困っている人がいる、というような規則適用型の説明で一切が尽きているとすれば、この人は本当には自分で行為を選択していない。自分がなぜそれをしたのかの理由を挙げるに際して、自分の生き方や自分の存在についての見方に何の言及もないのであれば、その行為の理由はどれも外的なもの――自分以外に由来するもの――になる。

しかし、あらゆる行為は、事実的には必然的に〈良心を欠いて〉いる。その理由は、現存在が事実的に道徳的な罪過を避けられないからというだけでなく、現存在の非力な企投の非力な根拠に基づいてそのつどすでに、他者との共同存在において他者に責めを負っているからである。それゆえ、良心をもとうと意志することは、本質的に良心を喪失していることを引き受けることになるのであり、この引き受けの内部でのみ、〈善〉で、あ、る、実存的可能性が存するのである。(SZ, 288)

ハイデガーは、私たちが常に自らの行為を自分がどういう存在であるかを理由に選択するような道徳的生活をしているなどと夢想したりはしない。むしろ私たちは、他者とともに存在する以上、「手頃な規則や公共的な規範」を満たしているか否かを見分け、共有された「一般的情勢」を持ち出して、自分の振る舞いを正当化するのが常である。行為者として私たちは〈良心を欠いて〉行為している。だから、良心の呼びかけに応じて、自分が誰であるかを問い、行為を選択すべき状況として世界を知覚することは、単に私たちに起こることではない。むしろ、自分が良心を喪失している――世人として自らの行為の理由を自分以外のものに求めている――ことをそれとして問題にし、引き受けること、つまりは「良心をもとうと意志する」ことなしには、そうした知覚は起こらないのである。友人の話を聞くという外形的には同じ行為であっても、その理由が手頃な規則や公共的な規範――困っている人は助けるべきである

——によって与えられているのか、自分の存在についての捉え方——どういう友人観を自分は持っているのかなど——を問うことで与えようとしているのかによって、道徳的には大きな違いが生じる。つまり、そもそも自らの行為に責任を負う道徳的行為者として存在しうるのか、という違いである。

> 呼び声を了解しつつ、現存在は、自らの選択した存在しうることのほうから、最も固有な自己を自らのうちで行為させる。このようにしてのみ現存在は、責任あるものとして（verantwortlich）存在することができる。（SZ, 288）

状況の知覚という局面から、『存在と時間』の〈倫理学〉と言うべきものが何かが明白になってきただろう。ハイデガーの知覚の現象学において、知覚の一人称性は、知覚する身体の〈ここ〉というパースペクティブ性に求められるというより、問われる存在がそれぞれ自分のものであること、あるいは行為の状況に置かれた各人の知覚のユニークさにある。知覚に対する実存論的アプローチは、知覚の倫理性をはっきりと浮かび上がらせる点で特筆される。その意味で、知覚というテーマは、現代現象学におけるハイデガーの独特な位置づけを鮮明にするものだと言えよう。

＊

この第4章とそれに先立つ第3章において、ハイデガーの行為論と知覚論は一体であることが示された。私たちは、行為において観察とは異なる仕方で知覚しているのであり、その知覚は行為のために遂行されるとともに行為に理由を与えうるものである。現存在の実存論的分析は、私たちが存在するその仕方を、世界の内でなしている様々な振る舞いに即して照らし出すが、その際、それらの振る舞いは実存的な自己了解を背景にしてのみ理解される、という点が独特である。では、情動の場合はどうだろうか。情動の場合も、知覚と似た仕方で、単なる感覚だとする見方が常識にも定着している一方、現象学の伝統は情動も志向性をもつとして感覚主義的な見解に反対してきた。ハイデガーの情動論もまたこの伝統の一部であるが、しかし、知覚の場合と同様に、その実存論的アプローチにおいて際立った位置づけを占めうるものである。次章では情動をテーマに『存在と時間』の哲学にアクセスしよう。

5 情動

　はるは、感情というのは自分の内側に生じる何か、あるいは内側のどこかに感じる何かだと思っていた。恐れを感じると、胸のあたりがゾクゾクする感じがする。怒りを感じると、ゾクゾクというよりムラムラと言ったほうが良いような感じがする。悲しみを感じると、胸の奥で重い石が落ちるようにズシンとした感じがする。感情を表現しようとすると比喩や擬態語を用いるしかなくなり、何とも言いようがないというもどかしさが募る。

　こうした経験を経た後、はるは、感情はあまりに捉えどころがなく、哲学的考察の対象にするのは無理だと思うようになった。そのようにあきに話してみると、あきは、一番最近恐れを覚えたのはいつかと聞く。はるは、ついさっき、ここであきを待っているとき、吠えている犬が近づいてきたときだと答えた。さらに、あきがなぜ恐れたのかと聞くと、はるは、今にも噛みつきそうだったからだと答えた。あきは、そして今もその犬を恐れているかと聞いた。はるは、そのあと、飼い主がその犬を呼びに来て、犬はどこかに行ってしまった、と言った。あきは、もういなくなったから恐れは静まったのかと聞いた。はるはこう言う。いや、でもまだ少しビクビクしている、また引き返してくるかもしれない、獰猛そうな犬だったけど飼い主は鎖につながずに自由に走らせていたんだ、今度見たらこんな住宅街ではきちんと鎖に繋いで欲しいと飼い主に言おうと思う、と。

あきは、少し黙ってから、「でも、君は自分の恐れについてずいぶんと明確に理解しているよね。恐れている自分がどうあるかについてこれだけ多くを語っているのだから」、と言った。そして、感情とは、モヤモヤした感じという内部の領域に閉じ込められたものではなく、世界で起こっていることを特定の仕方で理解したり、その状況のうちで自分がどんな具合にいるのかを捉えさせたりする働きなのでないか、と問う。そして、現代の哲学で「情動」が議論されるときにはこうした広い認知的な働きが話題になることが通例だと言う。

1　感じと志向性——情動の現代哲学のコンテクスト

情動（独：Affect／英：emotion）は心の重要な働きの一部である。では、情動とは何のことだろうか。常識的な考えによれば、情動とは「感じ（feeling）」と呼ぶべき心的状態である。何かを信じたり、何かを欲求したりするといった心的状態に並んで、恐れを感じるとか怒りを感じるといった一群の心的状態があり、それらが情動と呼ばれる。日常語としての「感情」もこのような理解に近い仕方で用いられることが多い。

情動が信念や欲求と並ぶ心的状態であり、それは「感じ」と呼ぶべきものなのだとしよう。では、「感じ」とは何だろうか。答えの一つの候補は、内的に生起する主観的経験という見方である。どこかでモヤモヤとした感じがする、といった擬態語で言い表されるような経験である。こうした見方も私たちの常識的見解に属する。より理論的に言えば、情動は、信念や欲求に並ぶ心的状態ではあるが、例えば、信念の内容は真偽を問いうるのに対して情動は真偽を問いうるような内容をもたない。私は、私の友人が嘘をついたと信じており、かつ、私の友人にワナワナと怒りを覚えている。前者の信念「私の友人は嘘をついた」は真偽を問いうるが、後者の情動にはその種の内容がない。怒りの情動は何らかの刺激の結果としてワナワナした感じがするというだけのことであり、その限りで、合理性をもたない。こうした見解は、情動の古典的見解と見なされており、「感覚理論（the feeling theory）」と呼ばれる（西村 2018, 2）。

しかし、この感覚理論の見解は、情動の経験をあまりにも狭く捉えているのではないか。もちろん、情動の経験にこのような「感じ」が伴っていることに異論はない。しかしそれは経験の一側面に過ぎないかもしれない。あなたが友人に怒っているとしよう。ひどい嘘を二度もつかれたのだ。このことを思うたびに、ムカムカとした感じがこみ上げてくる。感覚理論によればこれが情動の経験である。しかしそれだけではないはずだ。あなたは怒りの対象となっている友人を、もはや信用できない相手として、以前とは異なる仕方で見ているだろう。さらに、今度会ったときには、ああ言ってやろうなどと考えているかもしれない。そうだとすれば、怒りの情動をもつことは、そのつど生起する何らかの感じを抱くことには尽きないのではないか。対象を肯定的ないし否定的に評価したり、未来の行為を動機づけたりすることなどを含んだ、複合的な経験だということになる。

現代の「情動の哲学」においては、単なる「感じ」に縮減することなく、このように対象の評価や行為の動機づけを含めて情動を捉えることが珍しくない。その際、一つの出発点となるのは、情動を「志向性」をもった経験の一種として扱うことだ。志向性とは何かという点については多くの議論があるが、ごく一般的に言えば、何かへと向けられている（directedness）とか何かについてのものである（aboutness）という心的状態の性質のことである(1)。心的状態はこの対象「へと向けられている」という志向性において、心的でない存在者から区別され、特徴づけられる。

情動の志向性理論によれば、先の怒りの経験において、この怒りは、単にムカムカとした感じが心の内に生じることではなく、友人という対象へと向けられている。そして、この友人という対象は、嘘つきだという一定の側面において呈示されている。他方で、私はこの友人について様々なことを信じていたり、欲していたりもする。例えば、私はこの友人と出会って十年経つことを事実として信じており、またこの友人が私に謝ることを欲している。ところがこの友人は、これだけの長い間友人であるのに繰り返し嘘をついたのであり、しかも謝りもしない。そう思うと、また怒り心頭になる。ところがそのとき、この友人から電話があり、友人はまず謝罪し、どうしても嘘をつかなくてはならなかった事情を話した。友人について新たな信念が得られ、先の欲求は満足された。それにもかかわらず、私が電話の前と全く同じように友人に対して怒り続けていたとしたらどうだろうか。謝罪があり事情がわかった上でも、何の変化もなく怒り続けるというのは行き過ぎだと思うのではないか。先ほどまでは、この友人が嘘つきというその側面においてばかり現れていた。そして、その嘘つきな友人という対象に対して怒りが向けられていた。しかし今では、友人は別の側面――ある特殊な事情があって苦悩しており、私に対してすまないと思っていること――から見えてくるはずであり、友人の見え方が全く変わらないというのはおかしい、と。

情動を志向性の観点で捉える場合、このように、情動の経験は単なる感じに尽きることなく、様々な信念や欲求などの心的状態のネットワークのなかへと位置づけられることになる。それによって、合理性を情動に問うことができる。(2) 何かに対して怒ったり、何かに対して恐れたりすることは合理的であったり合理的でなかったりする。怒りの対象である友人が実際に何をしたのか、その友人について私は何を信じていたのか、その友人が事後的に私に何をしたのか。これらによって私の怒りはもっともなものであるか、あるいは行き過ぎであるのかが問われうる。例えば、何度も嘘をつかれた友人に怒るのはもっともであるが、相手が謝っているのに相変わらず同じように怒るのは行き過ぎだというのは、前者の場合にその怒りは合理的であるが、後者の場合には不合理だということである。しかし情動の合理性についてはこれで議論が終わるわけでもない。相手が謝ったらすぐに帳消しにするというのならば、何をしても謝った者勝ちになる。相手が謝罪しても、怒りの理由になった出来事である「信用していた友人が嘘をついた」という事実が変化するわけではないのだから、この理由のゆえにずっと怒り続けることには十分な意味があるという考えもある。(3)

もっともここではこの論争には立ち入らず、以下のことを確認するにとどめよう。私たちは、怒りについてそれはもっともだとか行き過ぎだとか、あるいはもっと怒るべきだなどと考えるのであり、情動は合理性を問われる。この合理性という点に注目して見るなら、情動は、その「感じ」だけでなく、情動が志向的に向けられている対象をどのような側面において認知しているのか、その対象について何を信じているのか、その対象に何を欲しているのか、などと関連しており、その連関を解明することが情動の哲学的考察にとっては重要だ、ということである。

2 ハイデガーによる恐れの分析(1)——情動の志向性

2-1 感覚理論から志向性理論へ

さて、ここで、ハイデガーが『存在と時間』三〇節で「恐れ」の情動を考察している箇所に目を向けよう。その考察の出発点は、これまで論じてきた情動の哲学の文脈からすれば、ひとまず標準的である。つまり、情動を単なる「感じ」に縮減する感覚理論的発想に対して、志向性をもつ経験として情動を分析対象にすることから出発する。もっとも、『存在と時間』のハイデガーは志向性の概念を巧みに避けている。しかし、それはこの概念が心的な働きという含みを依然としてもち、本来、志向性をもつ存在者は世界へと超越しており、つまり世界内存在するという——この概念がもたらすはずの——洞察を妨げるからである。これは術語上の問題であり、考察の出発点が志向性と呼ばれるものに依拠していることに変わりはない。(4) 以下でその内容を吟味するが、志向性に基づく情動分析が何を批判の的にしているかをハイデガーが明確にしていることをまず確認したい。

> 情動や感情は心的現象のうちに主題的に数え入れられ、心的現象の第三の部類として、たいていは表象と意欲とに並んでその役割を果たしている。情動や感情は随伴現象にまで引き下げられている。(SZ, 139)

この箇所は、『存在と時間』執筆当時の哲学界において情動の主流な取り扱いがどういうものだったとハイデガーが考えていたかを示している。「表象と意欲」は、本章冒頭で触れた「信念」と「欲求」と類似のものと考えて問題ないだろう。心の働き(心理現象)は、世界の対象について何ごとかを信じたり(信念をもったり)、あることが生じることを欲求したり、何かを感じたりすることに大別される。この場合、情動は、意識のなかで信念や欲求と区別される何らかの状態のことを意味する。

「情動や感情は随伴現象にまで引き下げられている」という部分の内容は定かではない。しかし、現代の分析哲学における心の哲学において主流を占めてきた「信念欲求モデル」のことを考えれば大体の予測はつく。心の哲学においては、しばしば、ある行為が意図的であることを欲求と信念を理由とすることに求めてきた。吠えている犬からは遠ざかりたいという欲求と、今逃げ出せば犬から遠ざかれるという信念とが理由となって、犬から逃げるという行為が説明される。この説明方式において、犬を恐れるという情動の契機は説明のなかに入っていない。欲求信念モデルにとって、恐れが随伴していることを認めるのは容易いが、恐れをこの行為をガイドする要素として含めることは簡単でない(5)。

このように見るなら、ここでハイデガーが批判している立場が、先に情動の古典的感覚理論として特定したものに重なることがわかる。また、この理論の発想が信念欲求モデルのような今日でも支配的な議論枠組みに残存していることも見えてくる。他方で、現代哲学における情動の志向性理論は、こうした信念欲求モデルに対する批判を含んでいた。その場合、情動は単なる随伴現象ではなく、むしろ、先に見たように、対象をある側面において認知したり、信念や欲求との関連で合理性が問われたりする一つの志向的作用である。この志向性理論とハイデガーは、情動を単なる随伴現象から救い出すことを自らの課題として課している点で一致している。

しかし、その上で重要なのは、ハイデガーの分析は、第1節で素描したようなタイプの情動の志向性理論とは大きく異なった結果をもたらす、ということだ。ハイデガーは志向性から出発するが、それは志向性が心的なものを世界から区別された領域から解放して世界内存在の現象を明らかにするからである。志向性の概念の積極的使用を避けたハイデガーからすれば、志向性理論がいかに信念や欲求との関連性を考慮したとしても、それが正当化や合理化のような心的な作用の連関にとどまっていて情動をもつ私たちが空間的に世界を動く仕方や世界に自己がさらけ出されている仕方への言及を欠く限り、情動の志向性は適切に捉えられない。むしろ、情動を心的なものの囲いから解放し、世界内存在をベースに把握し直す必要があるのだ。このことを以下で見ていこう。

2-2 恐れの志向性――空間認知への着眼

ハイデガーによる恐れの志向性分析は、恐れを、(1)恐れの対象、(2)恐れることそのもの、(3)恐れている現存在それ自身、という三つの要素から考察する。最初の二つの契機は、恐れが向けられている対象がどのような側面において現れているか、ということと、そのように対象を認知する作用として恐れがどのようにあるかということに関わっている。

ハイデガーによれば、まず「恐れの対象」は、道具的存在者、事物的存在者、あるいは他者（共同現存在）といったいくつかの存在様式を取るものの、どれも「世界内部的に出会われるもの」（SZ, 140）である。「世界内部的」という表現は、その存在者が、世界そのものから区別され、むしろ世界に一定の仕方で属している世界の部分であることを意味している。「恐れの対象」の例としては、重いハンマーでも、吠えたてる犬でも、迫っている台風でもよい。これらに一般的に言えるのは、「恐れの対象は脅かすという性格をもっている」（ebd.）ということだ。つまり、「恐れの対象」は、どんなタイプの存在者であれ、「脅かす」という側面において現れるという一般的な対象性格をもっている。別の角度から言えば、何かが恐れの対象になるときには、それ以外の対象の側面は注意の外に置かれ、「脅かす」という側面が顕著になって対象が現れるということである。例えば、ハンマーが工具箱に収まっていたり、ハンマーで木材を留めるために使用されたりしている場合、ハンマーは〈釘を打つためのものである〉とか〈重すぎる〉〈使いにくい〉といった側面で見られるが、そのハンマーが庭で見知らぬ人に握られていたならばそれらの側面は背景に退き、ひたすら「脅かす」という側面で見られるだろう。

次に、恐れの情動には「恐れることそのもの」という私たち側の作用が含まれる。「恐れることそのものは、脅かしているど性格づけられたその脅かしているものを、自分自身に関与させつつ解放するということである」(SZ, 141)。引用文中の「解放する(freigeben)」は、日常語としては、「禁固者を解放する(einen Gefangenen freigeben)」などの用例があり、制約を取り払って対象を自由にするという意味がある。この文脈で言えば、それまで脅かすものとしては現れていなかったものが、脅かすというこの側面の現れを制約するものを失って、脅かすというまさにこの側面を顕著にしている。例えば、散歩中の犬が吠えているのを見ても、よくあることであり、特に自分を脅かしているものとして認知することはなく、むしろ、着せられているペット服の色の図柄に気を取られるかもしれない。ところが、より近づいて見ると、その犬は鎖に繋がれていないことがわかり、今や、散歩中のペット服を着せられた犬ではなく、自分に噛みつきうる犬として、つまり、脅かすという側面においてこの対象が明らかになるということがありうる。このとき、この犬は脅かすものとして言わば解放されたのである。「解放する」ことは対象がこれまでとは異なる仕方で現れることを可能にする。何かを恐れの対象にすることにはこのようなアスペクトの変化がある。

このような対象の現れ方の変化を理解する上で重要なのは、引用文中の「自分自身に関与させつつ」という点である。ある存在者が脅かすという性格において恐れの対象である場合、私たちはこの対象をいわば傍観的に観察するという風には見ていない。ペット服に気を取られて犬を眺めている場合とは異なり、その犬を脅かすという側面において見出す場合、私はこの犬を、自分に関与してくるものとして、例えば、遠ざかるとか音を立てないようにするとか、自分がどう振る舞うかに影響を与えるものとして見ている。自分自身への関与が、情動的な仕方での対象との出会い方を左右するのである。

以上のように、恐れの情動を内的な「感じ」に閉じ込めるのではなく、その志向的構造において問題にすることで、ハイデガーは、(1)情動が世界内部的な対象をある特定の側面において呈示させる——同時に他の側面を注意の外に置く——認知的働きをすることを指摘しているだけではない。第4章で論じた知覚と同様に、情動においても、(2)対象がある側面においてどう現れるかはその対象を認知している私たち自身の振る舞いと相関していることを指摘している。

一般に、この両者の連関を最もはっきりと認識させてくれるのは、情動の強度の変化である。私が嘘をついた友人に怒っている場合、時間が経ったり謝るといった行為がなされたりして、相手が別の仕方で現れたならば、私の怒りは急激に弱まったりする。全く相手に対する怒りが変化しないとすれば、かえって奇妙に感じられる。脅かすものを恐れるという場合であれば、例えば、目前で吠えている犬が鎖につながれたならば、恐れは弱まるはずであり、逃げ出そうとしていた足も止まるだろう。このように、情動の対象がどう現れるかは私たち自身の情動の振る舞いと様々に相関する。ハイデガーが指摘するのは、恐れの強弱に関しては、対象との近さ／遠さが一般的に重要な関連性をもつということである。

有害なものは、脅かすものとして、制御しうる近さにはまだないのだが、しかし近づいている。そのように近づくことのうちで有害さは発散するのであり、近づくことにおいて脅かすという性格をもつ。〔…〕このように近づくことは近さの内部で近づくことである。たしかに最高度に有害でありうるものであって、しかも不断に近づいているものも、しかし遠くにあるならば、その恐ろしさにおいては覆い隠されたままである。しかし、近さにおいて近づいているものとしては、有害なものは脅かすのであり、出くわすかもしれないし、出くわさないかもしれない。近づいてくることのうちで、このような〈それは、起こるかもしれないし、結局起こらないかもしれない〉は高まる。それは恐い、と私たちは言うのである。（SZ, 140–141）

恐れは、問題の対象との距離が近づくことで強まり、遠くにあるのであれば、その対象の状態は同じ——最高度に有害でありうるもの——であっても弱まる。遠くで鎖につながれていない犬が吠えていても恐くないし、台風も遠くに過ぎ去れば恐くなくなる。それらの対象と脅かされている自分自身との関連づけが弱まるからであろう。逆に、吠える犬がついに自分に噛みついたり、あるいは台風が直撃したりした後、つまり、恐れの対象との距離がなくなったときにも、私たちはもはやこれらを恐れてはいない。恐れる段階は終わったのであり、今では怒りや悲しみに襲われるだろう。

ここで問題になっている恐れの強度の変化についての説明は、以下のようなものでは**ない**ことに注意したい。つまり、「吠えている犬が近くにいる」という信念が「吠えている犬は遠くにいる」という信念に置き換わったことで、それゆえにこの犬を恐れる必要はない、あるいは恐れ続けることはもはや合理的でないと判断される、ということではない。そうではなく、ハイデガーが論じているのは、身体を動かして私たちが空間を動き回り、問題の対象との隔たりを認知する仕方についてなのである。

この点で、先述した「情動の哲学」の基本的発想とハイデガーのそれの明白な違いを指摘できる。情動の合理性が問われる際、先に問題になっていたのは、その情動をもつ理由がどれほど正当であるかであった。この理由が世界の出来事についての信念によって与えられると考えるのは自然な道である。たしかに、こうした考察においても、情動の経験は単なる感じに閉じ込められることなく、信念の形成や行為の動機づけなどの様々な心的作用との関連で考察されており、世界自身がどうあるかとか現実にどう行為するかという局面にも触れているように見える。しかし、考察の中心はやはり心的出来事の間の関連であり、世界の認知や行為の分析にとって避けては通れないはずの身体動作には考察の目が向けられていない。つまり、情動の強度についての分析は、対比を明確にするためにあえて言えば、ハイデガーの志向性が「身体化された（embodied）」志向性であることを明らかにしている。

「身体化された」というこの表現は現象学においては頻繁に用いられるものだ。現象学的に情動を身体化された志向性として把握することは、例えば、情動は身体的に感受されるという見解とは異なる。信原幸弘は、それぞれの情動にはそれに特有な身体的反応が生じており、その身体的反応は対象の価値的性質（怖さ、悲しさなど）を表すとして、この見方を情動の「身体感受説」と呼んでいる。「身体の震えと冷や汗はイヌの怖さを、〔…〕身体の脱力と活動低下は恋人の死の悲しさを表す」（信原 2017, 11）。この見方は、たしかに情動を信念や正当化などの心的な働きだけで理解することはできないことを主張する点でハイデガーと一致する面もある。しかし、現象学において志向性の「身体化」は、「震え」や「冷や汗」を典型とする受動的な反応に尽きるものではなく、行為や動作を遂行する身体活動を含むことを指している。恐れの経験においては、その強度を理解するために、この経験が空間の中で対象から距離を取ること、そのために逃げ出したり隠れたりすることを含むことをハイデガーは論じていた。そのような空間運動の方向感覚として恐れは身体化されているのである。この志向性の身体化は、現代の情動の志向性理論では十分な注目を浴びているとは言えず、開拓の余地がある。(6) ハイデガーは、信念や欲求と並ぶ心的作用として情動を捉える古典的枠組みを取り払うことをまず要請していたが、この要請は志向性の身体化に目を向けるために必要である。この枠組み自体を問い、志向性の身体化への視界を開くという点で現象学のアプローチを際立てることは可能であり、ハイデガーもその意味では典型的に現象学者である。

ただし、注意しなくてはならないのは、ハイデガーは、志向性から出発しつつも志向性の概念の弊害に注意を払うのと同様に、「身体化された」という表現への警戒も怠らないということだ。それゆえ、先の空間論においても身体という概念は巧みに避けられている。その理由に、身体という表現が、恐れのもう一つの構成契機である「恐れている現存在それ自身」に対する考察の視野を狭めてしまうという懸念があるだろう。「身体化された」という表現が、情動の志向性の主体である「現存在」の何らかの性格づけとして理解されるならば、現存在はまずもって身体をもつという点で特筆されるべき存在者だという印象が喚起される。しかし、ハイデガーにおいて、現存在は各自性や自己了解などの実存論的性格によって特筆される存在者である。これらの性格を「身体化」という点から明らかにするポイントは情動の経験を含めてたしかにたくさんあるが、それはハイデガーの現存在分析の発展可能性であってもハイデガー自身のプロジェクトではない。このプロジェクトにとっては、志向性から出発することの眼目は、心的なものにも身体的なものにも視点を固定することなく、実存する現存在を世界内存在として性格づけることにある。恐れの第三の構成要素「恐ろしがる現存在自身」はこの点を明確にするものである。

3　ハイデガーによる恐れの分析(2)——志向性から世界内存在へ

この点は、ハイデガーの情動論が志向性理論の一部というより、その実存論的アプローチへの拡張版であることを物語っている。

3-1　恐れと自己

恐れの第三の構成要素に「恐ろしがる現存在自身」が数え入れられているということは、恐れはその対象と恐れる作用の相関には尽きておらず、恐れている当の現存在の存在について何ごとかを明らかにする、ということである。

> 恐れがそれのために恐れているその理由は、恐れている存在者自身、つまり現存在である。自らの存在においてこの存在自身が問題である存在者のみが、恐れることができる。恐れることは、この存在者を、危険にさらされるなかで、自分自身に引き渡されていることにおいて開示する。(SZ, 141)

接近している台風を恐れている場合、私たちは何のために台風を恐れているのだろうか。危険にさらされている自分自身のためである。恐れることにおいて、この自分自身について私たちは何ごとかの内容を理解している。我が身に危険を感じたり、混乱したり、気持ちを落ち着かせようとしている自分自身に出会っているが、これらは自分自身の存在が問題である仕方である。台風が遠くに逸れていけば、自分が危険にさらされているわけではなくなり、恐れる理由がなくなり、ホッとしている自分に出会うが、これも現存在にとって自分自身の存在が問題である一つの仕方だ。結局、私たちがこのような仕方で恐れることができるのは、私たちが「自らの存在においてこの存在自身が問題であるような存在者」であり、つまり、実存する現存在だからである。

恐れの理由は自分自身であるという点に関しては、他人のために恐れることもあるのではないか、という異論をハイデガーは想定している。なるほど、台風が自分に近づいているときに恐れが高まり、遠くに去っていけば恐れが弱まるということは、自分の存在が現に脅かされている場合とそうではない場合に違いがあるということだ。けれども、台風が去っていったその地域には大事な友人が住んでおり、その友人が台風に見舞われることを私が恐れるということもあるだろう、と。この異論に対してハイデガーは、この場合でも私たちは自分自身のために恐れていると言うべきだと応答している。この場合、私が恐れているのは、台風そのものというより、友人に大事が起こることであり、友人を失うかもしれないということなのである。「〈恐れられている〉のはその際、その人から奪い去られるかもしれない他者との共存在なのである」(SZ, 142)。

この論点は、ここで現存在自身と言われている自己は、すでに自分とは異なる他者とともに世界に存在しており、そのように共存在する自己として了解されていることを明確にしている。私は友人である彼女との共存在が失われることを恐れているが、友人は彼女自身の存在のために台風を恐れている。この友人が私の代わりに彼女との共存在の喪失を恐れることはできないし、私がこの友人の代わりに彼女に近づいている台風を恐れることもできない。また、その地域に友人も知人もいない場合には、自分の地域から台風が去っていったということ以上の関心は生まれないかもしれない。台風が自分の地域を去って別の地域へ移動するというプロセスにおける恐れの変化には、自分自身がいかに危険にさらされているかの変化だけでなく、今度は他の誰かが危険にさらされるという理解も含まれている。そして、その誰かと自分が友人であるか赤の他人であるかといった共存在の様々な様態が情動の変化に関与している。

現存在自身を開示するという三つ目の恐れの契機は、単に、自分自身が狼狽していたり気が動転していたりするものとして発見されるというだけではない。むしろ、その自己は、犬や台風のような存在者だけでなく友人などの他者もそこに存在している世界の内で見出されており、空間的に開かれた世界内存在の状況に特定の仕方で気づいている。

現存在の情動経験において自らの存在が問題であるということは、反省によって自己を知ることなどではなく、他者とともに特定の存在者を経験する——例えば、台風が自分の住んでいる地域から友人の住んでいる地域へと移動している——具体的状況に自己を見出すということである。言い換えれば、情動とは心的な領域での経験というよりも、自らが世界に開かれている仕方の経験なのである。

3-2 情動を情態性へと書き換える

ハイデガーはこの点を明確にするために、情動という標準的概念に代えて「情態性（Befindlichkeit）」という新概念を対置することにさえ進む。もっとも、概念を更新すると言っても、恣意的な造語に走ったりするわけではない。むしろ、「気分」と日常的に呼ばれるものの通常の理解に立ち返ることによって、哲学の標準的用語を見直すのである。先に見たように、当時の主流の理論では、情動は表象と意欲に並ぶ「心的現象の第三の部類」として扱われ、「随伴現象」に引き下ろされてしまうことすらあるとハイデガーは現状把握していた。他方、「気分」が日常的に語られる場合、このような心的現象への縮減は起こっていない。

気分はおよそ「〈ひとがどんな具合であり、どんな具合になるか（wie einem ist und wird）〉」（SZ, 134）を明らかにする。「どんな具合か」という表現の日常的な用法には「気分が悪い（Mir ist schlecht.）」というものがあるが、気分が悪いといえば、まさに内的な「感じ」として特定される経験の典型例のように思えるかもしれない。だが、そのような見方は実情を捉え損なっている。

気分は、〈外側〉から来るのでも〈内側〉から来るのでもなく、世界内存在のあり方として世界内存在自身のほうから立ち上がる。しかしこうして私たちは、〈内面〉を反省しつつ把握することに対して、情態性を消極的に画定することを超えて、その開示性格への積極的洞察にたどり着く。気分は、そのつどすでに世界内存在を全体

として開示してしまっており、何かへと向けられていることをまずもって可能にする。（SZ, 136–7）

なるほど、「気分が悪くなる」のは、身体内部の不調であり、世界内存在全体の開示とは関係がないように見える。しかし、私たちは世界のどこかで気分が悪くなる。例えば電車の中で気分が悪いというような場合、通勤中で休憩したくてもすぐには電車から降りられない、途中駅で降りたら遅刻するだろう、それより会社に電話するために一度降りようか、などと、世界内部的な存在者をその適所性において了解し、可能な行為の機会を見定めるだろう。あるいは、電車内で「気分が悪い」と訴える人に対して、私たちは直接〈内側〉に介入しようとするのではなく、周囲を見渡して、目下の状況で何ができるかを問い、可能な対応をするだろう。例えば、付き添うことのできる友人・知人と一緒であるかを確認したり、横になれる場所を探して横にならせたり、水を取り出して飲ませようとしたりするだろう。気分は世界内存在の状況を全体として照らし出し、個々の存在者と関わる行為を可能にするのである。

このような気分の日常的理解に依拠して、情動を新たに概念化し直したのが「情態性」である。情態性の動詞である sich befinden は、日常的には、道に迷ったときなどに「私たち、どこにいるのかな（Wo befinden wir uns）？」という風に使われる。この場合、さしあたりは空間的な場所が問題になっているが、同時に世界の内に自分たちがどうあるかが問題になっている。路頭に迷っているのだから、心細かったり焦ったりしているだろう。このとき、私たちはある気分のなかで開示されているのである。このように一定の気分において自己を見出す仕方が情態性であり、ハイデガーによれば、恐れもこの情態性の一つの様態として把握できる。すでに見てきたように、恐れの経験において、私たちは吠える犬や台風といった世界内部的存在者へと向けられ、この存在者と自らの空間的距離を気にかけ、あるいは、その距離を最小化しないために行動するその世界の内で、狼狽するなどの気分づけられた自己を見出す。

恐れの経験がこのように分析されるものなのであれば、「心的現象の第三の部類」とか「随伴現象」にまでこの経験を狭めてしまう「情動」という用語を使い続ける動機はほとんど残っていない。志向性の語を使い続ける哲学者の多くが、心的なものとしての情動という枠組みから自由になれないのと対照的に、ハイデガーは、志向性の眼目は私たちの存在を心的な存在者ではなく世界内存在として把握し直すことを可能にすることだと考えていた。気分という日常語に依拠して情動を情態性へと書き換える『存在と時間』の企てはまさに「志向性から世界内存在へ」という視点の転換の好例である。

> 気分づけられていることは、さしあたりは心的なものに関係するのではなく、それ自体、内部の状態ではないのであって、まず内部の状態があって次に謎めいた仕方で外部へと抜け出し、事物や人物を色づけるというのではない。(SZ, 137)

> 情態性は、ある心的状態を現前に見出すといったようなことからは遠く隔たっている。(SZ, 136)

情動の志向性は恐れの対象と恐れる作用との相関にとどまらずに、恐れている現存在自身を開示する、という第三の点に着目したハイデガーの議論は、この実存論的アプローチの局面において、「情動の哲学」という枠組みを飛び越える。情動を論じるために心的な概念はもはや中心的位置を失う。あるいはむしろ、情態性の様態として恐れを分析することは、その分析のために心的な概念を必要としなくなるのである。つまり、恐れのような情動は、感覚であれ志向的作用であれ、心的作用として把握される何かではないという驚くべき結論が導かれるのである(7)。

4　心的な概念抜きの哲学——日常言語への信頼

ハイデガーの情動の哲学は、まず、感覚理論を退け、志向性から出発すると同時に、志向性としての情動を〈身体化された〉志向性として把握し直す。次に、情動志向性においては現存在自身が何らかの内容において開示されるという実存論的アプローチを採ることで独創的な一歩を踏み出す。そして、この自己は反省的に知られるのではなく世界の内に見出されることを明確にし、それに伴って、情動は「情態性」として新たに書き換えられる。以上の歩みは、情動を心的な概念を排して理解するという方針において徹底している、という風に見ることも可能である。

情動はまさに心的なものの一部として理解され解釈されてきた以上、心的な概念抜きの情動の哲学というこのハイデガーの議論はかなり挑発的である。しかし、「心的な概念抜き」というこの点に注目するなら、現代哲学においてハイデガーだけが特別なわけではない。比較のために、行為を論じた第3章に登場したライルをここでも呼び出すことができる。第3章で見たように、ライルは哲学的議論からの心的概念の大幅な削減という点でハイデガーと道をともにしていた。情動に関する議論においてもこの方向性は維持されている。『心の概念』第四章「情緒〔情動（emotion）〕」においてまずこう述べられている。

本章において私は情緒〔情動〕および感情〔感じ（feeling）〕に関する概念のあるものについて論ずる。／これらの概念を精査することはきわめて重要なことである。なぜならば、機械の中の幽霊のドグマに執着する人々がこのドグマを支持する議論の中で、情緒〔情動〕は内的ないし私的経験であるという点で大多数の哲学者や心理学者の見解が一致しているという事実を引証することがありうるからである。（ライル 1987, 110）

哲学者たちの議論において情動は単なる「感じ」という内的経験に引き下げられているという認識は、一九四九年に英国で出版された『心の概念』から約二〇年前の『存在と時間』とほぼ同じである。また、『存在と時間』の情動論が、最終的には情動概念自体を放棄するほどまでに情動を心的な何かとして理論化することを拒絶したのと同様に、ライルは情動を感じという内的経験に縮減する発想を廃棄されるべき「機械の中の幽霊」のドグマの一部と見なしている。さらに、情動を感じと同一視することはできないことを示すために、ライルはハイデガーと同様に、「気分(mood)」は感じとは根本的に異なることを論じている。

このように、気分の名前は感情〔感じ〕の名前の一種ではない。しかし、ある特定の気分になっているということは、なかんずく、ある種の状況においてある種の感情〔感じ〕を感ずる気分になっているということではある。例えば、物憂い気分になっているということは、たとえば、仕事をしなければならないときに手足に疲労感を覚え、デッキ椅子に腰をおろすとくつろいだ居心地のよい感じになり、ゲームが開始されたときにもピリッとした感じを抱かない、というような傾向にあるということなのである。しかし、われわれが「私は物憂く感ずる」と述べるとき、そこでは必ずしもこれらの感情・感じを主として考えているわけではない。事実、このような種類の感覚が異常なほど鋭い場面を別にすれば、それらの感覚に十分に注意を払うということはめったにないのである。(ライル 1987, 142)

「物憂く感じる」という気分においては、ある種の状況においてある種の感じがするというのは適切である。仕事をしなければならないとなると疲労感を覚えたり、椅子に腰をおろすと心地よくなったりする。しかしこの際、「物憂さ」と呼ぶべき特定の感じが襲ってくるというわけではない。そもそも物憂く感じている人は、主として、仕事をするのを延期したいとか、深く腰掛けた椅子から離れたくないなどと考えたり、そのように行為したりすることに注意を払っているのであり、内側の感じに主たる注意を向けているのではない。ライルによれば、「気分を表わす語は短期の傾向を表わす語である」(ライル 1987, 135)。陰気な気分になると世界が全体として暗いものになるように、気分には特定の仕方で世界を描く傾向がある。気分とは世界が全体として特定の仕方で現れる仕方なのである。先のハイデガーの例で言えば、近づいてくる台風を恐れる気分にあるとき、他のことが手につかなくなり、台風への恐れを中心に世界が見えてくる。そのときに問題であるのは、台風に備えて何をすればいいのかを考えたり、実際に行為したりする――窓を板で固定するなど――ことであり、その最中に何らかの強い感じが生起したとしてもこれこそが恐れだと呼ぶべき感じがそこにあると考えているわけではない。また、吠えている犬が近づいてきたときと同じ類の感じだといったことを内省によって知ろうとしたりもしていないし、そう試みてもまず成功する見込みはない。

ライルは気分を内的経験としての感じとして把握することが焦点を外していることを指摘し、代わりに、気分を行為と傾向の概念によって特徴づけている。ライルの分析においては、気分から区別された「性向」がある一定の条件のもとで一定の行動のパターンを示す傾向を指すとされているが、気分も短期的なものではあるが傾向性の一種であるように思われる。性向の例としては「虚栄心が強い」といったものが挙げられているが、ライルによれば、このような性質は、自分についてよく語るとか立身出世のための計画を練るなどの行動パターンをもっていること、あるいは特定の行為の傾向があることによって捉えられるのであり、虚栄心を一種の内的経験と捉えることは誤りである（ライル 1987, 114）。この傾向性の概念はライルが機械の中の幽霊のドグマにとどめを刺すときの最大の武器である。気分には性向のような習慣性や持続性はなく、むしろ移ろいやすいものであるが、短期的ではあれ一種の傾向として見られているように思われる。

少なくとも門脇俊介はこの路線で解釈し、ライルがハイデガーと同様に、心的な概念抜きで情動の哲学を推し進めることが可能であると示そうとしたことに注目する。その上で、では情態性はライルの傾向性の一種なのかと問い、次のように述べている。

情状性〔情態性〕を「傾向性」と名づけることができないのは、「動かされ続けながら世界に釘付けにされる」といったような経験の様式を情状性に帰属させることができるからである。経験であるからには、われわれは相互に自らの経験を表明し合い、ときとしてより深い解釈をその経験に関して与えることができる。ここでもまた気分は、新たな意味の結合を創出する基盤となるものであって、一定の条件のもとで一定の行動のパターンを示すという傾向性の論理には服さない。（門脇 2002b, 117）

「動かされ続けながら世界に釘付けにされる」経験とは、例えば恐れにおいて、私たちは、一方ではある状況に投げ込まれており動かされているにもかかわらず、他方ではこの被投性が表立って問題になるのではなく、自分を脅かしている（吠えている犬、台風などの）存在者に釘づけにされる、ということである。門脇が指摘しているのは、このような経験は相互に語り合われ、深い解釈が与えられることもあるということだ。なるほど、命からがら犬から逃げ切ったり、台風の被害から生活を再建したりしたとき、私たちはこの「経験」を互いに語り合わずにはいられないだろう。また、その際には、私たちが制御不可能な仕方で様々に脅かされうる存在であり、被投的な存在であるという洞察に至ることもありうる。この指摘は、ハイデガーにおいて情動の志向性が向けられている第三の契機に「現存在自身」が挙げられていたことの重要さを際立たせるものだろう。情動が開示している自分自身の存在は、『存在と時間』において実存としての存在であり、つまり、それぞれの現存在にとって問題となり、問われ、解釈されるようなものである。そこでの語りの中心にあるのは、心的状態の再現というより、その状況において自分がどうあったかであり、つまり世界内存在としての自分である。だからこそ、これまでとは異なる仕方で世界内存在という存在の事実を新たに捉え直す機会に開かれるのであり、自分たちを世界に投げ込まれた非力な存在として解釈することなども可能になるのである。「一定の条件のもとで一定の行動のパターンを示すという傾向性の論理」に服するには、私たちはあまりに「新たな意味の創出」に開かれた発見的存在である。

ハイデガーにおける心的な概念抜きの情動の哲学は、情動的であるという私たちのあり方が、それを「感じ」に縮減したり、心的作用の連関の範囲に狭めたり、あるいは水溶性のような自然の傾向性と類似のパターンとして済ますには、あまりに豊かであることに目を向けさせる。このことは、哲学的には挑発的であると同時に啓発的でもある。

そのために、既存の概念の変更が必要になるほどだ。哲学者が、現象をそれとして見ることを妨げたりその視野を歪めたりするような概念を用いているときに、それらの概念を用い続けるのではなく、むしろそのような妨げや歪曲に気づかせるような、別の見方を可能にする——改良された——哲学の概念を提示することは重要である。ハイデガーの情態性の議論はこのような試みの一例だと言える。門脇はこう述べている。

> ハイデガーの現象学の独自性は、ハイデガーが従来の哲学の存在論的カテゴリーを徹底的に更新して新しい語彙を作り出すと**同時**に、このボキャブラリーの適切さを検証する作業を進めたことにある。しかしこの同時進行の二つの作業は、ハイデガーの読者を惑わせ続けるだろう。彼らは、安定し熟知された哲学的概念から追い立てられるだけではなく、まったく見知らぬ概念的道具を手渡されて、われわれの見知った日常に還帰するよう要求されるからである。感情をめぐるハイデガーの議論も、このような困難をわれわれに経験させる。（門脇 2002b, 117）

この門脇の診断には部分的に同意できる。情動から情態性へと概念を更新するハイデガーの議論はたしかに、伝統的哲学の側からすれば、熟知の哲学的概念の使用を制限されて新たな概念的道具を手渡された上で「われわれの見知った日常に還帰する」よう要求されると言えるだろう。しかし、そこでの私たちの経験はハイデガーの議論に「惑わされる」と言うべきものなのだろうか。この点で私が強調したいのは、ハイデガーは、情態性のような新たな概念を「気分」という日常語の自然な用法を解釈することから得ていたということである。つまり、既存の理論の側からすれば新しく見知らぬ概念であっても、哲学的な探究者が同時に日常生活者である限り、ハイデガーが提示する概念には別の仕方ですでに慣れ親しんでいるのだ。ハイデガーによる情態性の現象学は、門脇が哲学の「新たな語彙」の創出と呼ぶ作業を**日常言語の豊かさへの**信頼に基づいてしばしば行っている。そのような概念を手渡されたとき、私たちは「日常への還帰」を要求されて困惑するというより、日常的な言葉の理解を通して身近な現象にすでに立ち会っているのではないか。

実際、ハイデガーの指摘の多くは日常的には馴染みの事柄であろう。私たちは、恐れたり、悲しんだり、喜んだりできる存在であり、こうした情動をもち、情動に動かされるという事実は、私たちの存在を印象的な仕方で浮き上がらせるもののはずだ。恐れることを、恐れの対象から逃げるといった空間的認知や行為の緊急性から切り離して、心的な領域の出来事に縮減するような発想は、日常言語のなかにはない。試みに、大人が子どもに対して「どうしたの、恐いの？」と聞くとき、心的な領域の出来事についての情報を得ようとしているだけであるとか、周囲を見渡すこともしないとか、あるいは、脅かす何かを発見しても動かずにただ心の内部の状態を変化させようとしていたりするなどといったことがあるだろうか。

心的な概念抜きの情動の哲学という点において、ハイデガーとライルは日常言語の豊かさへの信頼という点でも一致する。そして日常的な言語の用法をよく注視してみれば、情動を心的な概念を中心に解釈するという哲学者の慣例は特殊なものであることがわかるし、日常言語のなかにこそ現象に対するより精緻な理解が含まれることがある。S・カヴェルが指摘するように、ライルがその立役者の一人である日常言語学派の哲学者は、誤って（by mistake）何かをする場合と偶然に（by accident）何かをする場合の違いや、よろこんで（willingly）何かをする場合と意志によって（voluntarily）何かをする場合の違いを、それらの語を自分たちが使用する仕方の違いを指摘することで明確にしたりする。そのために、日常言語学派の哲学者は人々が語るのを聞き分けるための鋭敏な「耳」をもっているのであり、カヴェルはこの耳によって日常言語学派の哲学を特徴づけている（カヴェル 2008, 45）。たしかに、心の概念――目下の例で言えば、感じと気分の違い――を論じるライルにはこの鋭い耳がある。同時に、カヴェルはハイデガーのことも日常的なものの哲学者として理解しようとしたが、特に気分については、「私が知る限り、〔…〕世界と呼ばれるものをムード〔気分〕によって開示することが、悟性と呼ぶものによる開示と同じぐらい確かであることを発見する努力をしていた唯一の哲学者は、『存在と時間』のハイデガーである」（カベル 2005, 149）と述べている。

ハイデガーは、これまで見てきたように、情動という哲学的概念を日常語の「気分」へと差し戻すことによって世界内存在の開示性としての情態性という新たな概念を獲得していた。なるほど、心的な概念抜きの哲学を提唱するこの二人の哲学者が従来の哲学の常識に挑戦するとき、心的な概念で説明するよりも身近で納得のいく解釈資源を日常言語の表現に求めている、というのは注目すべきことである。そして、ライルの「傾向性」とハイデガーの「気分」と「情態性」とを比べたとき、日常言語への信頼から出発する哲学のなかでも、情動的な存在の豊かさへと気づかせるような仕方で日常的理解の資源を活かすという点で、ハイデガーに特有の重要性を認めることができるかもしれない(8)。

＊

本章ではハイデガーの情動論について考察したが、その際、自分が何かを恐れることと他人が何かを恐れていることを私が理解することの両方が厳密な区別なく例に現れていた。しかし、自分の心の状態の理解と他人の心の理解には当然違いがある。哲学においては、とりわけ後者の他者の心の理解についてその困難が強調されることが多い。そうだとすると、自分の心の状態の理解と他人の心の理解とを厳密な区別なく議論してきた本書にとっても、一度立ち止まって考えるべき問題があるに違いない。次章では、他者の心の問題にハイデガーがどう『存在と時間』で取り組んでいるのかを明らかにしよう。

6　他者の心①

友人が、お腹を抱えてとても痛そうにしていたが、授業をサボるための仮病だったことがあった。無口になった恋人に、「なんで怒っているの？」と聞いたら、さらにムッとした顔になって「怒っているんじゃない、悲しいんだよ！」と言われたことがあった。こうした経験から、はるは、他人の心について理解することはできない、せいぜい推測できるだけだ、と強く思うようになった。

そんなはるが、あるとき、あきと歩いていると、途方にくれた様子でしゃがみこんでいる子どもがいる。あきが子どもに「心細いんだね」と声をかけ、手助けをしようとすると、はるは、「いや、でもこの子が本当に心細いのかはわからない。せいぜいそう推察できるだけだ」と、腕を組んで子どもを見下ろしながら言う。

そのとき、あきは、声を荒げて、「何を言っているの？　この子が心細いのは見ればわかるでしょ！　何のための哲学？　かえって目の前の現実が見えなくなっているみたい」と、ほとんど叫ぶように言った。はるは、あきの剣幕に圧倒され、「そんなに怒らないでよ」と言うのが精一杯だったが、あきは「怒っているわけじゃないよ。いたって冷静だよ」と言い返す。はるが「いや、どう見ても怒っているよ。自分を見てみなよ」と言うと、あきはふうと一息入れて言った。「一体、どういう考えなのだろう。他人の心は推測できるだけでわからないと言う一方で、今は、私が怒っているのは見ればわかると言う」。あきによれば、前者の考えは他者の心の理解についての「解読説」、後者の考えは「直接知覚説」と呼ばれている。

1　マインド・リーディングとしての他者理解?

私たちは他人の心をどのように理解できるのだろうか。他人が何を考えているのか、何をどう感じているのか、何をするつもりなのか。こうしたことは、理解がとても難しいように思われる。あるいは、理解できるとしても、その理解は他人の心のごく一部にしか及ばないように思われるだろう。哲学者のなかには、さらに進んで、そもそも他人の心は全く知りえないのではないか、そもそも他人に心があるのかどうかさえわからないのではないか、と懐疑を深める者もいる。この種の問題は「他我問題」として哲学の難問リストに数え入れられている。

今日、他者の心の理解は「マインド・リーディング」の名の下に議論されるのが慣例となっている。一方に、私たちは言語を習得するとともに他人の心を知るための素朴心理学的な理論を形成するのであり、そのような理論を個別の場面に適用することで、他者の心について知るのだという説がある。これに対して、他人の心に対するアプローチはもっと情感的なものだという見解がある。私たちは、他者の状況に自分が置かれたらどう感じてどう振る舞うかを想像し、その状態を自分がシミュレート(模擬)している他者に投射することで、他者の心について知ると考えるのである。前者は「理論説」、後者は「シミュレーション説」として、「心の理論(theory of mind)」論争の二大陣営を形成し、その説明の枠組みは、心理学だけでなく哲学にも影響を及ぼしてきた(2)。

二つの陣営は、他者の心の理解について様々な点で対立している。他者の心を理解する上で私たちがモデルとするのは、心理学の理論に類した一般的な何かであるのか、それとも、自分自身の心が最良のモデルとなるのか。あるいは、他者の心の理解とは理論に比するべき知的活動なのか、それとも、もっと情感的・共感的と言うべき働きなのか、などである。しかし、いずれの陣営につくにせよ、「心の理論」論争の枠内においては、私たちが他者の心を理解する仕方はマインド・リーディング（心の解読）として理解されている。この点で両者には一致がある。

現象学の伝統においては、このような「解読説」とは全く相容れない見解が示されてきた。その代表的な論者としては、M・シェーラーがよく知られている。すなわち、他者の心は直接的に知覚されるという見解である。他者の心は、知覚可能な身体の背後に隠された私秘的な領域であり、私たちは他者の心を推論や模擬などの知的操作や認知活動を通じて伺い知ることができるだけだという描像を、現象学者たちは繰り返し問いただしてきた。そもそも解読説が前提している、身体と心の二元論が問われるべきなのであって、むしろ心は身体（の動作、表情、ジェスチャーなど）に表現されており、他者の心はその身体において――身体の知覚を通じて解読される何かなのではなく――直接的に知覚される、という見解が示されてきたのである。(3)

現代の現象学者たちの多くが、心の理論のなかでもシミュレーション説の批判に従事してきた。その理由には、シミュレーション説の論者が自身の説を「共感（empathy）」の理論だと見なすことが多いということがある。(4) エンパシーはドイツ語の Einfühlung の英訳として定着した用語であり、かつ、Einfühlung はフッサールをはじめとする古典現象学が当時の心理学と共有していた概念である。それゆえ、現象学的な他者論や共感論を明確化するために、シミュレーション説との混合を避け、違いを際立たせることには意味があるわけだ。

では、シミュレーション説にはどのような批判が向けられているのだろうか。典型的な批判としては例えば次のものがある。私たちが自分自身を想像的に他者の状況へと置き入れ、自分であればもつはずの心の状態を他者へと投射するという場合、それは本当に他者についての理解を得ていると言えるのか、という問題が生じる。そのような理解の方法は、他者の置かれた状況における自分自身を理解することであって、他者理解の方法と見なせるのかという問題である。もっとも、私が他者に投射している心の状態が、その他者の心の状態に一致している、あるいは少なくとも類似していることが確認されれば、その場合には、他者理解に成功していると言えるかもしれない。しかし、私と他者の心の状態をともに知ることができ、両者の一致や類似を中立的に観察できる第三者は——神の目のようなものを想定しない限り——存在しない以上、この種の同一性・類似性要件はその設定からして疑わしい。この一つ目の批判は、特に現象学者だけから提出されているものではなく、シミュレーション説に対する一般的な批判である。

次の批判は現象学の立場がより活かされたものである。シミュレーション説の代表的論者であるA・I・ゴールドマンが述べるように、原則的に、シミュレーション説においてはシミュレーションが「心的帰属のデフォルトの方法」（Goldman 2002, 7）であると前提されている。しかし、この主張にはどのような現象学的証拠があるのだろうか（ギャラガー&ザハヴィ 2011, 265）。日常経験を反省してみても、私たちが他者を理解するごとに内観的で想像的なシミュレーションを行っていると言うための経験的証拠は見出すことができない。たしかに、私たちは時として他者の説明困難な行動に出くわすことがあり、そのようなときには明示的にシミュレーションに訴えて他者を理解しようとすることもある。しかし、明らかにこうしたケースは例外的である。むしろ、例外的であるからこそ特に印象に残り、それへの気づきが顕著であるに過ぎないのかもしれない。他方で、私たちが他者と相互作用するほとんどの場合にはこうしたシミュレーションは見出されないが、例外的で印象的な事例以外の場合、私たちはことごとく他者への心的帰属に失敗しているとか、それどころか他者理解にそもそも関与していないなどということになるとは思われない。このことは、シミュレーションが他者理解の「デフォルトの方法」であるという主張への反論になるだろう。

2　他者の心の直接知覚説——シェーラーの遺産

現在、現象学の立場からシミュレーション説に向けられている上記の反論は目新しいものではない。およそ百年前にシェーラーが、伝統的な類推説を批判したときの論点が参照され、原則的に繰り返されているからである。彼によれば、哲学者たちは次のような仮定によって他者の心の理解の難問にぶつかってきた。

> この問題の困難さは、多くの場合、それぞれのひとに「まず最初に」ただ自分自身の自我とその諸体験のみが「与えられ」、ついで、この諸体験のもとに、他のもろもろの個体に関わりをもつ体験やイメージ……等々のわずかな一部分のみが重ねて「与えられる」、という事実を仮定することによって、はじめて生じたのである。（シェーラー 1977, 380）

他者の心についての哲学的難問は、私たちは自分自身の心だけに直接アクセスできるのであり、他者の心については自分自身の心の経験と共有される何かが部分的に与えられるだけだというプロセスを事実として仮定することから生じる。類推説はこのような想定上のプロセスがいかに成立するかを説明する理論である。ギャラガーとザハヴィはその概略を次のようにまとめている。

> 私自身のケースでは、私の体が因果的に影響を受けたときに経験を持つということ、そうした経験が頻繁にある特定の行為を引き起こすということを、自分で観察することができる。私は他の人たちの身体が同じような仕方で影響され、振る舞うのを観察し、私はそれゆえ他の人たちの身体が私自身の経験と同様の経験と結びついているのだということを類推によって推論するのである。（ギャラガー&ザハヴィ 2011, 273）

例えば、私は子どもの頃に迷子になると、胸のあたりがザワザワして心細く感じ、涙があふれてくるのを経験した。外で一人ぼっちになることは特定の振る舞いを引き起こす。私は、子どもが一人ぼっちで泣いているのを見ると、この子どももまた心細く感じているのだろうと推論するのである。類推説は、このように、「観察された公共的振る舞いから隠された心的原因に至る推論」（ギャラガー&ザハヴィ 2011, 273）に他者理解の最善の説明を求める理論である。ギャラガーとザハヴィによれば、今日の心の理論はこの類推説の比較的新しいバージョンに過ぎない。一方で、類推説は「私たちは他者を、私たち自身とのアナロジーによって知るのだと主張する」点でシミュレーション説と親和的であり、他方で、私たちの他者理解を最善の説明への「推論」に求める点で理論説とも基本的主張を共有している（ギャラガー&ザハヴィ 2011, 274）。

シェーラーは類推説の仮定の現象学的な正当性を問いただしていたが、シミュレーション説も類推説の一種なのだとすれば、その問いかけは今日のシミュレーション説の論者にも向けることができる。その仮定とは、他者理解の難問を哲学者に生じさせる仮定として先に引用したものだが、シェーラーはこの仮定をあらためて二つの要素に分解し、疑問を提示している。

(1)われわれには「さしあたり」もっぱら自己自身の自我のみが「与えられている」のか、(2)ある他人によってわれわれに「さしあたり」与えられているものはなにか。それはかれの身体の現出、その変化や運動……等々のみであり、この所与性に基底づけられて、なんらかの仕方で、かれの生気化に対するまた他我の実在に対する仮定が生まれると考えられるものである。（シェーラー 1977, 390）

こうした前提は「自明なもの」（シェーラー 1977, 390）のように見えるがそうではない。自らの心は直接的に与えられており、他者はその身体のみが与えられており、その心は推論などによって間接的に伺い知ることができるだけだ、というこの種の考えにおいては、一方では、自己知覚についての困難が過小評価されており、他方では、他者知覚の困難が過大評価されている（シェーラー 1977, 401）。自らの心の状態は、ニーチェが「各人は自己自身に対して最も遠い人だ」と述べたように、実は認識が困難だという見方は、この仮定においては考慮されていない（シェーラー 1977, 401）。また、他者の心は、身体を介して推論されるのではなく、そのまま知覚できるという可能性も排除されている。特に、後者の他者の心の知覚可能性は、「直接知覚説」という論争的なアイデアを形成する。

類推説において自明視された仮定は、現象学的な実情からはかけ離れた心身観に支えられている。その心身観はライルが、デカルト的な「公式教義」（ライル 1987）と呼んだものにおよそ相当すると言えるだろう。すなわち、身体とは空間的に位置を占め、それゆえ運動と変化の法則に従い、公共的に観察される物理的存在者であるが、心とは皮膚の中に隠されていて公共的に観察可能な仕方で空間的には現出しない私秘的な何かである、というものだ。しかし、現象学的に言えば、私たちが他者を心的存在者として認識しているとき、その身体を単に筋肉の運動や四肢の位置の変化として知覚するということは、むしろ作為的な態度を取る場合――例えば、リハビリトレーニングの場合――にしかない。むしろ通常、私たちは他者の笑いのなかに喜びが溢れ出てくることを端的に知覚しているのであり、身体を心的経験の表現として、一定の心的状態を意味するものとして知覚していると言うべきであるように思われる。シェーラーによれば、他者の存在は何よりもまず「心的表現のまとまり」（シェーラー 1977, 382）として私に現れるのであって、心的状態を何も表現していない中立な物理的状態として他者の顔をまず〈見る〉というものではない[5]。

> われわれが笑いのなかに喜びを、涙のなかに苦しみと苦痛を、赤面のなかに羞恥を、物乞いしている手に頼みを、やさしい眼ざしに愛を、歯ぎしりのなかに怒りを、おどかしの拳のなかに威嚇を、言葉の響きのなかに考えている意味を……等々を直接にとらえると考えることは、まったくたしかである。つぎのようにいうひとに対して、すなわち、だがこのことは「知覚」ではない、それは知覚ではあり「えない」から、また知覚とはもっぱら「感性的感覚の複合体」にすぎず、他者の心理的なものに対してはいかなる感覚も存在しない――ましてたしかにいかなる刺激も存在しない――から知覚もあり「えない」、というひとに対して、わたしは、このように疑わしい理論からやはり現象学的事実へ立ちもどることをお願いしたい。（シェーラー 1977, 416）

本書第4章でも見たように、現象学的な観点からすれば、そもそも知覚とは刺激に対する感覚器官の反応なのではなく、ある対象を一定の側面から一定のアスペクトにおいて把握することである。何かを「見る」という動詞は、日常的には、ある人が机を、高層ビルを、あるいは誰かを見るという風に使われる。「ある人が何かを見ている」というこの理解には、刺激の受容や感覚の複合体のような着想は含まれていない。たしかに、視覚器官が対象から刺激を受け取ることはこの対象の知覚に際して起こっていることかもしれないが、しかし、そのものを「見る」という作用で私がやっていることではない(6)。そうだとすれば、現実に経験されている知覚とは一定の刺激を受け取ることを意味しないのだから、他者の心はいかなる刺激も生じさせないがゆえにそれは「知覚」ではないという反論は、他者知覚の現象学的説明に関する反論にはなりえないだろう。むしろ、「彼が喜んでいるのを見た」とか「彼女が苦しんでいるのを見た」という文は完全に有意味に理解されるというのが、他者の心の知覚に関する私たちの言語が示す実情である。そうだとすれば、他人の心を「見る」ということで私たちは何をしているのか——このことを、現実の経験に即して探究するのが現象学にとっての課題になる。

以上は現象学的な直接知覚説の基本的見解だと言って差し支えないだろう。もっとも、投影説や解読説のように、他者の心は間接的に読み取られるのみだという発想が強い影響力をもっている状況では、私たちは他者の心を直接的に見るという見解はにわかに受け入れがたいものだろうし、いくつかの疑問が当然生じるだろう。以下では二つの疑問に答えるなかで、直接知覚説の着想を明確化しておこう。

第一の疑問は次のようなものだ。他者の心身が表現統一体として私の志向的対象になることを認めるとしても、その他者は、無表情を装うとか、フリをするなどして自らの心的状態について意図的に私を欺きうる。事物的な知覚対象の場合にはこういったことはない。他者の心的経験はその身体に直接知覚できるというのは、こうした人間と事物の違いへの考慮を欠いているのではないか。

直接知覚説はこの疑問に次のように答えられる。たしかに、私たちはポーカーフェイスを装うといったように、意図的に自らの表情が表現するところのものを隠そうとしたりする。しかし、このことが明確にしているのは、私たちの身体は中立的な物理的変化の点で見られるのではなく、むしろ、身体に自らの心的経験が表現されてしまうのが通例であるということを私たち自身が十分に認識している、ということに他ならない。この反論が挙げているケースは、心的状態は公共的には隠されているどころか、意図的にそれを隠さなければすでに表現され直接的に見えるようになっていることを示しているのであって、直接知覚説への批判になるというよりむしろこれを支持しているように思われる。また、この疑問においては、直接知覚説では事物的対象と心的経験との間の区別が曖昧になることが懸念されていた。しかし、この区別は、知覚対象であるか否かによってではなく両者が知覚対象として現れる仕方の違いの点から、別の角度から言えば、私たちがその対象を知覚する経験のあり方の違いの点から体系的に考察できるのであり、現象学的な直接知覚説はこの考察に貢献するものと見なせる。(7)

また、先の疑問においては、単に無表情を装うだけでなく、私たちにはある心的状態のなかにいるフリができるという点が、直接知覚説への反証として持ち出されていた。しかし、本当は痛くないのに痛いフリをしたり、本当は悲しくないのに悲しいフリをしたりできるという事実は、まさに、事物知覚と他者の心の知覚の経験上の違いを明確にできる点で、直接知覚説の難点ではなく利点を際立たせるのではないか。他者の心身が表現統一体として知覚されるとき、私たちは、笑いのなかに喜びを、涙のなかに苦しみと苦痛を、赤面のなかに羞恥を見る。このように、心的状態は身体の表情やジェスチャーに表現され、それらの表情やジェスチャーのうちに特定の心的状態が知覚されると理解していないなら、一体何のために、本当は喜んでいないのに笑みを浮かべたり、本当は苦しくないのに目を強く閉じたりするのだろうか。むしろ、心身は表現統一体として他者によって知覚されると理解しており、そのパターンに習熟しているからこそ、笑みを浮かべたり目を閉じたりする行為が（一定の心的状態のうちにいる）「フリをする」ことたりえているはずである。

もう一つ、ありうる疑問をあげておこう。それによれば、私たちには推論やシミュレーションのような間接的手段を他者理解において用いることがたしかにある。すると、直接知覚説では私たちの他者理解の実情を汲み尽くすことはできないのではないか、というものである。

この疑問には次のように答えられる。直接知覚説は、間接的手段が私たちの他者理解の重要な場面で用いられることを否定するわけではない。もちろんそのような場面はある。重要な問題は、何が他者理解の基礎的——デフォルトの——様態として認められるべきか、である。直接知覚が基礎的様態だとすれば、推論やシミュレーションは直接知覚が困難な際に訴えられる例外的状況として無理なく理解できる。そうして、推論やシミュレーションの活用は、直接知覚に基づけられた派生的・補完的・例外的な他者理解のあり方として直接知覚説の内部に位置づけられる。他方、推論やシミュレーションを他者理解の「デフォルト」の方法と捉える場合には、他者の心の直接知覚はそれらとのいかなる関係において扱いうるだろうか。実際、類推説やシミュレーション説の見解によれば、他者理解は直接的でも知覚的でもないのであり、それを他者理解の一タイプとして認めて扱うということ自体に可能性がない。直接知覚説は、他者理解の諸様態についてのより穏当で包括的な理論でありうるように思われるのである。

3 直接知覚は直接的なのか——知覚の背景の問題

以上の素朴な疑問に対する応答を受け入れた上でも、現象学における直接知覚説にはより内在的な問題があるかもしれない。つまり、現象学的な「知覚」の概念を受け入れるのであれば、他者の心を知覚していると言うことには問題がないとしても、「直接的」に知覚しているとは言えなくなるのではないか、という疑念である。

P・ジャコブ（Jacob 2011）は、現代の直接知覚説の論者であるギャラガーによる対象の通常知覚の説明に疑義を呈し、続いて他者の心の知覚についても同様の疑いを表明している。ギャラガーは、対象の通常知覚に関する説明において、典型的な現象学者の口ぶりで次のように述べている。

私が目を開ければ、私は私の車を見る。この車は特定の形をしており赤色であって、私がその形と色を見ていることはたしかである。しかし、私はその形や色を、私の車として見事に識別可能な何かのアスペクトであるものとして見ているのである。(Gallagher 2008, 536)

こうした説明は、(本書第4章の議論とも多くを共有しており) たしかに現象学的な知覚論の典型を示している。しかし、こうした現象学の知覚論は知覚を「直接的」なものとして扱っていると言えるのか、という問いをジャコブは投げかけている。目を開ければ自分の車を見ることできるためには、例えば、適切な距離から適切な光のもとで見ているといった文脈が必要である。たしかにこのことは現象学者も認めるだろう。だがそうだとすると、知覚は一定の文脈のなかでしか行われないということが、つまり知覚は「間接的」なものだという見解を取るのが自然であるように思われる (Jacob 2011, 528–529)。

ジャコブはさらに進んで、他者の心の知覚も一定の文脈を必要としていると主張している。例えば嫌悪をその顔の表情のうちに知覚するという場合、嫌悪と痛みの表情はそれ自体としては区別しにくいため、区別のためには様々な文脈上の手がかりが必要である。例えば、コップから発せられた臭いを吸い込んだ結果として顔をしかめている人物がいる場合、私たちはその人物の表情のうちにたしかに嫌悪を知覚できるが、この知覚の成功にとってはコップが文脈の一部として理解されることが鍵になっている。このように、他者の心的経験も一定の文脈を介して知覚されている (Jacob 2011, 532)。しかしそうだとすれば、他者理解は「直接的」なのではなく「間接的」だと言うべきではないか、というわけである。

このジャコブによる批判には、現象学的な直接知覚説の論者であるザハヴィ (Zahavi 2011) が応じているのでその議論を見てみよう。彼が問うのは、何かが直接的に与えられており、かつ同時に、ある文脈において与えられているということは本当に不可能なのか、である。

例えば、視覚は通常直接的な経験の典型と見なされている。私はある景色について人から聞いたり、その写真を眺めたりすることもできるが、その光景を見て経験することもできる。最後のケースは、通常の説明において、他の二つのケースよりも直接的に知ることだと言われる。他方、古くからゲシュタルト心理学者たちが指摘してきたように、私たちが対象を見るときには常にそれをある視覚野のうちに見るのであり、対象が与えられる仕方は文脈的な手がかりに影響されている（Zahavi 2011, 547-548）。ザハヴィによれば、この両者の知覚の捉え方を同時に認めることは自然であり、一方を認めるために他方を否定する理由はないはずだ。ところが、ジャコブ流の考えでは、認知の非直接性は後者の見方によって示されているのであって、「直接的」という語の前者のような日常的使用は単に誤った使用である、ということになってしまう（Zahavi 2011, 548）。

「直接的」と「文脈的」を対照的なものとして捉え、「直接的」と「間接的」「媒介的」の区別に焦点をあてるジャコブのやり方に対して、ザハヴィは代案を提出している。それによれば、「他者の心理的状態についての私の理解は、その状態が私の一次的な志向的対象であるという意味で直接的と呼ばれる」（Zahavi 2011, 548）。この意味で他者を直接的に理解する場合とは、別の何かへと最初に志向的に向けられ、次に心的状態を標的にする、というのではない場合である。例えば、その人が受け取った手紙が破れていることを知覚してこのことゆえにその人は狼狽していると推論したり、他者が酷い扱い方をされているのを知覚し、彼がされているのと同じ扱い方をされたら自分ならば怒るだろうから彼は怒っているに違いないと結論したりする場合がある。これらの「解読」行為をしている場合と、他者の顔の表情そのものに狼狽や怒りを知覚する場合とでは、対象への志向的な向けられ方が異なるのであり、前者を後者よりも直接的と言うことは、前者と後者の区別を曖昧にすることよりも理にかなっているように思われる（Zahavi 2011, 548）。

あらゆる志向的対象は視覚野やゲシュタルト的な地のうちで与えられるように、他者の心的状態もそれが表現される身体の置かれた一定の文脈のうちで志向的対象になることは疑いがない。しかし、鏡の中に対象を見出すことよりも対象自体を見ることのほうが――文脈化されていてもなお――直接的であると言えるとすれば、手紙を第一に志向的対象としてその知覚内容から他者の心的状態を思考の対象にすることよりも、他者の心的状態をその姿において知覚対象とすることをより直接的と言うことに決定的な問題はないように思われる。このように、ザハヴィが再整理する用語法によれば、この場合、対象は「直接的」かつ「文脈的」に与えられているのである(8)。

4　ハイデガーの直接知覚説――その論点と利点

4-1　他者知覚の社会性――背景的環境と行為活動性

これまで見てきたような現象学的な直接知覚説に対しては、当然生じる疑問がある。表現統一体としての他者の心身というシェーラーの発想は、他者の顔の表情や身体的ジェスチャーを知覚するという場面を他者知覚の典型としている。しかし、心の理論説と同様、この見方は、私たちが他者を知覚し他者の心を理解しようとする際に背景的環境が果たしている役割を過小評価してはいないか。なるほど、ジャコブに対するザハヴィの応答は、他者が背景とともに直接的に知覚される場面に目を向けてはいたが、結局、この背景の知覚が他者の心の理解にどう貢献しているのかは明らかにしていない。この点の解明に向かうことを妨げているのは、ジャコブ同様ザハヴィも、他者が環境のなかで表情なりジェスチャーなりを示しており、その様子を私が観察しているという行為活動性を欠いた場面に依拠しているからだと思われる。

他者が環境のなかで出会われるとき、なるほど、コップを手にして顔をしかめている人や、生ゴミの集積の前で顔をしかめている人を観察しているという場面のように、互いに静止して観察し観察されている場合もある。しかし、たいていは、他者は環境のなかで何らかの行為に従事している。この人も、ゴミを捨てているか、ゴミを回収しているか、あるいはゴミ捨て場を通り過ぎたか、などのことをしているところで、悪臭に顔をしかめているに違いない。その場合、その人はゴミ袋を持っていたり、清掃服を着ていたり、あるいは制服で学校に急いでいる様子だったりするだろう。つまり、私たちが生活のなかで、道で、街で、学校で他者と出会うときには、歩行したり、車を運転したり、レジを打ったりしている人と出会う。その際、他者の背景的環境――その人がいる場所、使用している道具、身につけている衣服、保持している持ち物など――の知覚は、その人が何をしようとしているのか、なぜそれをしているのか、について豊富な情報源になるはずである。

私たちは基本的に、このように背景的環境において行為する者として他者を知覚するのであり、これらの人と面と向かって交流することがあるとすれば、典型的には、それは何らかの事情で――ぶつかったり、レシートが間違っていたり、あるいは新たな面識を得ようとしたり――活動が停止したときであろう。このようなときには、たしかに、環境は後退して関与する人間がクローズアップされる。相手の表情やジェスチャーに知覚の焦点が絞られるのはこうした場合であり、シェーラー流の直接知覚説はこの種の対面的場面を第一に想定している。このような対面的な場面としては、親しい友人と会っているとき、何らかの事情で親身になって他者と交流しているとき、あるいは問題が生じて他者と交渉しているときなど、簡潔に言えば、特別な関係に入っている場面が挙げられる。しかし、日常生活における大部分において、私たちは、行為活動するその文脈において、特定の背景のなかに他者を見出すのであり、それらの他者と特別な関係にはない。あるいは、特別な関係になるには一定の立場や手続きが必要であり、その立場や手続きはそれ自体考察を必要とするものである。

他者知覚における背景的環境と行為活動性を考慮するなら、その背景的環境は、（ゲシュタルト知覚の地のようなものというより）その他者が行為する実践的文脈として知覚されていると言うべきであろう。ある人が車を運転しているところを、歩行者である私は、道路、信号、車本体などを背景に知覚する。その際、道路、信号、車などの連関は、この運転手自身にとっての行為の実践的文脈であり、この文脈の共有によってこそ、私とこの運転手は互いに譲り合ったり、互いに苛立ったりする。

このような行為の文脈としての背景的環境の理解には、様々なことが必要である。例えば、信号の色の記号としての機能を一つ挙げるだけで、この理解が社会的であることは明らかであろう。「社会的」というのは、ここでは、その理解が背景的環境に現れる対象の意味の公共的に共有された理解であり、社会化の——共同体の通常の一員として活動できるようになる——過程で習得されるものだ、というくらいのことである。この習得過程にとって、言語の習得は当然最も重要な要素であるが、その際、言語習得とは、言語行為を含んだ様々な行為活動能力の習得だと考えるべきだろう。例えば、ある人が、自由に人が出入りできる建物の中でレジを打っているのを私が見るとする。私はこの人を「店員」として知覚するが、そのためには、店やレジのような対象を一定の意味において言語的に理解することが必要であるのみならず、そこへ行けばこの人から建物の中の一部のものを買うことができるという行為可能性も理解していることが必要だろう。それゆえ、その人のところに建物の中のものを持っていけば、買い物が成立するのであり、買い物ができなければ驚くことになる。以上のような意味で文脈化された他者知覚の社会性を考えるとき、『存在と時間』第一部第一篇第四章におけるハイデガーの世人論は豊かな説明資源となることが判明するだろう。

4-2 他者知覚の社会性に対するハイデガーの説明

『存在と時間』の世人論を現象学の直接知覚説の一部として読解することは奇妙な方針ではない。このことをまず確認しよう。

他者へと関わる存在はたしかに存在論的には、事物的に存在する事物へと関わる存在とは異なっている。〈他なる〉存在者は、それ自身、現存在という存在様式をもっている。他者とともにある存在と他者へと関わる存在には、したがって、現存在から現存在への存在関係が存している。このような関係は、しかしすでにそれぞれ固有な現存在に構成的であり、現存在は自分自身について何らかの存在了解をもっており、それゆえに他の現存在に関係するのだと、ひとは言うかもしれない。他者への存在関係は、こうして、自分自身に関わる固有な存在を〈ある他者のうちに〉投影することになる。他者とは自己の複写だというわけである。（SZ, 124）

ハイデガーはここで、他者理解の投影説に反対している。事物との関わりとは異なる他者への関わりは、自分をモデルとして他者を理解するという発想では捉えられない、としている点では、ハイデガーはシミュレーション説や類推説の批判者でもある。ハイデガーにおいて最も基底的な他者関係とは「共存在」である。世界の内に存在することにとって自分だけでなく他者が一緒に存在していることは廃棄不可能な構成要素であり、さしあたりは自分だけで孤独に存在している世界に時折生じる出来事ではない。ということは、他者の存在は、時折関係をもつに過ぎない何かではなく、自分の存在を成り立たせる要素として最初から世界内存在に組み込まれている。いわんや「自己の複写」で済まされるわけがない。

世界内存在するという現存在のあり方のなかで、私たちは他者に常にすでに出会っている。その出会いをハイデガーは「世界のほうから」という風に特徴づける。

他者たちは、配慮的に気遣っている配視的な現存在が、本質上そのうちに滞在している世界のほうから出会われる。（SZ, 119）

「世界のほうから」という表現は他者との出会いの間接性を彷彿とさせる恐れがあるが、そこにポイントはない。要点はむしろ、他者が自分とともにすでにそこに滞在している世界を背景に出会われるということである。別の言い方をすれば、私たちは、何らかの道具的存在者と交渉中のものとして他者と出会うのである。他者は車を運転していたり、道路を横断していたり、パソコンを打っている者として出会われる。その他者はそれ自身、その世界の内で行為している。他者は、必ずしも道具的存在者よりも主題的になるとは限らず、道具的存在者のほうが主題化されることもある。道路を横断しているとき、車のことを確認しても、運転手のことはあまり意識しないかもしれない。譲り合ったり先に行かせたりする場合に、運転手のほうが主題化されることはあっても、背景的環境を欠いた心身に出会っているのではない。

> 他者たちがその現存在においていわば主題的になる場合でも、他者たちは事物的に存在している人格事物として出会われるのではなく、私たちが遭遇するのは〈仕事中（bei der Arbeit）〉の他者、つまり一次的には世界内存在している他者である。（SZ, 120）

ハイデガーは、他者理解の第一のあり方を類推説のような解読と見なすのではなく、明らかに知覚的な出会いに見出している。しかし、その場合の他者は、行為活動的で背景的環境のなかで知覚される他者である。このような他者との出会いは、明らかに、道具的存在者の了解の共有を要求する。道路、信号、車、レジなど、何であれそれと交渉する行為者として他者を知覚する場合、これらの存在者は道具的存在性において了解されている。

ハイデガーは、他者を「自己の複写」と見なす考えに反対している。この論点は、他者は自己の投影に過ぎないものではない、というだけでなく、そもそも、私たちは他者よりも自分のことをよく理解しているという前提も問い直すものである。ハイデガーの議論では、ひとが何をしようとしているのかの理解は、そのひとが交渉している道具的存在者が何のためにあるのかの了解から切り離せない。そして、道具的存在者の了解は行為の慣例的パターンの了解と一体であろう。信号が何のためのものであるのかの了解は、信号をどう渡るのかという行為パターンの了解抜きには、真に習得されたとは言えない。信号のように交通規則のようなルールと関わりをもっていたり、対象が道具的存在者として「何のためにあるのか」が判明であったりする存在者の場合、それらと交渉する自分の行為やその意図が、他者のそれよりも内容的に特殊であるとか豊かであると言える見込みは低い。

〈他者たち〉とは、私がそこから取り除かれても残っている私以外の残余の総体なのではなく、むしろ、他者たちとは、ひとがそこから自分自身をたいていは区別していない他者たちであり、ひとがそのなかの一部である他者たちである。(SZ, 118)

世人論の中心的思想は「〈ひと(Man)〉は、ひとが従事している当のもので〈ある〉」(SZ, 239)と言い表される。ひとがどういうひとであるかは何をしているかが示すのであり、この点において自分自身と他者とにたいてい区別はないのである[9]。

ハイデガーの他者論は、このように他者との出会いの文脈を、他者が行為活動する背景的環境の文脈と捉えることで、他者知覚の社会性を際立たせるものである。他者知覚の能力には、道具的存在者と関わる慣例的な行為パターンの習得が含まれており、その道具的存在者のなかには信号のように交通規則の理解を必要とするものもある。ハイデガーは、たしかに、解読説を批判する現象学的な直接知覚の伝統のなかにいる一方で、シェーラーのような直接知覚説が想定しがちな対面型の他者関係を基礎に置くことからは距離を取っている。

自分のことを打ち明けたり隠したりすることが、相互にともに存在することのそのつどの存在様式に基づいているどころか、むしろその存在様式そのものであるのと同様、他者を表立って顧慮的に気遣いつつ開示することは、そのつど、他者との一次的な共存在からのみ生じる。そのように他者を主題的に開示することは、理論的‐心理学的に開示することではないのだが、しかしそうした主題的な開示は、〈他者の心的生活〉の了解の理論的な問題設定にとっては、容易に、さしあたり眼差しに入り込んでくる現象になりがちである。了解しつつ相互にともに存在する一つの仕方をこのように現象的に〈さしあたり〉呈示しているものが、しかし同時に、他者の存在を〈最初から〉根源的にそもそも可能にし構成しているものだと見なされるようになる。〈感情移入〉というあまり幸運とは言えない名称を得たこの現象が、今度は、さしあたり単独で与えられた自分自身の主観と、さしあたり全く隠された他の主観へと、存在論的にいわばはじめて、橋をかけるということになる。(SZ, 124)

「感情移入」という名称にはかなり単純化された説明が加えられており、それが現象学的な直接知覚説にそのまま当てはまるとは思えない。しかし、ここでの問題は、何が一次的でデフォルトの他者理解かということである。自分のことを打ち明けたり隠したりすることは、自分の心の状態について他者に語ったり、あるいは秘匿することであるが、ハイデガーはこうした場面が存在するからといって、第一に自分の主観があり、次に他の主観があるという存在論的設定を発端に置かないようにと警告している。こうした場面は特に印象的ではあるが、世界に他者たちと一緒に存在しているという事実にとっては特別なケースであり、それを普遍的な他者関係であるかのように扱うのではなく、むしろその特別さを損なわないようにしなければならない。

また、他者の「主題的な開示」とは、背景的環境が後退して他者と自分だけが前景化するような場合であるが、こうした場面をデフォルトの他者関係と見なすこと、またそれを〈感情移入〉の問題としてフレーミングすることに対しても警告が発せられている。むしろ、背景的環境の後退や他者への主題化という経過に着目するなら、他者の主題的な開示は、世界のほうから他者を活動中の行為者として理解するという共存在の根源的なあり方に基づいたものとして探究すべきだということになる。例えば、運転中の他者と、譲り合ったり、揉めたり、面識を得たりするという経験を、そうした経験が生じるもともとの実践的文脈から記述することができる。

4-3 面識と特別な関係——ハイデガー批判に応える

ギャラガーとR・S・ジェイコブソンは、上述のようなハイデガーの議論を概ね正確に理解した上で、批判を加えている。彼らによれば、ハイデガーは、他者経験の「相互作用説」において「一次的相互主観性」と呼ぶものを無視してもっぱら「二次的相互主観性」のみを扱っている[10]。そして、この手抜かりは、二次的相互主観性の説明にも悪い影響を与えているというのである。

ギャラガーとザハヴィなど、現象学を背景にもつ論者たちは、心の理論を批判する自らの議論を「相互作用説(Interaction theory)」と呼んできた。それによれば、他者の心の理解には、一次的な相互主観性と二次的な相互主観性の二つの能力が関与している。

一次的な相互主観性は、身体化された感覚運動的で感情に富んだ一連の能力である。この能力はすでに、新生児が親などの他者と交わす、模倣や応答という相互作用的な振る舞いに見出される。重要なのは、「新生児は人間の顔だけを真似するという事実」であり、この事実によって、「新生児は人間の行為を遂行する存在者とそうではない存在者へと周囲環境を分解できる」(Gallagher and Jacobson 2012, 219) ことが示唆されている。新生児は、このように理論やシミュレーションを介さずに、他者の身体運動を目的志向的な行為として知覚することができるが、このような一次的な相互主観性の獲得は、他者の心を理解する最初の段階にあるものとはいえ、その後、成長とともに失われるというわけではない。むしろ、この一次的な相互主観性は、まさに他者の心の直接知覚の能力として洗練され、維持される (Gallagher and Jacobson 2012, 220–221)。

これに対して、二次的な相互主観性は、一次的な相互主観性の能力を補完し補強するものとして、一歳頃に発達するとされる。表情、ジェスチャー、身体運動などを「私たちは世界に埋め込まれたものとして発見し、幼児はすぐに他者が世界と相互作用する仕方に気づくようになる」のであり、つまり、「幼児は行為をプラグマティックな文脈に結びつけ始める」(Gallagher and Jacobson 2012, 221)。他者たちは「世界のほうから」出会われると論じたハイデガーは、このような二次的な相互主観性を正しく把握しているとギャラガーらは評価している。

彼らの批判は、ハイデガーが一次的な相互主観性を全く扱っていないことに向けられる。発達科学が教えるところによれば、私たちはまず、具体的な他者の模倣や他者への応答を通じてひとが世界と相互作用する仕方を学ぶ。ハイデガーにおける世人は、すでに行為の一般的なパターンを習得済みであると思われるが、この習得を説明するには一次的な相互主観性の役割を無視することはできない。とはいえ、ギャラガーらはこの種の発達的説明はハイデガーの意図するところではないことを認める。むしろ問題は、一次的な相互主観性は成長後の他者との相互作用においても重要であり続けるということである。

> ハイデガーは、シェーラーやウィトゲンシュタインによって言及される類の他者の感情、意図、あるいは傾向性に対する直接知覚的なアクセスのようなものを〔…〕認めることが全くできない。[11] (Gallagher and Jacobson 2012, 227)

私の見るところ、ギャラガーらの批判には以下のように応えることができる。ハイデガーは一次的な相互主観性の発達上の役割についてはたしかに言及していないが、このことは『存在と時間』の企図からして問題ではない。成長後の他者との相互作用における一次的な相互主観性にハイデガーが全く注意を向けていない、というのは正しくない。幼児を親があやすように、面と向かって他者と相互作用する場面は、大人の場合には特別な関係の成立を必要とする。その関係の典型は、友情や愛によって結ばれている関係や、学校の生徒と先生や職場の同僚のように制度で結ばれている関係であろうが、面識のない他人が相手の場合でも、親身になって相手を気遣うような事情がある場面では対面型の相互作用が起こりうる。いずれにせよ、他者が背景的環境から前景化してそれとして私に対面することは特別な場合であり、他者は、たいていは単に何かに従事している誰かとして出会われている。ハイデガーはこの後者の出会い方を私たちの日常性におけるデフォルトの様態と認めつつも、他者関係という点では欠損的で非本来的だと見なしている。現存在以外の道具的存在者との関わりである「配慮的な気遣い（Besorgen）」から区別される、他者との関わりに対するハイデガーの術語「顧慮的な気遣い（Fürsorge）」について、こう言われている。

互いのためにいる、互いに反発している、互いになしで済ませている、互いに素通りする、互いになんら関係しないことは、顧慮的気遣いの可能的なあり方である。そしてまさに最後にあげた欠損性と無差別性という様態が、日常的な平均的な相互共存在を特徴づけている。こうした存在様態はさらに、目立たなさや自明性という性格を示しているが、この性格は、日々配慮的に気遣われる道具の道具的存在性と同様、他者たちの日常的な世界内部的な共同現存在にも特有なのである。（SZ, 121）

互いのためにいるとか、反発し合うといった関係は、特別で親密な関係であり、たいていの場合、私たちは他者と互いに素通りし関心を持たないという仕方で関係する。道具が適切に使用されている場合、その存在者は特殊な関心の的になって凝視されたりすることなく、むしろ目立たなさと自明性のなかに引きとどまっているのと同様に、他者もまた目立たず自明視されている。しかし、道具の場合と異なり、他者の場合にはこのようなあり方は関係の欠損を意味している。逆に言えば、友人のような特別な関係にあることが他者関係においては十全な関係と見なされる。ハイデガーはこの点で特に特殊な見方をもっているわけではない。

ハイデガーが論じているのは、成長後の私たちがこのような関係をもつには——幼児が親ともつ関係とは異なり——赤の他人から面識を得るというプロセスが必要だということである。

さしあたりたいてい顧慮的気遣いは、欠損的様態ないし少なくとも無差別的な様態——互いに素通りする無関心――に停滞しているため、身近で本質上の面識を得る（Sichkennen）ためには知り合うこと（Sichkennen-lernen）が必要である。（SZ, 124）

面識を得ることは、根源的に了解しつつある共存在に基づいている。面識を得ることは、さしあたり、共存在する世界内存在の身近な存在様式にしたがって、現存在が他者たちとともに、環境世界において配視的に見出し配慮的に気遣うものを、了解しつつ知ることのうちを動いている。（SZ, 124）

私たちが新しく他者と知り合うのは、たいてい、同じ授業を受けているとか、同じ会議に出るとか、それが従事しているものを通じてである。互いに面識を持たなくても、互いに従事している当のものが、相手がどういう活動に従事する存在かを告げるのであり、その活動をきっかけに「知り合い」、特別な関係を持つに至ることが可能である。あるいは、公共空間で全くの赤の他人と知り合う場合、知り合うきっかけを作りうるような相手の情報は、その人が従事している内容が与えるであろう。勉強している人、物を売っている人、散歩をしている人、演奏している人、などである。もっとも、その人の表情や顔つき自体が知り合うきっかけになる場合もあるかもしれないが、その場合でもどういう場所で出会ったかとか、服装や持ち物などの背景的環境が全く関与しない状況を考えるのは難しい。

そして、このように面識を得るとき、他者のことを理解したり他人に自分のことを理解されたりすることがそれ自体一つの課題になり、特有の態度や振る舞いが生じるようになる。

面識を得ることですら、控え目になったり、自分を隠したり、自分を偽ったり、という仕方において方向を失っている場合には、他者たちに近づくために、ないしは、〈他者たちを見破る〉ために、相互共存在は特別な方途を必要とする。（SZ, 124）

没交渉や無関心を基本的な他者関係とする私たちにとって、関心をもった他者と面識を得ることはそれ自体労苦を要する仕事である。特別な関係に入ろうとすればするほど、控え目になったり、自分をそのまま出すことができなかったりする。それゆえ、私たちには、他者の本心を探るなど、他者の心を理解する必要が生じる。理論やシミュレーションを用いて他者の心を読解する必要の生じる場面がここで言及されている。

以上見てきたように、成長後の他者関係においては、一次的な相互主観性ではなく二次的な相互主観性をデフォルトの様態と見なすことには意味がある。この場合には、対面式の直接知覚やさらに心の読解が二次的な相互主観性からの派生態として位置づけられ、それらが要請される場面において探究可能である。これに対し、発達プロセスではなく、成長後の他者との相互作用という観点において、一次的な相互主観性から二次的な相互主観性を説明することはできない――ギャラガーらもその説明はしていない。一次的な相互主観性を見落としているというハイデガーへの批判は、かえって、成長後の一次的な相互主観性の成立を「面識を得る」経験の説明によって与えているという点で、ハイデガーの説明の強みを明らかにするのである。

本章では、ハイデガーの他者論を現象学的な直接知覚説の伝統に位置づけ、特に他者知覚の社会性の点では一定の貢献を果たすものとして提示した。本章で取り上げたハイデガーの他者論は、『存在と時間』第一篇第四章に集中しているが、その第四章のタイトルは「共存在と自己存在としての世界内存在」であり、副題は「〈世人〉(das »Man«)」である。つまり、いわゆる世人論の展開される箇所であるが、従来の解釈はこの世人論のテーマの一つが他者の心の現象学的解明にあることに十分な注目を向けてこなかった。世人論には、私たちの順応主義的な傾向や自己喪失についての興味深い分析が含まれ、多くの読者はこれらの分析に注目してきた。しかしその結果は、不幸にも、ハイデガーの共存在には本来の意味での他者は不在であるという見方が現象学内部の常識となったということであった。他者の心の知覚の現象学的解明という文脈に目を向ければ、本章が示したように、ハイデガーの世人論は現象学他者論の伝統の一部であることがわかるだろう。

＊

本章では、他者の心の読解（マインド・リーディング）という問題設定に対して、ハイデガーを含めた現象学的な直接知覚説の立場から批判を加えてきた。それによれば、他者の心の状態がいかにして読み取られるべきかという問いを第一に設定すること自体、現実の他者経験の実像を歪める誤った措置である。他者の心の問題に限らず、ハイデガーは、正統な哲学的問題と認定されている支配的な問題設定に対して、問題の立て方や問題への対処の仕方が現実の経験から乖離していたり問題の所在を取り違えたりしていることを指摘することが多い。このことは本書のなかですでに何重にも示してきた。ところで、哲学的とされる問題に対して回答を試みる代わりに、むしろその問いの無意味さを明らかにしたり、そのように無意味な問いに答えようとする試みを進んでやめたりすることに哲学的意義がある場合もある。次章では、この点に「擬似問題」というテーマから接近しよう。

7　擬似問題

熱心に哲学を勉強しているうちに、はるは、それまで当然のことと思っていたこと、例えば、目の前の机が存在しているのかどうかに確信がもてなくなった。その机は単にそのようにあるように見えているだけであり、自分の意識に与えられるその見え方は、本当に机そのものと一致しているのかどうか、わからない。さらに言えば、私の意識を超えて、その机が本当に実在するのかもわからない。考えてみれば一事が万事この調子であり、そもそも私の意識の外側に世界が実在しているのかもわからない――。

こうして、はるの頭からは、外的世界の実在を証明するという課題が離れなくなった。外的世界は本当に実在するのか、それとも意識に与えられたもので世界は尽きているのか。実在論者なのか観念論者なのか。はるは悩むが、どちらのテーゼも根拠づけることができず、悩みは膨らむばかりである。このことをあきに話してみると、あきは、哲学的問題のように見えるもののなかには本当に問うべきものと、重要な問題に見えるだけで実際には無意味な問いがある、と言い始めた。そして、外的世界の実在への問いは後者の問いであり、答えようと試みること自体をやめるべき「擬似問題」だと言う。

1　実在問題を擬似問題として退ける——カルナップとの共通戦略

ある種の哲学的問題に関しては、その問いに回答を与えて問題を解決しようとするのではなく、「擬似問題」として退けることで問題を解消する——このようなアプローチは今では珍しいものではない。では、そのやり方の源泉はどこにあるのだろうか。

現代哲学の初期にそのやり方を明確な仕方で示した論文に、ウィーン学団の代表的哲学者であったカルナップが一九二八年に発表した「哲学における擬似問題（独：Scheinprobleme in der Philosophie／英：Pseudoproblems in philosophy)」がある。この論文でカルナップは、「外的世界は実在する」とか「外的世界は実在しない」という実在論や観念論の言明は検証不可能であり、その限りで無意味であると論じた。外的世界が実在するか否かは、近現代哲学において最も盛んに問われてきた認識論的問題の一つとさえ言ってよい。ところが、カルナップはこの種の認識論的な問いを「擬似問題」として、問うに値しない無意味な問いであると判定したのである。真正の哲学的問題として哲学者たちの頭を悩ませてきた問いが擬似問題であることを暴くというこのやり方は、（「哲学における擬似問題」から四年後の論文の表題で明示されるように）「形而上学の克服（Überwindung der Metaphysik)」を企てるカルナップにとって、伝統的形而上学と対決するための主たる戦略であった。

「哲学における擬似問題」において、カルナップは、ある言明が意味をもつか否かを判定するための基準を以下のように提示する（Carnap 2004 (1928), 26)。ある言明はある事態を表現している場合に意味をもつのであり、逆に、何の事態も表現していない場合には、意味をもたない。後者の場合、その言明は単に言明であるように見えるに過ぎないのだ。このように言うことは、当の事態が存立していない場合、その言明は無意味だということではない。何らかの事態を表現している限り、その言明には意味があり、その事態が存立していない場合には、その言明は単に偽であるに過ぎない。例えば、〈あの商店では石鹸を売っている〉という事態が存立していない場合でも、「あの商店では石鹸を売っている」という言明は単に偽であるだけであり、言明としては完全に有意味である。

では、無意味な言明とはどのようなものか。そこでカルナップが挙げるのが、外的世界の実在についての哲学者の言明である。一方に実在論者の言明として「外的世界は実在する」があり、他方に観念論者の言明として「外的世界は実在しない」がある。しかし、これらはいずれも「全く意味をもたないのであり、その意味に関して真であるか偽であるかという問いは立てられることさえできない」(Carnap 2004 (1928), 36)。先の有意味性の基準に照らして言えば、言明が無意味であるのは、それらの言明が何の事態も表現していないから、ということになろう。しかし、ある言明がそもそもある事態を表現しているか否かをどう判定するのか、という点については様々な解釈がありうる。カルナップは、外的世界の実在に関する言明が何の事態も表現していないということを、それらの言明が検証できないという観点で論じている。そこで登場するのが二人の地理学者である。

この地理学者たちのストーリーは次のものである (Carnap 2004 (1928), 35)。アフリカのどこかにあると言われている山は伝説上のものか、それとも実在するのかを明らかにするために、二人の地理学者が派遣された。このうちの一人は実在論者であり、もう一人は観念論者であるが、この二人は当初の問いについては同じ結論に至る。経験的な意味での現実については、地理学においては他の経験科学と同様に共通の基準があり、その基準から導かれる結論は、研究者の哲学的立場にかかわらず、実在だけでなく、位置、形、高さといった特徴についても一致する。不一致が生じるのは、この二人が地理学者としてではなく哲学者として語り始めたときである。

実在論者の地理学者「私たち二人によって確認されたこの山は、発見された地理学的特徴をもつだけでなく、さらに実在している。」

観念論者の地理学者「山そのものは実在しておらず、実在しているのは私たちの〔…〕知覚とその他の意識プロ

セスだけである。」（Carnap 2004（1928), 36）

経験的事実については一致していたにもかかわらず、二人は今や対立している。これらのテーゼは「経験を超えており、事実的内容をもっていない」（Carnap 2004（1928), 36）。この二人のいずれも、「共同で試みることのできる決定的な実験によって自分のテーゼを検証することを提案しようともせず、そのテーゼが基礎づけられるはずの体験の性質を挙げることさえもしない」（Carnap 2004（1928), 36）。これらの地理学者は、哲学的立場を語り出すや否や、科学者としての立場にあれば当然するはずの提案も正当化もしなくなってしまった。そしてこの山の実在に当てはまることは、外的世界の実在についても当てはまる。事実的内容をもつか否かを言明の有意味性の基準とするなら、先述の実在論および観念論の文はいずれも無意味なのである。

ところで、現代哲学における分析哲学の源泉の一つである論理実証主義者カルナップと、現象学の初期の伝統に属し、現存在の実存論的分析を展開したハイデガーの間には、哲学的な近さなど全くないように思われるかもしれない。実際、「哲学における擬似問題」の翌年、一九二九年にハイデガーが発表した「形而上学とは何か」における「無は無化する」という言明を、カルナップは一九三二年「言語の論理的分析による形而上学の克服」で「形而上学的擬似命題」として攻撃したことはよく知られている。しかしながら、一九二九年から三二年に生じたこの対立の前、カルナップとハイデガーは伝統的な認識論の問題を「擬似問題」として退けるという戦略において相当に接近していた。カルナップの「哲学における擬似問題」の一年前に刊行されていた『存在と時間』が、外的世界の実在の問題を扱う仕方は次のようなものである。

そもそも世界が存在するのかとか、この存在は証明されうるのかといった問いは、世界内存在としての現存在が立てる問いとしては——他の誰が立てるというのか——無意味である（ohne Sinn）。（SZ, 202）

〈哲学のスキャンダル〉は、この証明が今もなお欠けていることではなく、そうした証明が繰り返し期待され試みられていることのうちに存する。(SZ, 205)

この引用に現れる「哲学のスキャンダル」は、『純粋理性批判』第二版序言におけるカントのフレーズとして知られるものだ。カントによれば、私たちの外部の諸事物の現実存在に疑いを抱いた人がいた場合、この人に対して満足のいく証明を示すことができなければ、それは「哲学と一般的な人間理性にとっては一つの醜聞〔スキャンダル〕」(カント 2005, 72) である。ところが、ハイデガーはこのような「証明が繰り返し期待され試みられている」ことのほうがスキャンダルだと言っている。

ゲスマンは、カルナップ風の表現を用いて、ここでは実在問題の「問題設定に無意味の判定が下されている」(Gethmann 1993, 211) と言う。彼によれば、「ハイデガーは『存在と時間』において実在問題を〔ほぼ同時代に別の根拠づけによってカルナップがしたのと同様に〕擬似問題 (Scheinproblem) へと解体する」のであり、ハイデガーはこの問題を「消去する (eliminieren)」(Gethmann 1993, 207)。たしかに、『存在と時間』周辺の講義にも、「外的世界の実在と、把握する主観から自体的に存在するものの独立性についての悪名高い擬似問題 (Pseudoproblem)」(GA26, 191) といった表現を見つけることもできる。

以上より、カルナップとハイデガーはともに、外的世界の実在への問いを擬似問題とする点で共通していると言えるだろう。ハイデガー「形而上学とは何か」とカルナップ「言語の論理的分析による形而上学の克服」の対立からすれば全く対照的な二人の哲学者が、同じテーマについてこのように一致している。このことは単なる偶然ではないだろう。むしろ、G・ガブリエルが言うように、「二人の哲学者の間には歴史的な結びつき」がある (Gabriel 2012, 30)。彼らは、現象学と分析哲学の誇張された二分法がまだ確立していないとき、外的世界の実在問題がトップイシ

ューとして共有されたドイツ語圏の哲学界を生きる同時代人として問題を共有していたのである。(1)

2　日常的観点を取ること

ゲスマンが指摘するように、カルナップとハイデガーは、外的世界の実在問題について、その問題の解決を試みるのではなく、その解決を試みるに値しない無意味な擬似問題だと判定するという基本的方針において一致している。しかし、その判定の方法や観点には重要な違いがある。その違いは、ゲスマンのように、ハイデガーもカルナップのようにこの問題を「消去」していると言えるのかを再考させるものでもある。

カルナップによれば、実在論者と観念論者の言明は何の事態も表現しておらず、事実的内容をもたない無意味な言明である。これらの言明が事態を表現していないことは、この言明の真偽を判定しうるような経験的なやり方――共同実験を提案したり、体験の性質を挙げたりすること――が不在であることに示されている。二人の地理学者は、科学者として仕事をするときには当然提案するはずの実験の提案も経験的証拠に基づく正当化も、哲学的観点に立ったときにはしなくなってしまう。カルナップのこの議論を導いているのは、科学者の観点と哲学者の観点の比較であり、外的世界の実在問題のカルナップによる「消去」は経験主義的で科学的な観点からなされている。

他方、ハイデガーにおいては、外的世界の実在問題は「世界内存在としての現存在が立てる問いとしては」無意味だとされていた。つまり、この問題が無意味であるのは、世界内存在としての現存在にとってであり、科学的立場における現存在にとってではない。確認すると、現存在とは、存在することにおいて自らの存在が問題であるような存在者であり、自分が誰かを問うような存在者である。「世界内存在としての現存在」が、外的世界の存在を問うことが無意味である理由は様々に考えられるが、一つの理由は、フィリプセが以下に指摘するように日常性の観点に立ったものである。

> 私たちが、自分が誰であるかとか何であるかを特定しようとするときにはいつでも、「世界」のほうからそうするというのは、私たちの日常的実存の顕著な特徴である。私たちは、例えば、自分は特定の国から来たとか、特定の会社とか組織で仕事をしているとか、特定の町に住んでいるとか、誰々の息子だとか娘だとかと言う。実際、自分が誰であるかは私たちが世界に実践的に関与している仕方に深く規定されているので、これ以外の方法で自分が誰であるかを特定することは不可能である。実存範疇の存在論的水準では、ハイデガーは、この特徴を現存在は「世界内存在」であると言うことで表現しており、『存在と時間』の第一篇はこの基礎的な実存範疇とその多様なアスペクトの探査から大部分成り立っている。(Philipse 2007, 174)

フィリプセのこのような解釈は、平均的日常性に即して現存在の存在様式を明らかにする『存在と時間』第一篇（既刊部分の前半部）の内容をコンパクトにまとめたものとして標準的なものであり、細部についてここでは争うことはしない。「世界内存在する現存在」の観点とは、フィリプセの言うように、世界の「内に存在する」ことが、「二つの生命なき事物の空間的関係ではなく、私たちがそこに関与しており、そこから自分自身を理解する世界との親密さを表現している」(Philipse 2007, 174) 観点だと言える。このような日常性の観点において、自分がそれである誰かである――誰かとして自分を理解する――と同時に世界の実在を疑うことは不可能である。科学者の場合にも、自らを科学者であると理解しているという日常の観点に立つ限り、そのように理解するために自分の仕事の内容や所属組織などに言及せざるをえず、その限りで、これらの仕事や組織が属している世界の実在を本気で疑うことはできないだろう。

外的世界の実在問題を無意味だと判定することについて、科学的な観点に対して日常的な観点から「常識」を擁護する、という立場を想起する人がいるかもしれない。そこでハイデガーとの対比として、ムーアによる「外的世界の証明」を取り上げることは有益だろう。ムーアは、「外的世界の証明」（一九三九年）と題された論文を、ハイデガーと同じくカントにおける「哲学のスキャンダル」を取り上げることから始める。そしてカントとは異なる「完全に厳密な証明」の一例として、右手で何らかのジェスチャーをして「ここに一つの手がある」と述べ、次に左手で何らかのジェスチャーをして「ここにもう一つの手がある」と述べることを挙げている（Moore 1959, 145–146）。フィリプセは、この証明を、ムーアが『存在と時間』とほぼ同時期に刊行した「常識の擁護」（ムーア 1960）と連続した議論と捉え、常識に訴える証明だと見なしている（Philipse 2007, 172）。常識に訴える外的世界の証明が成功しているかどうかについても議論があろうが、目下肝心なのは、ハイデガーの論点との次のズレを確認することである。ムーアは、外的世界の証明は、常識を持ち出すことで容易になされうるのであって、特殊な哲学的議論を必要としてはいないと考えているのに対し、ハイデガーはそもそも、常識を持ち出すのであれ哲学的議論を持ち出すのであれ、そのような証明が期待され試みられていること自体を無意味だとしている。この点に大きな違いがある。

フィリプセ＝ハイデガーにおいて、世界内存在としての現存在が外的世界の存在を問うことが無意味であるのは、日常性において現存在は自分自身を世界のほうから理解しているからである。別の言い方をすれば、世界の実在を疑うことは、自分を成り立たせている基盤を失うという危険に自らをさらすことである。この考えによれば、世界の実在を疑うことは、単なる思弁ではないし、哲学的パズルを楽しむどころの話では全くない。世界の実在を疑う哲学者は、それを徹底するならば、自らが大学の教員であるとか、どこそこの町に住んでいるとか、誰の子どもであるとかということ、つまり、自分が誰であるかという理解を失うことになる。つまり、今、ここで実在を疑っているその自分を喪失するはずなのだ。

3　なぜ人は懐疑に陥るのか——ハイデガーとカヴェル

私の見るところ、日常的な観点から外的世界の実在問題を無意味と判定するハイデガーの見方は、ハイデガーに強い影響を受けたカヴェルが「懐疑主義の真実」と呼ぶものを参照することで明確化できる。(2) 懐疑論者は、世界が存在していることや他人が心をもつことなどを懐疑するが、このような懐疑を退ける一つのやり方として日常言語に訴えるという手がある。つまり、懐疑論者は「通常」使われるのではない仕方で概念を誤用していると指摘しさえすればよいのである。しかし、カヴェルはこのような仕方で日常的観点に立って懐疑論を退けるべきでないと考え、「懐疑主義の真実」（Cavell 1999（1979), 47）を語る。人間と世界の関係を「世界について知ること」だと――外的世界の証明に駆り立てられてきた哲学者たちのように――見なす限り、確実に知りえないという懐疑主義は自然に生じるものであり、このこと自体を軽視するべきではない。むしろ、確実な知に到達できるかどうかに拘るのではなく、まさに人間と世界の関係は「知ること」ではない、ということを教えるところに懐疑主義の真実はある。「懐疑主義が示唆しているのは、私たちは世界が存在していることを知りえないのだから、世界の私たちへの現前は、知ることの機能ではない、ということだ。世界は受け入れられなければならない」（Cavell 2002（1969), 324)。

ハイデガーは、日常的な現存在は自分自身を世界のほうから理解するという仕方で世界内存在するのであり、そのような世界内存在にとっては外的世界の実在を懐疑的に問うことは無意味だとしていた。そのような懐疑は自己を失うことであり、つまりは、私たちは自分自身である限り、カヴェルとともに、世界が存在することを受け入れなければならない、と言える。実際カヴェルは、先に見た「懐疑主義の真実」は「受容としての思考（thinking as reception)」という仕方でハイデガーの哲学にも見出されるとして、次のように述べてもいる。

> われわれが世界の存在を確実に知りえないということは、真実である。その存在に対するわれわれの関係はもっと深い――その関係のなかで世界が承認される、言い換えれば、受け容れられる。私なりの言い方をするなら、存在とは承認されるべきものである。（カヴェル 2005, 158–159)

たしかに、「知ること」とは異なる世界との深い関係こそ、『存在と時間』のハイデガーが日常的な世界内存在ということで語っているものだと言える。世界内存在における「内に存在すること」をハイデガーは「住むこと」に関連する概念群で特徴づけることから始めて、私たちが自らを世界のほうから理解するあり方を分析する。「〈私が存在する〉はこれはこれで、何々のもとで、つまり、あれこれの仕方で親しまれているものとしての世界のもとで住んでいる、滞在しているということである」(SZ, 54)。この「親密性(Vertrautheit)」こそ、「知ること」とは異なる世界との深い関係に対する『存在と時間』の用語だと言えるだろう。

なぜ人は外的世界の証明に駆り立てられ、自己の存在を失うリスクを犯すまでに世界の存在について懐疑に陥ったりするのだろうか。ハイデガーの議論では、懐疑の源泉はそもそも自己と世界との関係を「認識すること(Erkennen)」——カヴェルの言葉では「知ること」——として見なすことにある。なるほど、「認識することは世界内存在の存在様式の一つである」(SZ, 61)。しかし、世界内存在の根源的な存在様式ではない。むしろ、自己と世界の関係を認識することを、認識される対象との関係と見なすことは、自らを世界のほうから誰かとして了解するような世界内存在が何らかの仕方で停止した状態としてよく把握できるものなのである。

例えば、世界内存在する者として私は、大学の教室に授業をするための場所として関わっており、そこで授業をしているということから自分が大学教師であることを、確信をもって了解できる。このような世界内存在のあり方において、世界内部的存在者は「道具的存在性」において、つまりは何かをするためのものとして出会われており、これらの存在者を配慮的に気遣うことは自分自身を何者かとして了解することと一体である。授業をするためのものとしての教室で学生を前に黒板とチョークやパソコンとプロジェクターを扱うことは、自分が大学教師であるという自己了解がその十分な理由になるものだ。

こうした通常の状態において、私たちは世界をそこから自己を誰かとして了解する資源として信頼し、世界のもとで様々な存在者に親しんでいる。その際、世界はその実在を証明する必要のある対象のようによそよそしいものではないし、単なる認識の対象として現れてもいない。認識論的問題を論じる哲学者たちは、認識することと認識される対象であるという関係があたかも自己と世界のデフォルトの関係であるかのように語る。しかし、そんなことはない。世界を認識するという振る舞いは、私たちがすでに世界の内で存在者のもとにいることに先立たれている。例えば、アフリカの伝説上の山の実在を地理学者が調べに行くという場合、地理学者はその形や大きさを確認する。その認識の作業は、調査の依頼を受けたり飛行機に乗って移動したりすることなどに含まれる世界内部的存在者との様々な配慮的気遣いを通じて、「地理学者」として自己了解する世界内存在の通常のあり方に先立たれている。そうした世界内存在の文脈抜きに「世界認識」を営む存在者が存在するだろうか。仮に存在するとしても、それは少なくとも有限な現存在たる私たちとは異なる存在者であろう。現実には、地理学者が山の形や大きさを認識するという作業は、世界内存在の一連の活動の流れ——移動し、同僚と雑談し、宿に移動し、シャワーを浴び、食事をし、空港に移動し、飛行機に乗り、報告書を作成するためにパソコンのキーボードを打つ、等——のなかにあり、しかもそうした配慮的気遣いという仕方での世界との**関わりを控える**点で特に際立っている活動である。このことをハイデガーはこう言い表している。

> 世界内存在は、配慮的気遣いである限り、配慮的に気遣われた世界に**心を奪われている**。事物的存在者を考察しつつ規定することとしての認識することが可能であるためには、世界と配慮的に気遣いつつ関わっていることの**欠損**が先行的に必要である。(SZ, 61)

外的世界の実在問題を正真正銘の哲学的問題だと見なすような哲学者の問題は、この「世界認識」が世界内存在の一つの様態であるに過ぎず、その意味で世界と成立済みの関係に依存しているという可能性に思い至らないことである。哲学者も先の地理学者と同様に、世界をそこから自己を理解する基盤として活用し、様々な活動を通じて世界に親しんでいるはずである。それにもかかわらず、自己と世界の関係を問うという学問的認識の課題に従事するや否や、まさにその「認識」を世界内存在の基礎的様態と思いなしてしまうのである。

> 現存在自身において、また現存在にとって、〔世界内存在という〕この存在体制は常にすでに何らかの仕方で知られている。この存在体制が今や認識されるべきだとなると、こうした課題のうちで認識することが表立ってくるが、この認識することがまさに自分自身を――世界認識として、世界と「心」との範例的な関係にするのである。(SZ, 58–9)

地理学者が地理学者にとどまる限り、自分が行っている調査は日々の生活の一部であり、その活動がどんなに重要だと思っていても、人間の生活の根源的様態だと思ったりはしない。しかし、哲学者の場合、自分が重要だと信じる活動である「世界認識」に従事する時間は、それ以外の配慮的気遣いに従事する生活の一部に過ぎないにもかかわらず、その世界認識を世界内存在のデフォルトの様態だと見なし、そのような「心と世界」の関係こそ世界内存在の範例だとまで思い込んでしまう。そして、いったん自己と世界との関係を認識作用と認識対象との関係だと見なし、さらに、認識作用は心の働きであり、「心と世界」を「内と外」という空間的メタファーで譬える哲学者の慣例に従ってしまったなら、問題は膨れ上がる。(3) 以下のような問いが次々に生じるのである。

> 認識しているこの主観はいかにして自らの内部の〈圏域〉から抜け出して〈他の外部の〉圏域へと入り込むのだろうか。認識することはそもそもいかにして或る対象をもつことができるのか。主観が或る他の圏域への跳躍を敢行する必要はなしに、結局は主観が対象を認識するために、その対象自体はどのように考えられなければなら

> ないのか。(SZ, 60)

これらの問いこそ、外的世界の実在証明の問題である。主観が内面的な圏域から出て他の外的な圏域のうちに入り込めると考えるなら、外的世界の実在を認める立場を取ることになるし、内面的な圏域の内で対象の認識が成立するとするなら観念論に立つことになる。

以上のように、ハイデガーは、世界内存在する私たちが、世界認識という特定の活動に従事するのがどういう場合か、世界認識を世界内存在のデフォルトの様態と見なすことからどのように外的世界の実在証明に駆り立てられることになるか、などを明らかにしようとした。それゆえハイデガーは、世界を認識の対象と見なすことや、そのように世界を認識——知ること——の対象と見なしてしまったがために世界の実在の懐疑に巻き込まれることを、端的に退けているのではない。だから、ハイデガーが外的世界の実在の問題をカルナップ同様に「消去」しようとしているというのは誤解を招く言い方である。むしろ、ハイデガーの関心は、懐疑論的な発問も最終的には私たちの生活に根づいていること、そして、その発問が生じる基盤としての日常的な世界内存在へと目を向け直させることにある。日常的な世界内存在において私たちは世界に親しんでおり、世界のほうから自己自身を了解する。懐疑に心をかき乱された者たちに、世界への親しみを回復させ、ついに、外的世界の証明を試みることをやめさせる——このような「治療的」な仕事が、ハイデガーが試みた「哲学のスキャンダル」への対処だと言うべきなのである。実際、懐疑論者が『存在と時間』で登場するのは次のような仕方においてである。

> 懐疑論者は、真理の存在が〈証明される〉ことができないのと同様に、反駁されることはできない。もし、懐疑論者なるものが、真理を否定するという仕方で、実際に存在するのであれば、その人が反駁される必要もない。そのような人が存在し、その存在のうちで自らを了解してしまっている限り、その人は自殺の絶望のうちでその

現存在を、それと同時に真理を消し去ってしまっているのである。(SZ, 229)

この引用文における「真理」を「世界」に置き換えてみれば、こう言えよう。世界の実在が証明されることはなく、むしろそのような証明が試みられていることが無意味であるのと同様、懐疑論者を責めたてることになど意味はない。この人は、世界のほうからすでに自分を了解してしまっている限り、たしかに世界内存在しているのだが、しかしこの自分の存在の支えである世界を消し去ってしまおうとしている。この人が抱えている問題は、理論的な誤りではなく、「自殺の絶望」と呼ぶべき実存の困難なのである。このように考えるのであれば、哲学者がこの人にするべきなのは、反論したり責め立てたりすることではなく、その人が生活を取り戻すようにこの人とともにあることであろう(4)。

4 形而上学的擬似命題として退けられる——カルナップのハイデガー批判

ところで、先にも触れたように、外的世界の実在問題を擬似問題と見なす点では一致していたカルナップとハイデガーは、その後すぐに現代哲学の最も有名な対立関係に入ることになる。そのきっかけは、『存在と時間』刊行から二年後、ハイデガーが「無」を論じた一九二九年七月のフライブルク大学就任講演「形而上学とは何か」である。この講演は同年に出版物としても刊行された。そこに現れた「無は無化する(独:Das Nichts nichtet.／英:Nothing nothings.)」という一文を、カルナップは一九三二年の「言語の論理的分析における形而上学の克服」で、「形而上学的擬似命題」として攻撃したのである。

一九二八年に実在論か観念論かという問いを「擬似問題」として消去しようとしたことと、一九三二年にハイデガーの命題を「形而上学的擬似命題」として示したことは、カルナップにとっては「形而上学の克服」の一連のプロセスにあったであろう。また、この二つの論文はいずれも、哲学者の言明ないし命題に無意味の判定を下すという点で共通している。しかしながら、それらが無意味であると判定される理由には、両論文の間に大きな違いがある。

まず、次のことを確認しておく必要がある。実在論者や観念論者は自らの言明を有意味だと信じて大真面目に述べている。それにもかかわらず、実在論や観念論の言明が無意味であるとされたのは、それらが科学的実験や経験的証拠による検証手段をもたないからであった。他方、「形而上学とは何か」におけるハイデガーは、実在論者や観念論者のように有意味性の問題に関して素朴ではない。むしろ、ハイデガーの論点は、「無とは何か」という形而上学的な問いは無意味であり、また、この問いに対するいかなる答えも無意味だということにある。

〔無への〕この問いへのいかなる答えももともと不可能である。というのも、この問いは必然的に、無は何々〈である〉という形式において動くからである。無に関しては問いも答えも、同じようにそれ自体において無意味（widersinnig）である。(5)（GA9, 107）

「無とは何か」という問いに「無とは○○である」という命題によって回答する場合、無は何か「である」ものとして扱われることになる。すると、無は存在者ではないと同時に存在者であるという矛盾に陥るという点から、「無とは何か」という問いもそれに対するいかなる答えも「論理矛盾」ゆえに無意味だと言っているのである。また、無が存在者でない限り、存在者についての言明と同じ有意味性の基準を用いることができない以上、それゆえ、「無とは○○である」という命題が検証不可能であることは自明である。つまり、「無とは何か」に対して「無は○○である」と大真面目に述べる形而上学者と同じようにハイデガーを批判することはできないのである。

では、カルナップはどういう意味でハイデガーの命題は無意味な擬似命題だと言っているのだろうか。それが無意味であるのは、検証不可能だからではなく、「無意味な単語列」だからである。カルナップによれば、まず、この文においては「無」が名詞として使用されているが、無とは何かに対する「名前」ではない。なるほど、日常的には無が名詞的に使用されることはある。しかし、論理学的に分析してみれば、無は存在量化と否定によって与えられる論理形式であることが明確になる。「無は無化する」における「無」の名詞的な用法は、日常言語の混乱が反映されたまずい結果に過ぎない。第二に、「無は無化する」には「無化する」という「無意味な単語の偽造」が含まれている。この単語は日常言語に類似物を見つけることさえできない（カルナップ 1977, 21–22)。「無は無化する」という文はこのように無意味な単語列なのである。

このような無意味な単語列は、「本を哲学についてハイデガーの書く」や「アブラカダブラ」のようなナンセンスな文に近いものであり、お伽話や迷信といった類のものでさえない。「おとぎ話の言明は論理と矛盾することはなく、ただ経験と矛盾するだけであり、偽だったとしても完全に有意味なのである」（カルナップ 1977, 23)。また、「迷信」も偽であるかもしれないがたしかに信じることはできる。しかし、「無は無化する」のような「無意味な単語列」は、「アブラカダブラ」のように信じることさえ不可能である。ハイデガーにおける形而上学的疑似命題はこのような意味で——深刻に——無意味なのである。このように、一九三二年のカルナップによるハイデガー批判は、哲学的言明の有意味性を経験による検証可能性を基準に判定するのではなく、哲学的言明を論理学の記号言語に翻訳することでその無意味さを明確にするという方法によるのである。

「無は無化する」をめぐるハイデガーとカルナップの対立は、哲学と論理学の関係によるものであり、哲学における論理学の中心性に対する立ち位置の違いから生じている(6)。ハイデガーは「無とは何か」という形而上学的な問いもその答えは、矛盾を避けるという論理学の原則に従って無意味だと述べた後すぐに、この「〈論理学〉の支配には触れることさえできないのだろうか」（GA9, 107）と問い、その支配を保留している。その上で、次のように、無の経験を語る別のやり方を提示する。まず、「無とは存在者の総体を完全に否定することである」（GA9, 109）という理解をおおよその出発点とし、さらに、この無を単なる否定の操作と見なす立場を牽制する。その上で、人間は、不安の気分において「存在者全体が退却する」（GA9, 112）ような経験をするが、そのような経験における「拠り所のなさ

(kein Halt)」(GA9, 112) に人間が無に直面する仕方を見出そうとする。このようにハイデガーは、論理学の支配下においては無については何を語ろうとも無意味になるという状況を認識した上で、なおも、無の経験の現象学的記述のようなものが可能であることを示そうとしている。もっとも、カルナップはこのような記述を哲学的に真面目に受け取ることなく、ハイデガーの言う無とは「多分宗教的なものであろうが或る種の感情形態ないしは、このような感情に横たわるようなもの」(カルナップ 1977, 22) を指すのだろうとコメントして済ませている。

不安が無を露わにするというハイデガーの議論が現象学的記述として有効であるのかどうかという問題にはここでは立ち入らないが、しかしカルナップの言うように宗教的感情の記述として理解すべきでないことは明らかである。なぜなら、この議論は「形而上学とは何か」という哲学的な問いに関わるものであり、この問いに貢献するもののはずだからである。そこで重要になるのが他でもない「無は無化する」である。ハイデガーは不安と無について現象学的(と思しき)記述を行った後、無への「問いへの答え」として「無は無化する」という命題を登場させる。しかし、これが何の答えにもなっていないことは明らかであるだけでなく、もはや現象学的記述の一部としての役割も果たしていない。では何のためにこの命題は登場したのか。

一つの可能な考え方は、「形而上学とは何か」において「無は無化する」という命題が登場したのは、「無とは何か」という問いについての言明は――まさに「アブラカダブラ」のように――ナンセンスにならざるをえないことを示すためだ、というものである。[7] 一方で、伝統的形而上学は、自らの言明の無意味さに気がつかずにあたかも有意味に語っていると思い込んでいる。他方、「形而上学とは何か」というメタ形而上学的な問いを扱うハイデガー流の形而上学は、伝統的形而上学の言明の無意味さを示すための言語を必要とするが、その言語はそれ自体、形而上学的なことを言おうとすれば無意味になることを実演するような言明を含むものにならざるをえない。ここでは、伝統的形而上学の言明の無意味さを「第一のナンセンス」、伝統的形而上学の言明の無意味さを示すようなハイデガー流の言明の無意味さを「第二のナンセンス」と呼んで区別することにする。この区別には次節で戻ってくる。

以上の見解は、一九四三年になって刊行された『形而上学とは何か』への後記」を参照することで裏書きされると思われる。この「後記」においてハイデガーは、「この講義に対する主たる懸念と誤解」として、「この講義は〈論理学〉から決別している〔…〕。〈単なる感情の哲学〉が〈正確な〉思考と行為の確実性を脅かしている」(GA9, 305)というものを挙げているが、その際、カルナップからの批判を念頭に置いていることはほとんど疑いがない。しかし、この講義の問題が論理学の支配の代わりに提示しているのは「単なる感情の哲学」ではない。それは現象学的分析がカルナップの想定するような心理学的記述とは異なる、ということでもあるだろうが、先にも述べたようにこの点について争う必要はさしあたりない。この講義のもっと重要な点は次のことである。

〈形而上学とは何か〉という問いは、形而上学を飛び越えて問うている。この問いは、形而上学の克服にすでに乗り出した思考から発現しているのだ。そのような移行の本質には、その移行が、それを克服するように促している当のものの言語を何らかの限界においてなおも話さなければならないということが属している。(GA9, 303)

カルナップと同様の「形而上学の克服」を語りながら、ハイデガーは、伝統的形而上学を克服するためにそれでも、克服されるべき形而上学の「言語をなおも話さなければならない」と述べている。「無は無化する」はそのような言語の典型である。この文は、無について語る形而上学は何を述べても無意味にならざるをえないことを示すことで、形而上学の克服を促すものだが、しかし、そのための言語は有意味であることをもはや装うことはできず、むき出しのナンセンスになるしかない。「アブラカダブラ」のように——舌がもつれてもはやうまく言えないような——言葉にならない言葉を話すしかない。形而上学の無意味さを示すために「無は無化する」というナンセンスな言明を発することをハイデガーは敢行していたのである。

5　言語の限界の行方——ウィトゲンシュタイン『論理哲学論考』との関係

ハイデガーは、「形而上学とは何か」はカルナップと同じく「形而上学の克服」に乗り出す思考であるとした上で、しかし、そのような形而上学の「移行」においては言語の限界に突き当たり、その限界上で言語を話す必要があると後年振り返って述べていた。「無は無化する」という「無意味な単語列」をハイデガーは戦略的に発していたのである。

このような——入り組んだ——戦略を「形而上学とは何か」の刊行からすぐに理解できた者は多くなかっただろうが、その数少ない理解者の一人がウィトゲンシュタインであったように思われる。カルナップに並ぶウィーン学団の中心人物のM・シュリックの自宅で、ウィトゲンシュタインは、「形而上学とは何か」が出てすぐの同年一二月に次のように述べたと言われている。

私は、ハイデッガーが存在と不安について考えていることを、十分考えることが出来る。人間は、言語の限界に対して突進する衝動を有している。例えば、或るものが存在する、という驚きについて考えてみよ。この驚きは、問の形では表現され得ない。そして、答は全く存在しないのである。我々がたとえ何かを言ったとしても、それは全てアプリオリにただ無意味でありうるだけなのである。（ウィトゲンシュタイン 1976b, 97）

このとき、ウィトゲンシュタインの念頭にあったのが「形而上学とは何か」であろうことは使われている用語から推察できる(8)。先に述べたように、この講演で、ハイデガーは私たちが不安において無に直面することを論じていたが、その際、「不安は私たちに言葉を封じる」（GA9, 112）と述べてもいたし、「後記」では言語の「限界」が「形而上学とは何か」のテーマであることも語られていた。また、ウィトゲンシュタインの挙げている「或るものが存在する」という驚きは、この講演の最後で「なぜ、そもそも存在者が存在するのであって、むしろ無ではないのか」という――G・W・ライプニッツに由来するとされる――問いに表現されている（GA9, 122）。つまり、このウィトゲンシュタインのコメントは、問いと答えが無意味になり、驚きの表現にしかなりえない事柄があるという点、また、そのような場合に私たちは何を語っても無意味になるような「言語の限界」でなおも語るしかない、といった点で、「形而上学とは何か」のモティーフともかなり重なり合う。

従来、カルナップの「言語の論理的分析による形而上学の克服」の戦略はウィトゲンシュタインの『論理哲学論考』を継承したものと考えられてきたし、カルナップ自身の自認としてもそうであっただろう。形而上学的言明を無意味な単語列として明らかにする言語の論理的分析について、カルナップは一九三〇年の「古い論理学と新しい論理学」末尾で、「哲学に従事するとは、論理的分析によって、学問の概念や文を明晰化すること以外のことではありえない。そのための道具が新しい論理学なのである」（Carnap 2004 (1930), 79）と述べている[9]。その際、『論理哲学論考』がその「新しい論理学」を提供し、形而上学の言明を記号言語に翻訳することでその無意味さを明らかにする方法のお手本になっていることは疑いない[10]。そして、論理的分析による明晰化の対象となったのが「形而上学とは何か」のハイデガーの言明であった。そのように考えるのであれば、ウィトゲンシュタインとカルナップが初期分析哲学者として一方の側にいて、ハイデガーが典型的に彼らに対立する伝統的哲学者として他方にいる、という枠組みの外部に出ることは難しいだろう。

しかし、「言語の限界」に関するウィトゲンシュタインによるハイデガーへの評価は、『論理哲学論考』と「形而上学とは何か」の近さを際立たせ、標準的な理解の枠組みを大いに問い直させるものである。カルナップは、「形而上学とは何か」の言明を無意味な単語列として批判することは『論理哲学論考』の精神にかなったことだと信じていたであろうし、形而上学とは何かを示すためにハイデガーがあえて無意味な単語列で語っている可能性には思い至らなかったようである。しかしここで重要なのは、当の『論理哲学論考』もまた、形而上学の言明が無意味であるだけでなく、その無意味さを示す『論理哲学論考』の言明自体も無意味であるというその点に一切がかかっているテキストだということであり、ウィトゲンシュタインの研究者は実際、世界や対象についての『論理哲学論考』の言明が――カルナップがハイデガー「形而上学とは何か」について言ったのと同じように――無意味な単語列である可能性を受け止めてきたのである。焦点になっているのは『論理哲学論考』の最終局面（六・五四）に現れる次の一節である。

私を理解する人は、私の命題を通り抜け――その上に立ち――それを乗り越え、最後にそれがナンセンスであると気づく。そのようにして私の諸命題は解明を行う。（いわば、梯子をのぼりきった者は梯子を投げ棄てなければならない。）／私の諸命題を葬り去ること。そのとき世界を正しく見るだろう。（ウィトゲンシュタイン 2003, 149）

先に、ハイデガーの「形而上学とは何か」においては、伝統的形而上学の言明の無意味さを「第一のナンセンス」、「無は無化する」のように形而上学の言明の無意味さを示すハイデガー自身の言明の無意味さを「第二のナンセンス」として両者を区別できると論じた。『論理哲学論考』においても同様の区別が可能である。『論理哲学論考』はハイデガーと同様に、伝統的形而上学の言明を無意味とする。しかし、その冒頭（一・一）では「世界は事実の総体であり、ものの総体ではない」（ウィトゲンシュタイン 2003, 13）などと世界の本質を言い当てるための主張をしているように見える。ところが、その最終局面でウィトゲンシュタインは、私を理解した人は自分の命題は「ナンセンス」であることに気がつくのだと言う。『論理哲学論考』を理解する人は、ウィトゲンシュタインの諸命題をナンセンスとして葬り去ることを求められる――梯子をのぼりきった者は梯子を投げ棄てなければならない――わけだ。『論理哲学論考』のウィトゲンシュタイン自身の言明のこのナンセンスさは、『論理哲学論考』がそのナンセンスさを明らかにしている伝統的形而上学の言明のナンセンスさとは区別できそうに見える。つまり、第一のナンセンスと第二のナンセンスの先の区別を『論理哲学論考』に重ねることが可能であるように思われる。

この第二のナンセンスをどう捉えるかが『論理哲学論考』の解釈においては激しく争われてきた。大谷弘の整理（大谷 2022, 66–7）に従えば、一方に、『論理哲学論考』における世界や事実についての言明はウィトゲンシュタインの言う通りナンセンスではあるが、しかし世界や事実についての何らかの洞察を与える「啓発的ナンセンス」だという解釈がある。しかし、言明が洞察を伝えており、読者がそれを理解しているならば、コミュニケーションは成立しており、その限りで、この言明をナンセンスと呼ぶべきポイントは不明である。それゆえ、「啓発的ナンセンス」といった不整合な観念に訴えずに、『論理哲学論考』冒頭におけるウィトゲンシュタインの言明は端的なナンセンスだと決然と解釈すべきだという立場が他方にはある。この「決然とした解釈」によれば、『論考』〔『論理哲学論考』〕冒頭は端的なナンセンス、意味を欠く単なる音の並び」なのであって、「形而上学的洞察を伝えてなどおらず、「あのほらけ」のようなナンセンス」なのである[11]（大谷 2022, 67）。

形而上学的言明の無意味さを示す哲学は、自分自身の言明が通常の意味での言明ではもはやありえないこと、通常の言明という観点からすればナンセンスな言葉を語らざるをえないことに自覚的になる。この点でハイデガーとウィトゲンシュタインは極めて接近している。この点に関して、例えば、形而上学史家であるA・W・ムーアは、「形而上学とは何か」の時期のハイデガー哲学についてこう述べている。

梯子を投げ棄てるようにという『論理哲学論考』の命令をここに聞き取らないことはますます困難である。つまり、ハイデガーのテキストの一切を命題として額面通りに受け取ることは、ますます難しい。ハイデガーの言葉の遊びに明白なシンパシーを示した一節で、ウィトゲンシュタインが「言語の限界に対して突進する」と呼んだものの自覚的な事例に取り組んでいるような気が本当にするのである[12]。（Moore 2012, 484）

以上の議論の蓄積が示しているのは、一九二九年にウィトゲンシュタインがハイデガーに「言語の限界に対して突進する衝動」を見てとったことと、ハイデガーが「形而上学とは何か」への後記で、形而上学の「言語を何らかの限界においてなお話さなければならない」と述べていたことは、偶然の一致として済ませられるものではない、ということだ。そしてこのことは特に二一世紀の新発見というわけでもない。一九七九年に出版され、広く読まれた『哲学と自然の鏡』において、ローティは、ハイデガーとウィトゲンシュタインとを「啓発的哲学者」、カルナップをフッサールとラッセルと同じ「体系的哲学者」に分類し、こう述べていた。

体系的大哲学者は、大科学者と同様に永遠性をめざして建設する。啓発的大哲学者は、彼ら自身の世代のために破壊する。体系的哲学者は、自分たちの主題を科学の安全な道の上に据えたいと願っている。啓発的哲学者の願いは、詩人が時折かいま見せてくれる驚き——この世にもまだ新しい何かがあるという驚き——の感覚のために、余地をあけておくことである。(13)（ローティ 1993, 429）

このローティの見方は、半世紀近くに渡って今まで——特に日本のハイデガー研究では——奇をてらった発言としか見られないことが多かったように思われる。しかし今では、論理実証主義者風の『論理哲学論考』理解は相当に影響力を失い、『論理哲学論考』の言明は「啓発的ナンセンス」どころか「端的なナンセンス」だとする「決然とした解釈」が一定の影響力を誇っているほどである。私たちにもローティの見方を冷静に受け止める準備がようやくできただろう。（論理実証主義の影響下における）従来の分析哲学対（伝統的）大陸哲学という図式においては、カルナップとウィトゲンシュタインにハイデガーを対置するのが当然だったかもしれない。しかし、ハイデガーとウィトゲンシュタインにカルナップを対置するほうが、より適切かもしれないのである。

注

1　ハイデガーと現代現象学

（1）この点については池田 2021b で詳しく論じたので参照されたい。

（2）「上空飛行的」はもともとメルロ＝ポンティの「眼と精神」の次の箇所によってよく知られるようになった概念である。「科学の思考――上空飛行的思考、対象一般の思考――は、それに先立つ「そこにある（イ・リ・ア）」ということのうちに、つまり、われわれの生活のなかで、われわれの身体にとってあるがままの感覚的世界や人工的世界の風景のうちに、またそうした世界の土壌の上に、連れもどされなくてはならないのだ」（メルロ＝ポンティ 1966, 255）。

（3）正確に言えば、Jemeinigkeit は je（それぞれ）と Meinigkeit（自分のものである）の合成語であることから、英訳において mineness は、in each case mineness と「それぞれ（in each case）」を伴って現れている（Heidegger 1962, 68）。

（4）しかし、この位置づけを確認することにも意味がある。現象学の一部として『存在と時間』を読んでいる人にとってはこの位置づけは馴染みのものである。しかし、『存在と時間』第七節で与えられている現象学の規定は、ともすると、フッサール由来の現象学との接点を見出すことを断念させることがあるくらいに、一見すると独特なものである（第七節において、ハイデガーは、Phänomenologie というドイツ語を古代ギリシャ語に翻訳し、それをさらにドイツ語に逆翻訳することによって、「自らを示すものを、それが自らをそれ自身から示す通りに、それ自身のほうから見えるようにさせること」（SZ, 34）という現象学の規定を得ている）。もっとも、この規定自体には、見た目とは異なり、フッサール由来の現象学の理解がよく反映されている可能性があるが、この問題にはここでは立ち入らない。定義論とは別に大切なことは、『存在と時間』を現象学的研究の文脈において読む場合には、本書が示すように、個々の分析が現象学の観点や議論をベースに成立しているということを様々な形で明確化できるということである。

（5）例えば、W・ブラットナーは「ハイデガーは表象主義者か」（Blattner 1999）という論文で、ハイデガーを反表象主義者と見なすドレイファスに対して、C・クリステンセンがハイデガーを表象主義者と見なして反論するという議論状況を踏まえて、ドレイファスの解釈を支持している。この場合、たしかに、ハイデガーは表象主義者か反表象主義者かという論争を背景に『存在と時間』の基本的な主張のいくつかを明確にするという成果がある。しかし、議論の一切は、表象主義／反表象主義という自分たちにとって扱いやすい概念の枠組みに『存在と時間』を当てはめることで成立しており、その枠組みでは把握不可能なハイデガー自身の哲学が語られているとは言いがたい。また、門脇俊介（門脇 2010）は、「ハイデガーと表象主義」という論考を著しているが、その場合には、認知科学や人工知能研究における表象主義に関する哲学的議論の文脈においてハイデガーがその批判者として呼び出されてきたという経緯を踏まえ、ハイデガー自身ならば表象主義に何を言うだろうか、が問われている。この議論においてはハイデガーに表象主義者か反表象主義者かのラベルを貼ることが主眼にあるのではなく、認知科学の哲学のテーマに対するハイデガーの可能的な貢献が問題となっている。本書のアプローチは、現代哲学の議論の経緯を踏まえるという点では門脇に近く、『存在と時間』の哲学の明確化が目的である点ではブラットナーに近い。正確には、現代哲学の文脈において『存在と時間』の哲学を明らかにすることを目指している以上、どちらの議論のやり方とも異なっている。

（6）ローティは、没歴史性とは、没歴史性を分析哲学のドグマとして告発していた。没歴史性とは、一方で歴史を超えた記述対象が存在するという考えであり、他方で自らの哲学の歴史的反省というメタ哲学的観点の欠如である（ローティ 2016）。これに対して、ローティにおいてハイデガーは歴史主義的な哲学者の典型であり、分析哲学の没歴史性のドグマと戦うための仲間であった。これについては池田 2021b に詳しい。

（7）M・ダメットは、分析哲学と現象学の二つの哲学的運動について、分析哲学の祖父をG・フレーゲ、現象学の創始者をフッサールと見なした上で、川に喩えてこう述べていた。「彼らはライン川とドナウ川に譬えられよう。互いにすぐ近くに源を発し、しばらくはほぼ平行して流れたが、ついにはまったく違う方向へと分かれ、別々の海へと注ぐ」（ダメット 1998, 32）。卓抜した喩えであるが、二つの哲学的運動を広く考慮すると、合流したりまた分岐したりする入りくねった川くらいのイメージが歴史の現実の複雑さに沿っているように思われる（現実にそういう川があるのかどうかは別の問題として）。

2　存在の意味

(1) 後に見るように、この問いは、ある語が様々な意味で語られる場合、そのなかに一義的で本質的な意味を求めるのか、それとも意味の多義性を認めてそのような本質的な意味を放棄するか、といった仕方で議論することができる。

(2) 数とは何かという問いに対するハイデガーの回答を『存在と時間』に見出すことは難しいが、心とは何かという問いに関しては、他者の心をどう理解するかというオーソドックスな問題設定に即してハイデガーの見解を取り出すことが可能である。本書第6章参照。

(3) フィリプセもこの見解を共有しているように見える (Philipse 1992, 257)。また、この見解は、修学時代から『存在と時間』までのハイデガーの思想の生成過程についての詳細な研究で影響力を誇るT・キシールのものでもある。彼によれば、存在の意味への問いとは「多様な仕方で分節化される存在の統一と単純性とは何か」(Kisiel 1983, 167; Philipse 1992, 257) と定式化できるものである。

(4) 存在論的多元説という後で見ることになる立場の一つのモデルとして、現代存在論においてもアリストテレス『範疇論』がしばしば参照されている (秋葉 2023, 21–22)。本章では、ハイデガーが『存在と時間』の同頁で挙げている『形而上学』第四巻の関連箇所に注目する。

(5) 正確には、ハイデガーはこう述べている。「最終的にヘーゲルが〈存在〉を〈無規定的な無媒介的なもの〉と規定し、この規定を自らの『論理学』のその後の一切の範疇的解明の基礎に置いたとき、彼は古代哲学と同じ視線の方向のうちに身を保っている。ただし、事象を含んだ〈諸範疇〉が多様であるのに対して、存在が統一をもっているというのは、アリストテレスによってすでに据えられた問題なのだが、ヘーゲルがこの存在の統一というこの問題を手放している点だけが異なっている」(SZ, 3)。存在の統一への問いを手放すという重大な出来事をハイデガーはヘーゲルに帰しているが、何の説明も『存在と時間』では与えられておらず、理解は困難である。F–W・フォン・ヘルマンの注釈は、ヘーゲルにおいて「それ自体でなお全く無規定的で、純粋な存在が、一切の範疇的規定の弁証法的展開の出発点を成している」ことが古代哲学と同じ視線の方向のうちに身を保っていると言えるのは、「アリストテレスにとっても、存在はそれ自体においては無規定的なものであり、範疇的意義を通じてはじめて規定性を獲得する」からであるが、しかし、ヘーゲルは「諸範疇の多様性に対する存在の統一への問いとして、存在への問いを保持しなかった」(Hermann 2016, 43) としている。

(6) もっとも、『カントの形而上学の問題』のこの部分にその種のすり替えが認められたとしても、同じすり替えが『存在と時間』でも起こっているかは不明だと言いたくなるかもしれない。しかし、フィリプセによれば、『存在と時間』においても同様のすり替えが起こっていることは、根源的で形式的な意味における「現象」とは「存在者の存在」であると述べていることを確認すればむしろ疑いの余地なく明白になるという（Philipse 1992, 234）。しかし、ここでフィリプセが指示表現の対象という点で「現象」と「存在者」の区別を曖昧にしていることは問題である。存在を現象と呼ぶことは、ここでは明らかに存在者との区別の下でなされており、存在者ではない以上、存在を指示対象として扱うことはできないという含意が明らかにあるからである。

(7) 実在性という概念をハイデガーが書き直す試みは工夫があって興味深いものだが、ここではその詳細に踏み込む余裕はない。詳しくは池田 2011 第一章または池田 2021a 第四章を参照。

(8) 本書第7章では、この実在問題を「擬似問題」として明らかにするという、ハイデガーと同時代人カルナップとの共通戦略について論じる。

(9) どういうわけか、シールズの本にはアリストテレスの著作自体への参照指示がない。『形而上学』第四巻第二章の以下の箇所を参照。「さて、「存在」というのにも多くの意味がある〔…〕。しかしそれらは、或る一つのもの、ある一つの自然〔実在〕との関係において「ある」とか「存在する」とか言われるのであって、同語異義的にではなく、あたかも「健康的」と言われる多くの物事がすべて一つの「健康」との関係においてそう言われるようにである。詳言すれば、その或るものは健康をたもつがゆえに、或るものは健康をもたらすがゆえに、また或るものは健康のしるしであるがゆえに、さらに他の或るものは健康を受け容れるものであるとのゆえに、ひとしく「健康的」と言われる」（アリストテレス 1959, 112–113）。

(10) 日本のハイデガー研究においては細川亮一が、存在の意味への問いはアリストテレスの「プロス・ヘン（一性）への問い」の取り返しであると主張してきたが、その際に訴えているのは『形而上学』第四巻第二章に現れる健康概念であり、前注で引用した箇所である（細川 1992, 203; 細川 2001, 82–85）。なお、茶谷直人は、このプロス・ヘン構造は中世以来「帰属のアナロギア」と呼ばれてきたが、「実はこの議論では、「存在は多義的である」」（Met. Γ2, 1003a33）と表現されても「存在はアナロギア的である」とは言われないし、むしろプロス・ヘン構造はアナロギアでないとの立場を読み取りうる箇所も存在する（NE. A6, 1096b27f）」と指摘している（茶谷 2015, 38）。

(11) 古代ギリシャの場合については細川 1992, 206 を参照。文の意味を文の発話の時間的経過に対して「無時間的」とするのは、フッサールを含めてハイデガーと同時代のドイツ哲学における主流の見方であった。これについては池田 2011, 29–30 を参照。

(12) さらに徹底しているのは、ハイデガーは、アリストテレスのウーシアも当時のギリシャ語の日常的用法における存在了解から独立ではないとし、つまり、アリストテレスのような哲学者もその歴史的状況のなかで言葉を使っているという局面に注意を向ける点である。一九二四年夏学期講義『アリストテレスの根本諸概念』において、ハイデガーは「アリストテレスの探究の基礎的な術語としてのウーシアという表現は、自然言語において熟知の意義をもつ表現に由来する」(GA18, 24) として、日常的な用法でウーシアは「屋敷、資産、全財産」(GA18, 25) などといった存在者の存在の仕方を意味するとする。この存在の仕方は、言い換えれば「意のままになるという仕方で現にあること」(GA18, 25) であり、「このことは、ギリシャ人にとって存在とは現にそこにあること (Da-sein) を最初から意味していることを私たちに示唆している」(GA18, 25)。ハイデガーが示そうとしているのは、存在についてのアリストテレスの基礎的術語もまた、「ギリシャ人」とここで呼ばれる日常言語の話し手たちの用法から独立に意味を与えられるわけではないということである。ハイデガーは言葉の意味が、哲学者を含めて個人が意味を付与する活動に由来するという描像を徹底して退けようとしていることがわかるだろう。

(13) しかし、パトナムは、ハイデガーの存在論に対してクワインの存在論のほうを正統と見なす分析哲学の主流の見解を共有するには、あまりに「ヨーロッパ大陸の伝統的哲学」への理解が深かったと思われる。後に見るように、パトナムは、クワインの存在論以降の分析哲学の存在論よりもハイデガーの存在論に共感を寄せているように見える。

(14) さらに、マクダニエルの時代的診断が的を射ていると言うべきもう一つの理由を挙げておこう。マクダニエルは、二〇世紀初めの哲学者たちにとって「抽象的対象が存在する仕方は存立する (subsist) ことであり、具体的対象が存在する仕方は実在する (exist) ことである」という風に存在の仕方を区別することを「ありふれた」区別として挙げている (McDaniel 2017, 3)。この区別の一例には、先に挙げた『存在と時間』からの引用文に登場した「文を言明することの〈時間的な〉プロセス」と「文の〈無時間的〉な意味」の区別がある。ハイデガーはこの両者をひとが対照させるのは「常」であると述べていたが、実際、この区別はマクダニエルが挙げていた例えばロッツェやフッサールを始め、二〇世紀始め頃のドイツ哲学で勢いをもっていた論理学主義や反心理学主義の基礎的な前提である。若きハイデガーはブレンターノの博士論文からアリストテレス由来の存在の意味への問いに突き動かされると同時に、まさにロッツェやフッサールらが、文の意味を、文を言明する際の心理的作用から説明しようとする心理学主義に対し、意味は〈無時間的〉であることを根拠に反対し、心理学とは異なる哲学に固有な論理学的領域を開いたことに大きな影響を受けている (池田 2011, 29–30)。そして、『存在と時間』においても、この区別は「存在了解一般を可能にする地平として時間を解釈する」という課題の設定を導いている。

(15) よく知られるように、クワインの論文「なにがあるのかについて」の帰結は、抽象的な対象が存在することを認めることだった。このことと、本文でも後で触れる「何があるのかをまじめに受け取ってよいのは、世界についての当代一流の科学理論がわれわれに教えてくれる事柄に尽きる」（パトナム 2007, 102）という、パトナムがクワインの思い込みと呼ぶものの関係については、次の井頭昌彦の説明が明らかにしてくれる。井頭によれば、抽象的対象に対する存在論的コミットメントは避けられないというクワインの見解が導かれる道筋は次のものである。「1．ある文を真と見なす者は、そのことによって何らかの存在論的コミットメントを引き受けることになる。2．われわれは物理学や化学を含むわれわれの科学の全体を真と見なしている。3．物理学や化学の一部は数学を必須の部分として含んでいる。4．受け入れられている文から存在論的コミットメントを引き出す手続きとしてクワインが採用するのは「不可欠性論証」である（不可欠性のチェックは、真と見なされている文を〈単称名辞を除去した量化文〉の形に変形した上で行われる）。5．数学の諸文が真であるためには抽象的な数学的対象の存在が不可欠である。結論：それゆえ、われわれはこういった抽象的対象に対する存在論的なコミットメントを引き受けねばならない」（井頭 2010, 105–106）。なお、単称名辞を除去するとは、文中に現れる単称名辞、例えば、「『ウェイヴァリー』の著者」を、「……は『ウェイヴァリー』を書いた」「……は詩人である」「あるものが『ウェイヴァリー』を書いたならばそれは……と同一である」といった二つの述語を同時に満たす対象と見なすことであり、不可欠性論証とはそのような対象が当の文が真であるために不可欠であることを示すということである（井頭 2010, 103–104）。

(16) 先に挙げた分析哲学における現代存在論の問い、例えば、「原子や素粒子などだけが存在するのか」をここで思い出されたい。

(17) 生活世界という言葉は『存在と時間』には登場しないが、『存在と時間』以前の講義録には再三登場する。『存在と時間』までに生活世界とその関連概念は「世界内存在」の概念へと洗練され、まとめられていったと見ることができる。これについては池田 2015 を参照。

3 行為

(1) 念のために注意しておくと、ここで問題にしているあくびは、あくびをするフリをすることや、わざとあくびをするときのように口を開けてあくびが出ることを誘発することではない。これらのフリをすることや誘発することはそれ自体、一つの行為――自分がしたこと――に相当しうるが、目下問題にしているあくびはこれらの行為からは区別される。

(2) この問いの定式化はウィトゲンシュタイン『哲学探究』621節に登場するものである（ウィトゲンシュタイン 1976a, 320）。ただし、ウィトゲンシュタインは、続く622節で「自分の腕を上げるとき、わたくしは大抵の場合、腕を上げようなどと試みてはいない」（ウィトゲンシュタイン 1976a, 321）

と述べている。それゆえこの問いは、答えを求めるべき真正の哲学的問いとして提出されているのではなく、「哲学的な議論に特有な混乱に導くもの」（門脇 1996, 162）として提示されていると言うべきだと思われる。

（3）「よし、起き上がろう」と決心することは、自分に対する語りである以上、必ずしも実際に口に出す必要はないが、口に出すことは可能であり、しばしば私たちはそのように独り言を言う。この決心の行為が、起き上がることからは全く独立した別の行為であることは、このように口に出す場面を考えればよりはっきりする。例えば、私たちは、この行為を自ら演じることができるし、あるいはこの行為を他人が真似したりすることもできる。その際、起き上がろうという意志が存在しないことは明らかである。

（4）アリストテレスの『魂について』は近代的意味における心理学ではなく、世界のうちでの人間（ないし生き物一般）の存在を論じている」（GA17, 6）とか、魂の規定について「存在論的に明瞭にされていないがここに現れているのは一切の他の存在者に対する現存在の優位であり、この優位は存在者の一切の悪しき主観化とは何の共通点もない」（SZ, 14）などと言われている。

（5）ここでは、ライルとハイデガーにおける哲学的概念の更新をその共通点として確認したが、本書第5章ではその相違点を明確にしている。共通点に重点を置いたハイデガーとライルの比較研究としてはSchmid 2003を参照。

（6）J・シュウェンクラーは次のように述べている。「この非対称の根底にある決定的な対比は、知覚に基づいて行為について知る仕方と知覚から独立に行為について知る仕方との間にあるのではなく、その知識の対象であるまさにその行為を形作り維持することに因果的に含まれている知識と、この決定的な因果的役割を欠いた知識との間にある」（Schwenkler 2011, 150）。シュウェンクラーの見方では、前者（観察による知識）の場合、その知識は当人が自分がしていることを理解するための唯一の原因であるが、後者（観察によらない知識）の場合、その知識を原因とせずとも当人は自分がしていることを理解している、という違いがある。この見方は、原因や因果的という概念を用いるかどうかという点を除けば、ここでの私の見解とほぼ一致している。

（7）サールはカリフォルニア大学バークリー校の同僚だったドレイファスと論争したが、その際、自分は志向性の論理構造の分析をしているのであり、現象学的記述には関与していないのだから、現象学的な観点からの批判は的を外していると応答していた（Searle 2001）。しかし、S・ケリーが指摘したように、サールの議論は明らかに私たちの意識生活についての現象学的見解を含んでおり、この自己理解は自己矛盾的である（Kelly 2005）。以上については、ドレイファス＝ハイデガーの立場からサールの「行為内意図」の議論が心的概念の存在論的過剰に陥っていることを含めて、池田 2019で論じた。

(8) ここまで本章で触れてきたライル、アンスコム、ハイデガーの間の親近性は偶然によるものではなく、三人の議論はどれもアリストテレス解釈を下敷きにしているという背景がある。アリストテレス解釈を起点として三人の議論を比較検討することは可能であり、重要な課題である。しかし、この研究が現実に進められているとは言えない。この課題は個人の研究の及ぶ範囲を超えており、組織的な共同研究を必要とする。ここでは、現代哲学の行為論の展開は、アリストテレス哲学という古典への回帰なしにはありえなかったという点を確認するにとどめるしかない。次章で言及するJ・マクダウェルの実践的推論の議論も同様である。

(9) 仮に連続する複数の行為の関係を述べているのであれば、一つの行為の完了が別の行為の開始であるような例を挙げなくてはならない。例えば、ハンマーや板を物置からもってくること、ハンマーで板を固定すること、固定した板に絵を描くこと、などである。引用文の適所性の連関で登場する行為の記述の間には、明らかにこのような関係はない。

(10) 富山豊は志向性を次のように説明している。「我々のこうした心の「作用」は、単にその多くが大抵は志向性を持つ、というだけでなく、本質的に志向性を持たざるを得ないように思われる。というのも、たとえば我々は様々な空想上の生物や人物、機械や建築物を頭の中に思い浮かべることができる。巨大な竜を思い浮かべることもできれば、それを空想の中でどんどん小さくしていくこともできる。しかし、どんどん小さくしていった先にそのままその竜を消失させて、「何かを思い浮かべている」わけではないがただ「思い浮かべる」という働きだけを維持する」ということができるだろうか。「思い浮かべる」という作用は、必ず「何かを思い浮かべる」ことでしかあり得ないのではないだろうか」(富山 2023, 14–15)。何も思い浮かべていないのであればそもそも「思い浮かべる」という作用は生じていない。同じことは、何かを信じる、何かを欲求するなど、心的作用一般に認められる。

(11) この「フリをする」という振る舞いはそれ自体興味深いものであるが、ここでは深入りできない。「フリをする」ことが、実際に何かをする行為の習得とは異なる独自の習得を必要とするものであることについて、ウィトゲンシュタインの議論をもとにした古田(古田 2022)の考察を参照(第四章第一節「演技の習得」)。

(12) ハイデガーの表現ではこうである。「道具とは、本質上、〈……をするための何か(etwas, um zu ...)〉である」(SZ, 68)。

(13) 派生の関係についてのハイデガーの記述は、実際には複雑である。それゆえ、両者の単純な対比は誤解を招く危険性を含んでいるが、目下は行為としての配慮的気遣いの特徴づけが主眼にあるため、この派生関係については深入りしない。詳細は池田 2011, 46–53 を参照。

(14) なお、アンスコムが行為者の「知識」を論じているのに対して、ハイデガーは知識という概念は避けており、むしろ

「了解」を中心的に用いている。アンスコムが、観察によらないのだから知識の性格を欠くと考えるのではなく、あくまで「観察によらない知識」という表現を用い続けた理由は、行為者が自分が何をやっているかについて実際に知っている場合と単に知っていると思っているだけの場合の対比が可能であり、「正誤の可能性」があるからである（アンスコム 2022, 45)。ハイデガーもこのことを否定するわけではないだろうが、行為者の了解を「認識」から区別していることは確かである。以上の用語上の区別については池田 2011, 76–78を参照。ただし、本質的な問題は、用語の違いよりも「正誤の可能性」という真理の問題の取り扱いであるが、本書ではこの問題を扱うことはできない。

(15) サールは行為中にも意図が浸透していると考えているが、これには「冷蔵庫の灯の錯誤（refrigerator light illusion）」として知られる認知エラーの疑いがある。子どもは、冷蔵庫を開けるたびに灯がついていることから、冷蔵庫が閉まっているときでも常に灯はついているのだと信じることがある。同様の誤った信念が意図を論じるサールにはあると、ケリーは考えている。「ある行為をしようという意図は、その活動に注意を向けたときには明示的になる。それゆえ、この意図は、注意を向けていないときでも、その活動の内容を特徴づける諸条件の一部であったに違いない。これは没入した活動に関しては、冷蔵庫の灯の場合と同じように、まずい原理である」(Kelly 2005, 20)。サールに対するケリーの批判については、池田 2019 で詳しく論じた。

(16) 存在者的と存在論的の区別を現存在の存在に限定して言うと、実存的と実存論的の区別になるという風に整理することも可能である。

(17) 腕という自分の身体の一部を「道具」にするという言い方には違和感があるかもしれない。しかし、E・ストラウスがアリストテレスを援用して指摘するところによれば、手は「道具の道具」であり、「経験においては、私は世界と関連する一つの器官として私の手を経験する」(Straus 1980, 150)。「器官（organ）」は、目や耳などのその他の感覚器官と同様に、身体の一部の器官という意味で用いられているが、通常、手は器官とは呼ばれない。しかし、ストラウスによれば、「手を器官と呼ばないことは、「オルガン」が元来は「道具」を意味していたという事実を考慮すると、奇妙であるように思われる」(Straus 1980, 150)。

4 知覚

(1) すぐ後に見るようにイギリスでは、一九四〇年の『経験的知識の基礎』においてエアが感覚所与の用語の導入を「錯覚からの論法」によって説明したことがよく知られている。しかし、ハイデガーが一九二五年夏学期講義『時間概念の歴史への序説』で、ハイデガーの最初の師である「〔H・〕リッケルトと他の多くの人々」(GA20, 39) が、現象学の志向性概念の形而上学的前提を暴いているというつもりで述べているところを見れば、「錯覚からの論法」に類似した議論のやり方が一九二〇年代のドイツ哲学ですでに慣例的であったことが推察できる。現象学の志向性の概念においては、私は意識内容ではなく対象自体を見ているとされるが、当時の「多くの人々」によると、「志向性という概念の使用においてはすでに、例えば知覚という振る舞いに関して言えば、二重の前提が潜んでいる。第一に心的なものは自らから出て物理的なものへと至るという形而上学的前提であり、これは周知のようにデカルト以来禁じられている。第二に志向性においては心的経過に常に実在的客観が対応するという前提が潜んでいる。しかし、錯覚や幻覚の事実がこの前提の反証である」(GA20, 39)。もちろんこのような理解が現象学の志向性概念の大いなる誤解であることは本章の論述によって示される。また、思想史的な関心としては、大きく言えば、論理実証主義に対する新カント派の影響ということになるかもしれない。本書にも名前の登場するカルナップやM・シュリックのようなウィーンの論理実証主義者たちは「新カント主義者として出発した」(Creath 2022, 8)と言われるが、その側面をエアがどれだけ継承しているのかは今のところ私には不明である。

(2)一九二五年夏学期講義『時間概念の歴史への序説』でも、講壇の椅子を例にとり、自然な知覚において私が見ているのは椅子そのものであるという点を説明する際、こう述べている。「私はこの椅子について何を述べることができるだろうか。この椅子は、二〇四番講堂の講壇の隣にあるとか、講義中に座ることを好む講師によって使われるとか、私は述べるであろう。それは任意の講壇の椅子ではなく、完全に特定の講壇の椅子であり、マールブルク大学の二〇四番講堂にあり、使われて少し痛んでおり、明らかに出所は家具工場であり、塗りの下手な椅子なのである」(GA20, 49)。こうした普通の語りにおいて述べられているのは、この椅子の「歴史」(GA20, 49)だとされる。知覚する私も知覚される対象もそれについて自然に帰属する内容は、歴史的なのであるが、知覚を感覚所与を見るものと把握するような場合には、こうした歴史性は全く顧みられない。いずれにせよ、『存在と時間』のような著作からはわからないが、講義におけるハイデガーの現象学的分析は、学生と自分がともにそこにいる環境世界の共通理解をそのまま出発点にしていることがわかる。

(3)ハイデガーは、大学の講壇を熟知していない人物として、黒い森の奥深くに住む農民とセネガルの人物を登場させている。前者はドイツ語の話者であり、「彼は〈先生のための場所〉を見るのであり、意味を帯びたものとして対象を見る」(GA56/57, 71)のに対して、後者において「最もありそうなことは、それで何をすればよいのかがわからず、単なる色の複合体と表面を、単なる事象を、単にそこにある何かを見るのではないか」(GA56/57, 72)と言われている。つまり、言語的に表現可能な意味が欠けている場合、私たちはそのものを対象としてもち、それに関わる仕方を失うのである。この点は、すぐ後に見るように、フッサールによる質料・統握・対象の連関についての議論に呼応している。

（4）門脇によるフッサールの解釈によれば、「一切の規定性を欠いた志向的関係は考えられないし、「何もの」でもないもの、どんな「相貌」をも示さぬ対象を思念することはできない」（門脇 2002a, 41）。この「相貌」という語は、野矢茂樹がウィトゲンシュタインのアスペクト論をもとに展開してきた相貌論と何らかの関係があると思われる。野矢によれば、「世界はそもそも表情に満ちており、世界と表情とを切り離すことなどできはしない。「相貌中立的な世界」という想定もまた、ある観点（例えば自然科学的観点）から見られたかぎりでの世界の一相貌にほかならない」（野矢 2010, 209）（元の版の出版年は一九九九年）。

（5）射影の議論は『論理学研究』にはまとまったものを見出すことはできず、ハイデガーの記述は関連する用語などからして明らかに一九一三年の『イデーン』第一巻を下敷きにしたものである。講義録ということもあり、『時間概念の歴史への序説』には参照指示が乏しく、フッサールの著作として挙げられているのは『論理学研究』に限られる。ハイデガーが参照したであろう、フッサールの射影論については『イデーン』第一巻の特に第四一節を参照（フッサール 1979）。

（6）フッサールは、知覚経験の時間的構造を、過去把持―原印象―未来予持という体験流の構造に即して分析してもいた。『受動的総合の分析』における議論を『イデーン』第一巻の延長線上で理解する道筋を示すものとして、門脇 2002a, 51–57を参照。

（7）一例として、第一章で触れた『現象学的な心』の以下の箇所を参照。ギャラガー&ザハヴィ 2011, 146–147.

（8）『イデーン』第一巻でフッサールは、現象学の諸原理のなかの原理について、「すべての原的に与える働きをする直観こそは、認識の正当性の源泉である」（フッサール 1979, 117）（原文にはすべての字句に傍点がついているがここでは省く）と述べている。知覚は原的に与えるという点で優れて直観と呼ばれるべきものである。ハイデガーは本章第一節で触れた一九一九年の講義でこの原理を「現象学において目覚めた学的態度の〈厳密さ〉」（GA56/57, 110）として取り上げている。

（9）デイヴィドソンは、感覚と信念の間に何の関係もないと言っているわけではない。その関係は、正当化のような論理的関係ではなく因果関係だというのがデイヴィドソンの主張である。「感覚は一定の信念の原因であり、その意味において、それらの信念の基礎、あるいは根拠である」（デイヴィドソン 2007, 227）。しかし、ここでこの主張を吟味することはできない。

（10）ドイツ語の場合には、英語のように知覚動詞が目的語と動詞の不定形（ないし進行形）を伴うことはむしろ逸脱的であり、I sehe, dass du etwas versteckst.（I see that you are hiding somethig.）と自然に言える。

(11) ただし、先の佐藤の引用文との関連で言えば、ハイデガーが特に総合の作用に注目していることは重要かもしれない。総合の作用とは、AはBより大きいとか、AはBより右であるといった関係に関わる範疇的形式を含んだ事態の知覚である（GA20, 88; フッサール 1976, 184）。

(12) ノエは、「エナクティブ・アプローチは、知覚が行為のためにまたは行為を導くために存在すると主張しているのではない」（ノエ 2010, 18–19）と述べており、ハイデガーとは異なる立場を示している。

(13) もっとも、このようにハイデガーが言うこと自体、フッサールの『イデーン』第二巻から着想を得ている可能性はある。『イデーン』第二巻において、自然主義的態度のなかでも人格主義的態度における世界の経験について、フッサールは次のように語っている。「通常の生活は〔…〕自然的客観とはまったく係わりがない。われわれが日常生活で事物と呼んでいるのは絵画、彫像、庭園、家屋、食卓、衣服、道具などであり、これらはすべて、さまざまな種類の有価値対象や使用対象、実用対象であって、自然科学の対象ではない」（フッサール 2001, 31）。『イデーン』第二巻はフッサールの死後になって一九五二年に刊行されたが、ハイデガーが『存在と時間』の執筆時点で未刊行の草稿を閲覧していることには十分な証拠がある。これについては榊原 2007 を参照。

(14) 横地 2023 は、当該箇所の引用と解釈を含む「実践的推論において見ること」の先行研究である。

(15) なお、決意性の用語はもともと『ニコマコス倫理学』解釈において、「本来的な熟慮のうちで働く意志（boulē）というギリシャ語を、決意、または決意性（Entschluss, Entschlossenheit）と読みかえる（GA19, 150）」（安里 2008, 51）ことなどによって獲得されたものである。

5 情動

(1) 現代哲学における情動の志向性理論の著作としてしばしば引き合いに出されるのはA・ケニーによる『行為・情動・意志』（Kenny 2003（1963））である。R・ソロモンによれば、この著作で、A・ケニーは情動を「志向的感じ（intentional feelings）」として分析することで、情動の対象と原因を区別した。何かを恐れている場合、感覚理論においてその何かはこの恐れという感じを引き起こす原因に過ぎないとされるのに対して、志向性理論においてはその情動が向けられている対象だと捉えられる。この点を明確にしているのは、将来のことを恐れるといったように、非実在的な対象を恐れることがあるという事実であり、その際、この対象をこの恐れの原因と見なすことはできないということである。しかし、ソロモンはこの区別の正当性を認めつつも、情動を「感じ」の一種と見なす限り、志向性としての分析は失敗するとして、情動を「判断」の一種と見なすべきだとしている（Solomon 1980, 272–273）。このように志向性理論の内部にも様々な見解の相違があるが、ここでは志向性を出発点とするという一般的傾向を確認するにとどめる。

（2）信原 2017 の第一部第三章は「情動の合理性」についての入門的内容を含む。同書は現代の「情動の哲学」の基本的な問題整理にも役立つ。

（3）この見解はカラード 2021 のものである。

（4）一九二八年夏学期講義ではこう言われている。「主観と客観の関係についての問題という仮象問題を除去することが志向性概念の狙いである。／それにもかかわらず、私たちは、志向性そのものを問題に付さなくてはならない。志向性は存在者そのものに関わっており、この意味では存在者的な超越の振る舞いではある。しかし、この振る舞いが根源的に存在者への関係を構成しているのではない。むしろ、この振る舞いは存在者のもとにあること（Sein-bei ... Seiendem）に基づいているのである」（GA26, 168）。「もとにあること」は「世界内存在」という仕方で存在者と関わる仕方のことである。

（5）デイヴィドソンによれば、「ある人がある理由で何かをなす場合、つねに、その人は、(a)ある種の行為に対し何らかの賛成的態度（pro attitude）を取っており、(b)自分の行為がその種のものであることを信じている（あるいは、知っている、分かっている、認めている、思い出している）、と考えることができる」（デイヴィドソン 1990, 3）。この賛成的態度には欲求だけでなく、道徳的見解や社会的慣習、さらには恐れのような情動も含まれる。それゆえ、デイヴィドソンの枠組みにおいては、例えば、カクテルパーティから逃げるという行為に、「狭くて閉じた場所が怖いから逃げたのだ（そして、逃げればその場所から離れられると信じていたのだ）」という仕方で理由を与えられるのであり、たしかに、情動も行為を正当化する要素として認めることができる。しかし、この説明においては、欲求その他と情動の区別は曖昧になるので、情動が欲求とは異なる仕方で行為の理由を与える仕方を探究することは困難である。実際、デイヴィドソンの行為論における情動の位置づけは、解釈者による「再構成」という仕方でしか取り出せないものになっている（Engel 2021）。

（6）もっとも、恐れの対象との空間的な近さ／遠さが恐れを強めたり弱めたりするというハイデガーの議論は明らかにアリストテレス『弁論術』の次のような議論をもとにしているのだから、ここでの情動の〈身体化〉は最も古典的な捉え方に属する。「それゆえ、そのようなもの〔恐ろしいもの〕の兆しもまた、恐怖の的となる。というのは、その兆しがある時には、恐ろしいものが近くに来ているように思われるからである。なぜなら、このこと、つまり恐ろしいものの接近が危険ということなのだから」（アリストテレス 1992, 186）。実際、ハイデガーは目下検討中の『存在と時間』第三〇節の表題「情態性の一様態としての恐れ」に対する注で、この引用文が含まれる『弁論術』第二巻第五章を参照するように指示している（SZ, 140n1.）。

（7）この結論は、情動の〈内面性〉を否定するということではない。例えば、ある人が何かに対する恐れを継続的に抱いており、かつ、その恐れについては誰にも言うことができない場合、その情動は内面の何かとして経験されうる。しかし、その経験は、この恐れの感じや、その対象を恐れることの経験に尽きることはなく、まさに、誰にも言うことができないという行為の可能性／不可能性の理解や、そのように閉じられた他者関係の経験を含めて、様々な対象や他者のもとで世界の内に自らを見出す仕方であり、こうした経験の文脈においてこそ〈内面の経験〉もよく了解されると考えるのがハイデガー的立場である。

（8）ハイデガーの専門的研究者のなかには、『存在と時間』においては恐れではなく「不安」が「根本情態性」と呼ばれていることに着目して、恐れの分析にのみ基づいて『存在と時間』の情動の現象学を論じることに異論を唱える者もいるかもしれない。これに対しては、二点を挙げて応答したい。まず、恐れの分析はすでに見たように体系的な分析と呼びうる完成度を誇っているが、不安の分析は『存在と時間』第四〇節の短い議論と各所に断片的に登場する議論をつなぎ合わせて再構成するしかなく、解釈者によってかなり異なる内容になりがちである。情緒から情態性へというハイデガーの実存論的分析の中身は、「恐れ」の分析を丁寧に読むことで大部分明らかになるというのが私の見方である。第二に、「不安」は『存在と時間』から二年後の講演「形而上学とは何か」においては、言葉の困窮と、存在者について語る言語とは別の言語の要請という側面で問題になっているように思われるが、この点についてはそれ自体で丁寧に論じるべき重要な哲学的含蓄がある。本書第7章「擬似問題」でこの点での不安論の意義について論じている。また、池田 2011, 53–59 も参照されたい。

6　他者の心

（1）本章の内容は過去に発表した論文（池田 2023）をもとにしている。本書の体裁や文脈に合わせて書き直した部分も多いが、内容的にはもとの論文とほぼ重複している。

（2）心理学の立場から、「心の理論」をその問題点も含めて説明した信頼できる概説書として唐沢 2017 を参照。

（3）シェーラーの見解は『同情の本質と諸形式』の最終節「他者知覚について」にまとまっている（シェーラー 1977, 380–422）。メルロ＝ポンティの他者論においてもシェーラーの見解はしばしば言及されている。例えば、『知覚の現象学』の以下の箇所を参照（メルロ＝ポンティ 1974, 215）。

（4）シミュレーション説の代表的な論者であるA・I・ゴールドマンは「［この種の］マインド・リーディングは共感（empathy）の拡張された形式である」（Goldman 2006, 4）と述べている。また、共感こそが他者理解の中心的な能力であるという二〇世紀初頭においてはポピュラーであった発想を現代の心の哲学の文脈の中で再発見しようと目論むK・ステューバーも、シミュレーション説の論者を「今日の共感の理論家に相当する者」（Stueber 2006, ix）と見なしている。

（5）究極的には心身の存在論が分岐点である。現象学においては、フッサールが物的身体（Körper）と生きられた身体（Leib）を区別して以来、現実の身体経験の記述に関しては物的身体への一面的依拠は回避されるべきだという考えが定着している。フッサールもまた、身体性における心的生活の「表現」を論じている（フッサール 2001, 197）。なお、そもそも身体について上記の二つの語を有するドイツ語を用いた哲学的伝統においては、現象学以前からも——例えば、A・ショーペンハウアーやニーチェにおいても——珍しい考えではないという指摘もなされている（ヴァルデンフェルス 2004, 10）。

（6）第4章で詳述したように、if-so 構造をもった運動感覚的知識を行使して実際に身体を動かすことなどが、知覚に際して私がやっていると理解されるものである。

（7）事物知覚と他者知覚の違いを考察するためには、両者の側面性に注目するという道がある。知覚される事物には射影の構造があり、知覚は常に側面的であって全面的ではない。他者知覚の場合にも、例えば、その表情に怒りが知覚される場合には、その人がなぜ怒っているのか、その怒りはどんな感じのものかなどは未だ知覚されていないことが理解されているはずであり、全面的に他者の心を知覚しているという確信ではなく、むしろ他者の心のある側面ないしアスペクトしか知覚されていないこと——他者の心には隠された面や、その心的生活には時間的な奥行きがあること——などが明らかになっていると思われる。

（8）もっとも、ザハヴィの再反論はなお曖昧さを残しているようにも思われる。ジャコブが挙げる例と類似のケースとして、生ゴミの集積の前で顔をしかめている人が嫌悪していることを認識している場面を思い浮かべてみたい。ザハヴィの概念装置からすると、この場面、生ゴミの集積を第一に志向的対象として知覚してから次いで目の前の人が嫌悪していることを認識する場合と、生ゴミを背景の一部として顔を一次的な志向的対象として知覚する場合とがあり、前者の場合は「間接的」、後者の場合は「直接的」であるということになるが、実際の経験においては、この両者の場面にはっきりとした区別をつけることは困難であると思われる。しかし、こう付け加えるならばザハヴィの区別は維持されるかもしれない。すなわち、後者の場合は、他者の心的経験を認識するための作用は背景的知覚で尽きているのであり、前者の場合のように、他者の心的経験以外の対象の知覚内容から他者の心的経験についての推論を行うという別の作用を持ち込んでいない、という違いを反省によって知ることができる、と。

（9）この点で、ハイデガーとシェーラーに共通点があることはもっと強調されてよいかもしれない。シェーラーは感情移入説の批判に際して、自分の親や先生の思想を自分自身の思想と見なす場合などを挙げ、思想や感情が自他の区別なく

「「われわれのものとして」与えられる」（シェーラー 1977, 393）ことを指摘していた。しかし、後で見るように、シェーラーが挙げているような特別な関係は、それ自体、特殊な他者関係であり、そうした関係の特殊性を現象学的に分析できる点でハイデガーの議論は際立っている。

（10）この二つの相互主観性の概念は発達心理学者のC・トレヴァーセンに由来する。ギャラガー&ザハヴィ 2008, 284 を参照。

（11）ここでウィトゲンシュタインがシェーラーと並べられるのは、例えば『心理学の哲学』第二巻170節の次の箇所に訴えてのことである。「私は彼の中に恐怖を——一般に——推測しているわけではない——私はその恐怖を見ているのである。私は外的なものから内的なものがおそらく存在していることを推論しているわけではない。むしろ、人間の表情はいわば隈なく照らし出されているのであって、しかも私はそれを反射光ではなく、直接光によって見ているようなものなのである」（ウィトゲンシュタイン 1988, 62; Gallagher and Jacobson 2012, 239n）。ウィトゲンシュタインの「直接知覚説」については山田 2022 を参照。

7　擬似問題

（1）ガブリエルはもう一人の同時代人であるO・ベッカーも、外的世界の実在問題を擬似問題として扱っていることを指摘している。数学者でありハイデガーの弟子でもあったベッカーによれば、「純粋に現象学的な見地からすれば、伝統的な認識論の〈実在論者〉と〈観念論者〉のどちらの命題も有意味ではない」（Becker 1962, 15）。

（2）カヴェルによるハイデガーの解釈の詳細については、池田 2021b を参照されたい。

（3）ハイデガーは、内面領域とは「カプセルに包まれている（verkapselt）」というイメージで理解されるものだという見方をしばしば示している（SZ, 62）。

（4）「治療的」という表現は、『哲学探究』の特に§133に現れる「治療法」（ウィトゲンシュタイン 1976a, 107）への言及を根拠に、後期ウィトゲンシュタインの哲学について用いられるものであるが、目下見ているように、ハイデガーの哲学を特徴づけるのにも役立つ。『哲学探究』の治療的解釈については様々な議論があるが、ハイデガー解釈との関連で言えば、例えば次のような指摘がなされてきた。T・シャツキは、治療的解釈は『哲学探究』の断片的な情報に基づいた根拠に乏しい説であり、むしろ、『哲学探究』序文における「できることなら、誰かが自分自身で考えるための励ましになりたいと思っている」（ウィトゲンシュタイン 1976a, 11）という部分に注目すべきだとし（Schatzki 2013, 180）、その上で、「考えるな、見よ」というウィトゲンシュタインの警句とハイデガーの「事象そのものへ」を並べて、後者は前者の別バージョンであるとする（Schatzki 2013, 185）。シャツキの指摘はもっともに聞こえるが、励ますことと治療することを対比的に捉える必要があるのかなど考えるべきことはなお多い。しかし、ここではこれ以上深入りできない。

（5）本章では、「無意味」に対するドイツ語として sinnlos と widersinnig が登場している。sinnlos は広く一般的に使われている語であり、カルナップにおいては経験的に検証不可能であるという場合でも論理的に無意味である場合でも使われている。また、『存在と時間』では「世界が存在するのかとか、この存在は証明されうるのかといった問い」が「無意味（ohne Sinn）」と言われるが、sinnlos と言っても同じことである。これに対し、二つ目の widersinnig はここでのハイデガーのように、表現が矛盾を含むという意味で用いることが、フッサール『論理学研究』以来、現象学では定着しており、「反意味」と訳されるのが普通である。「円い四角」が「反意味」の典型例とされる箇所を参照（フッサール 1974, 119）。目下の議論においてはこの区別にポイントはないため、議論の混乱を避けるために、カルナップにならって「無意味」で統一する。

（6）M・フリードマンは、一九三二年における「二人の間の本当の問題は、カルナップが哲学における論理学と精密科学の中心性を肯定するのに対してハイデガーは否定するという状況に存する」（Friedman 2000, 12）と述べている。

（7）『存在と時間』の不安論では次のように言われている。「無であり、どこにもないことのうちで告げられている全き無意義性（Unbedeutsamkeit）は世界の不在（Weltabwesenheit）を意味するわけではなく、むしろ次のことを述べている。すなわち、世界内部的存在者はそれ自身において全く重要でないので、世界内部的存在者のこうした無意義性に基づいて世界がその世界性においてひたすら自らを押しつけてくるようになる」（SZ, 187）。不安とは、存在者についての有意味性の基準に基づいてはもはや語りえない、無と世界の経験のことである。その上でなおも無について語ろうとすると哲学の言語はどうなるのか。「不安は私たちに言葉を封じる」（GA9, 112）という観点を取り入れた「形而上学とは何か」は、この問いに不恰好な言葉遣いで応答するものだと言えよう。

（8）「形而上学とは何か」は、現在はハイデガー全集版に収録されているが、そのドイツ語原文にしてわずか二〇頁弱に過ぎない。『存在と時間』は刊行からすぐに話題となったと言われるが、原著で四〇〇頁を超える大著であり、数年で全体を精読できた者は多くはなかっただろう。これに対して、この短い講演は、『存在と時間』の著者の思想を凝縮した形で、素早く広い層に伝えるものになったと思われる。

（9）飯田隆はこの箇所を、ここを見れば「『論考』〔『論理哲学論考』〕が、論理実証主義の基本的相貌を用意したこと」（飯田 2023 (1989), 63）にうなずけるはずの箇所として引用している（ただし、引用は英訳（Carnap 1959）より）。

（10）「古い論理学と新しい論理学」では、この時期に成立した「新しい論理学」への貢献者として、ウィトゲンシュタインの名前が挙げられている（Carnap 2004（1930), 65)。

(11) なお、大谷自身はこのどちらの解釈でもない「中間的解釈」を提案している（大谷 2022, 68–9)。

(12)『存在と時間』に関してもこの『論理哲学論考』の命令を聞き取る解釈もありうる。第1章で見たように、『存在と時間』においてハイデガーは、この書の分析における「表現のぎこちなさと〈不格好さ〉」(SZ, 38) を認め、次の注記を加えていた。「存在者について叙述しつつ報告することと、存在者をその存在において把握することは、それぞれ別のことだ、ということである。後者のほうの課題には、単に語が欠けているだけではなく、何よりもまず〈文法〉が欠けている」(SZ, 39)。この点を踏まえるなら、『存在と時間』に現れる言明も「命題として額面通りに受け取る」ことはたしかに難しい。D・ダールストロームは、『存在と時間』について、「ハイデガーは彼が登ることを強いられた梯子（〈世界内部的〉あるいは〈理論的〉言明、〈客観化する〉概念など）を投げ棄てることができなくてはならない」(Dahlstrom 1994, 788) と述べている。この点についてはMcManus 2013, 51も参照。

(13) ローティはここで啓発的哲学者と「詩人」の近さを指摘しているが、「形而上学とは何か」におけるハイデガーの言語は明らかに『存在と時間』とは異なり、詩的な要素を含んでいる。例えば、以下の箇所のリズムと反復的表現を見よ。「世界関連がそこへと向かっていくものは、存在者それ自体であり——それ以外の何でも無い（und sonst nichts)。一切の姿勢がそれについて自らの導きを得るものは、存在者それ自体であり——それだけしか無い（und weiter nichts)。それと研究しつつ取り組んでいるものが侵入において生起するものは、存在者それ自体であり——それを超えては何も無い（und darüber hinaus nichts.)」(GA9, 105)。「形而上学とは何か」における表現の詩的要素については、松本直樹氏との会話から示唆を得た。

あとがき

ハイデガー『存在と時間』は、現代哲学のどのようなトピックにどのような見解を示しているのか。このことを解き明かすには、この哲学を、まず現象学のより広い文脈に位置づけ、さらにその文脈のなかでこの哲学に特有の着眼点、物の見方、強みなどを明らかにするという方法が有効である。ハイデガーは、私たちが自分はどういう存在なのかについての了解を背景として、行為、知覚、情動、他者の心などを経験する仕方を現象学的に記述しており、この実存論的アプローチによって現代現象学に特有の位置づけを占めている。本書はこのようなスタンスで「ハイデガーと現代現象学」という表題にまとめられるべき考察を試みてきた。ハイデガーは、私たちが物を考え始めるや否や抱きがちな先入見——各章のエピソードではるが表現していたような見方や問い方——を遮断して、私たちの経験をそのまま端的に見るという、現象学者として真っ当な哲学を愚直にやっている。このことは伝わったとした上で、本書が提示してきた哲学的な主張や議論にはどのような問題があるのか、あるいは、どのような可能性を見出しうるのだろうか。書いた本人には結局は把握しえないこれらの点について、読者の皆さんからのレスポンスを心待ちにしている。

第2章から第7章にかけての各論について、一点だけ振り返りたい。第3章から第6章まで、行為、知覚、情動、他者の心について考察した際には、ハイデガーを現象学の文脈に位置づけ、その立場から現代の争点に対して議論を提示した。一見するとハイデガーに特有のものと思われる議論が、実際には現象学の伝統の一部であり、現象学的分析としてこそその哲学的含意が明らかにできることを示してきた。しかし、第2章と第7章では、ハイデガーとウィトゲンシュタインの関係という観点が前景に出ており、それ以外の章とは趣が異なっている。

第3章から第6章に比べると、これら二章分の議論は意外に思えたかもしれないが、あらためて断っておきたいのは、この議論は私の着想とか独創的視点とかに由来するのではないということだ。むしろ、本書で言及しただけでも――フィリプセ、ゲスマン、ドレイファス、ローティ、カヴェルなど――多くの研究者たちが、ハイデガーとウィトゲンシュタインの哲学の同型性や類似性を論じてきたのであり、この観点からハイデガーの哲学の論点を明確化しようとしてきた。ハイデガーとウィトゲンシュタインというこの同年生まれの、しばしば二〇世紀最大の哲学者として並べられる二人が、その哲学的な親近性において論じられるなどということは、『存在と時間』が出版された頃はもちろん、その後も半世紀近くは稀であった。ところが今では、第7章で示したように、哲学的な内容に即して言えば、ハイデガーとウィトゲンシュタインの対のほうがカルナップとハイデガーという対よりも密接だという見解は十分に存在する。今なら、以前には堅固に存在していた先入見から自由になって、ハイデガーとウィトゲンシュタインという二人の哲学者の思考を実り豊かに出会わせることができる。こうしたことは、時間が経たないとわからないことがあることを示している。

本書の提示した「ハイデガーと現代現象学」が、『存在と時間』のような古典的な哲学書の読み方として、あるいは研究のアプローチとしてどう受け止められるのかにも興味がある。本書での試みは、現在の私たちにとって馴染みの議論の枠組みを古典的テキストに当てはめることでも、異質とされた複数の哲学の間に人工的な橋をかけることでもなかった。むしろ、現に存在してきた議論の文脈を辿ることで現代哲学の問題とハイデガーの哲学の間の実際のつながりを示し、百年後だからこそ可能な仕方でテキストを照らし出すという仕方での現代的アプローチを試みたつもりである。

研究の方法についてのこうした私の関心は、きっと、「哲学するためになぜ哲学史を学ぶのか」という古典的な問いの一部であり、多くの研究者が突き当たってきた問いにやっと辿り着いた、というだけのことかもしれない。しかし、別の見方をすれば、一人のハイデガー研究者がこのような問いに辿り着くということは、まさにハイデガーの哲学もそういう歴史的対象になったということだと感じる。『存在と時間』が刊行されてからもうすぐ百年、ハイデガーの死（一九七六年）からももうすぐ五〇年が経つ。この間にこの書について誰が何を語ってきたのかを無視して今『存在と時間』を見ることは、例えば、百年の歴史をもつ建造物を、そこを訪れたりそれを維持したりそれについて語ってきたりした人々が何を語っているかを無視して、単に古い建物として即物的に見るのと同じくらい、私には不自然なことである。『存在と時間』を通じて同じ哲学のテーマに取り組んできた先人たちへのリスペクトの問題でもある。

『ハイデガーと現代現象学』というタイトルは、本を書いてから出来上がったのではない。むしろこのタイトルの本を書くのは私の念願であった。たしか二〇一六年の冬、はしがきで触れた『現代現象学』のゲラをたまたま、この本の編者たちと雑談しているときに目にしたときのことをよく覚えている。編者である三人のフッサール研究者、植村玄輝さん、八重樫徹さん、吉川孝さんは二〇代の頃から親しく付き合っている友人であり、また、同世代の現象学研究者の仲間である。正直言って、このような本を自分ではなく近しい研究仲間たちが書いていることに動揺したし、大いに嫉妬した。その一方で、現代現象学のハイデガー版であれば、私にこそ書けることがあると思ったし、どうしても書きたいと思った。その後、二〇一八年に植村さんが、若手研究者フォーラムのテーマレクチャー「現代現象学」を二人でやらないかと誘ってくれた。そのときには実際、「ハイデガーと現代現象学」の担当が私に期待されていたし、そのレクチャーをもとにした論文には好意的な反応が多かった。この経験が、このタイトルの本を書きたいという気持ちをさらに高めてくれたことは間違いない。

もっとも、ハイデガーと現代現象学というタイトルにふさわしい仕事であれば、そういう名称がなかったとはいえ、私のハイデガー研究の恩師である（故）門脇俊介先生がすでに取り組んでいた。私は門脇先生を模範として自分なりにできることをしただけだ、というのが正確であることはやはり書いておく必要がある。門脇先生は、ドレイファスによる『存在と時間』論の監訳者であり、ローティのハイデガー解釈の批判者であり、いち早く、ハイデガーとマクダウェルの議論の関連を論じていた。門脇先生はしばしば、分析哲学的な立場からのハイデガーの読み手だと思われていたようだが、正確には「分析系」なのではなく、分析哲学の議論の文脈をよく把握した上での分析哲学の批判者だった。同じことは、ドレイファスにもローティにも言える。しかし、このことが理解されないほど、日本のハイデガー研究は分析哲学の文脈や歴史には無知であり続けてきた。本書をきっかけに門脇先生の仕事が少しでも顧みられることがあれば嬉しいし、当時は理解されなかったその仕事が今なら理解されるきっかけを本書が作ることになれば、それは素晴らしいことだ。

当然のことながら、門脇先生以外にも多くの人たちとの学問的交流なしには本書が書き上げられることはなかった。まず、先に挙げた『現代現象学』の編者である三人にあらためて感謝申し上げる。なかでも吉川さんは、本書の全体に目を通した上で、有益な指摘や助言をしてくださった。八重樫さんとは、シェーラーにおける他者の心の直接知覚論についてかつて共同で論文を書いたことがあり、本書第6章はそのときの共同研究なしには生まれなかったものである。植村さんからのレクチャーの誘いが本書の執筆につながったことは、先にも触れた通りである。また、ウィトゲンシュタイン研究者である古田徹也さんも、本書の全体を通読し、私では気づくことのできなかった様々な問題を指摘してくれた。また古田さんが、ウィトゲンシュタインとハイデガーを結びつける議論を評価してくれたことには大いに励まされた。古荘真敬さんとは、本書の内容についてカジュアルな会話を何度かすることがあったが、その会話から考えたことが本書の重要な部分をなしている。秋葉剛史さんと文景楠さんから、それぞれ現代存在論とアリストテレスのウーシア論についての情報を提供してもらうことがなければ、第2章を書くことはできなかった。

勁草書房の土井美智子さんには、現代現象学の一つのお手本であるギャラガー&ザハヴィ『現象学的な心――心の哲学と認知科学入門』を二〇一一年に翻訳刊行して以来の付き合いになる。あれから一〇年余りが経って、自分自身が現代現象学の本を書くことができた。本書の構想から出版まで導いてくれた土井さんに格別の感謝を申し上げる。

二〇二三年一二月一七日

池田　喬

著者略歴

1977年　東京都に生まれる
2008年　東京大学大学院人文社会系研究科博士課程修了
　　　　博士（文学）
現　在　明治大学文学部教授
著　書　『ハイデガー 存在と行為』（創文社、2011年）
　　　　『ハイデガー『存在と時間』を解き明かす』（NHK出版、2021年）
　　　　『生きることに責任はあるのか』（共編著、弘前大学出版会、2012年）
　　　　『始まりのハイデッガー』（共編著、晃洋書房、2015年）
　　　　『映画で考える生命環境倫理学』（共編著、勁草書房、2019年）ほか

ハイデガーと現代現象学
トピックで読む『存在と時間』

2024年2月20日　第1版第1刷発行

著 者　池田(いけだ)　喬(たかし)

発行者　井村寿人

発行所　株式会社　勁草(けいそう)書房

112-0005　東京都文京区水道2-1-1　振替 00150-2-175253
（編集）電話 03-3815-5277／FAX 03-3814-6968
（営業）電話 03-3814-6861／FAX 03-3814-6854
理想社・中永製本

ISBN978-4-326-10336-2　Printed in Japan

人名索引

あ 行

か 行

さ 行

た　行

な　行

は　行

ま　行

ら 行

文　献

ハイデガー（Martin Heidegger）の著作と講義録

『存在と時間』からの引用はマックス・ニーマイヤー版の単行本（*Sein und Zeit*, 19 Aufl., Max Niemeyer, 2006）を用い、略号 SZ とページ数を併記して指示した。『存在と時間』以外の著作や講義録からの引用に際しては、全集版（Martin Heidegger, *Gesamtausgabe*, Vittorio Klostermann, 1975ff.）（の原則として最新版）を用い、以下の略号とページ数を併記して指示した。翻訳があるものについてはそのほとんどを参考にしたが、変更箇所についていちいち挙げることはしない。

GA3: *Kant und das Problem der Metaphysik*
GA9: *Wegmarken*
GA14: *Zur Sache des Denkens*
GA17: *Einführung in die phänomenologische Forschung*
GA18: *Grundbegriffe der aristotelischen Philosophie*
GA19: *Platon: Sophistes*
GA20: *Prolegomena zur Geschichte des Zeitbegriffs*
GA24: *Die Grundprobleme der Phänomenologie*
GA26: *Metaphysische Anfangsgründe der Logik im Ausgang von Leibniz*
GA56/57: *Zur Bestimmung der Philosophie*

ハイデガーの原著以外の文献

二次文献については翻訳のあるものについてはどれも翻訳に従った。また、複数の翻訳がある場合には原則的に入手しやすいものを用いた。ただし、翻訳の水準などの理由からこの原則に完全に従っていない場合がある。

秋葉剛（2023）「存在と真理における「多と一」」、荒畑靖宏・吉川孝編『あらわれを哲学する——存在から政治まで』、晃洋書房
アンスコム，G. E. M.（2022）『インテンション——行為と実践知の哲学』（柏端達也訳）、岩波書店
アリストテレス（1959）『形而上学（上）』（出隆訳）、岩波書店
アリストテレス（1992）『弁論術』（戸塚七郎訳）、岩波書店
安里淳（2008）「製作と実践の共働と分離——ハイデガーの前期著作におけるアリスト

テレスの影響」、『メタフュシカ』39: 47–57.
オースティン，J. L.（1984）『知覚の言語――センスとセンシビリア』（丹治信春・守屋唱進訳）、勁草書房
エア，A. J.（1991）『経験的知識の基礎』（神野慧一郎・中才敏郎・中谷隆雄訳）、勁草書房
Backman, J.（2015）*Complicated Presence: Heidegger and the Postmetaphysical Unity of Being*, State University of New York Press.
Becker, O.（1962）Zwei phänomenologische Betrachtungen zum Realismusproblem, in *Lebendiger Realismus. Festschrift für Jahannes Thyssen*, Hrsg. v. Klaus Hartmann and Hans Wagner, Bouvier.
Blattner, W.（1999）Is Heidegger a Representationalist?, *Philosophical Topics* 27 (2): 179–204.
カラード，A.（2021）『怒りの哲学――「正しい」怒りは存在するか』（小川仁志訳）、ニュートンプレス
Carnap, R.（1959）The Old and the New Logic, in A. J. Ayer（ed.）*Logical Positivism*, The Free Press.
カルナップ，R.（1977）「言語の論理的分析による形而上学の克服」、永井成男・内田種臣編『カルナップ哲学論集』（内井惣七・内田種臣・竹尾治一郎・永井成男訳）、紀伊國屋書店
Carnap, R.（2004）Scheinprobleme in der Philosophie（1928）, in *Scheinprobleme in der Philosophie und andere metaphysikkritische Schriften*, Hrsg. v. Thomas Mormann, Felix Meiner.
Carnap, R.（2004）Die alte und die neue Logik（1930）, in *Scheinprobleme in der Philosophie und andere metaphysikkritische Schriften*.
Cavell, S.（1999）*The Claim of the Reason: Wittgenstein, Skepticism, Morality, and Tragedy*（1979）, New Edition, Oxford University Press.
Cavell, S.（2002）*Must We Say What We Say*（1969）, Updated Edition, Cambridge University Press.
カベル，S.（2005）『センス・オブ・ウォールデン』（齋藤直子訳）、法政大学出版局
カヴェル，S.（2008）『哲学の〈声〉――デリダのオースティン批判論駁』（中川雄一訳）、春秋社
茶谷直人（2015）「アリストテレスにおけるアナロギアの諸相」、『愛知』27: 37–49.
Creath, R.（2022）Logical Empiricism, in *Stanford Encyclopedia of Philosophy*. [https://plato.stanford.edu/entries/logical-empiricism/]
Dahlstrom, D.（1994）Heidegger's Method: Philosophical Concepts as Formal Indications, *Review of Metaphysics* 47: 775–795.
デイヴィドソン，D.（1990）『行為と出来事』（服部裕幸・柴田正良訳）、勁草書房
デイヴィドソン，D.（2007）『主観的、間主観的、客観的』（清塚邦彦・柏端達也・篠原成彦訳）、春秋社

Dreyfus, H. (2014) Mark Wrathall (ed.) *Skillful Coping: Essays on the Phenomenology of Everyday Perception and Action*, Oxford University Press.

ダメット, M. (1998)『分析哲学の起源――言語への転回』(野本和幸ほか訳)、勁草書房

Engel, P. (2021) Davidson on Emotions and Values, in Syraya Chin-Mu Yang and Robert H. Myers (eds.) *Donald Davidson on Action, Mind and Value*, Springer.

Friedman, M. (2000) *A Parting of the Ways: Carnap, Cassirer, and Heidegger*, Open Court.

古田徹也 (2020)『はじめてのウィトゲンシュタイン』、NHK 出版

古田徹也 (2022)『このゲームにはゴールがない――ひとの心の哲学』、筑摩書房

Gabriel, G. (2012) Carnap, Pseudo-Problems, and Ontological Questions, in Pierre Wagner (ed.) *Carnap's Ideal of Explication and Naturalism*, Palgrave Macmillan.

Gallagher, S. (2008) Direct Perception in the Intersubjective Context, *Consciousness and Cognition* 17: 535–543.

Gallagher, S. and Jacobson, R. (2012) Heidegger and Social Cognition, in Julian Kiverstein and Michael Wheeler (eds.) *Heidegger and Cognitive Science*, Palgrave Macmillan.

ギャラガー, S. &ザハヴィ, D. (2011)『現象学的な心――心の哲学と認知科学入門』(石原孝二・宮原克典・池田喬・朴嵩哲訳)、勁草書房

Gethmann, C. F. (1993) *Dasein: Erkennen und Handeln. Heidegger im phänomenologischen Kontext*, Walter de Gruyter.

Gethmann, C. F. (2007) *Vom Bewusstsein zum Handeln: Das phänomenologische Projekt und die Wende zur Sprache*, Wilhelm Fink.

Glendinning, S. (2013) Wittgenstein and Heidegger and the „Face" of Life in Our Time, in David Egan, Stephen Reynolds, and Aaron James Wendland (eds.) *Wittgenstein and Heidegger*, Routledge.

Goldman, A. I. (2002) Simulation Theory and Mental Concepts, in Jérôme Dokic and Joëlle Proust (eds.) *Simulation and Knowledge of Action*, John Benjamins.

Goldman, A. I. (2006) *Simulating Minds: The Philosophy, Psychology, and Neuroscience of Mindreading*, Oxford University Press.

Heidegger, M. (1962) *Being and Time*, trans. John Macquarrie and Edward Robinson, Blackwell.

Hermann, F-W. v. (2016) *Hermeneutische Phänomenologie des Daseins. Ein Kommentar zu „Sein und Zeit" I „Einleitung: Die Exposition der Frage nach dem Sinn von Sein,"* Vittorio Klostermann.

細川亮一 (1992)『意味・真理・場所――ハイデガーの思惟の道』、創文社

細川亮一（2001）『ハイデガー入門』、筑摩書房
フッサール，E.（1970）『論理学研究 2』（立松弘孝・松井良和・赤松宏訳）、みすず書房
フッサール，E.（1974）『論理学研究 3』（立松弘孝・松井良和訳）、みすず書房
フッサール，E.（1976）『論理学研究 4』（立松弘孝訳）、みすず書房
フッサール，E.（1979）『イデーンⅠ－Ⅰ――純粋現象学と現象学的哲学のための諸構想（イデーン）第 1 巻 純粋現象学への全般的序論』（渡辺二郎訳）、みすず書房
フッサール，E.（1995）『ヨーロッパ諸学の危機と超越論的現象学』（細谷恒夫・木田元訳）、中央公論新社
フッサール，E.（2001）『イデーンⅡ－Ⅰ――純粋現象学と現象学的哲学のための諸構想（イデーン）第 2 巻 構成についての現象学的諸研究』（立松弘孝・別所良美訳）、みすず書房
井頭昌彦（2010）『多元論的自然主義の可能性――哲学と科学の連続性をどうとらえるか』、新曜社
飯田隆（2023）『増補改訂版 言語哲学大全Ⅱ――意味と様相（上）』、勁草書房（第一版は 1989 年）
池田喬（2011）『存在と行為――ハイデガー『存在と時間』の解釈と展開』、創文社
池田喬（2015）「生活世界の発見――初期ハイデガーと現象学」、細川亮一・齋藤元紀・池田喬編『始まりのハイデッガー』、晃洋書房
池田喬（2019）「行為のなかの意図？――現代現象学とハイデガー」、『哲学の探求』46: 2–20.
池田喬（2021a）『ハイデガー『存在と時間』を解き明かす』、NHK 出版
池田喬（2021b）「アメリカ哲学の体現者としてのハイデガー――ローティ、カヴェル、ねじれた現象学の異境的展開」、『何処から何処へ――現象学の異境的展開』、知泉書館
池田喬（2023）「他者の心をどう理解するのか――現象学における直接知覚説の伝統にハイデガー『存在と時間』を位置づける」、『立命館哲学』34: 1–31.
Jacob, P.（2011）The Direct Perception Model of Empathy: A Critique, *Review of Philosophy and Psychology* 2: 519–540.
門脇俊介（1996）『現代哲学』、産業図書
門脇俊介（2002a）『理由の空間の現象学――表象的志向性批判』、創文社
門脇俊介（2002b）「認知と感情――ハイデガー的アプローチ」、門脇俊介・信原幸弘編『ハイデガーと認知科学』、産業図書
門脇俊介（2010）『破壊と構築――ハイデガー哲学の二つの位相』、東京大学出版会
カント，I.（2005）『純粋理性批判 上』（原佑訳）、平凡社
唐沢かおり（2017）『なぜ心を読みすぎるのか――みきわめと対人関係の心理学』、東京大学出版会
Kelly, S.（2005）Closing the Gap: Phenomenology and Logical Analysis, *The Harvard Review of Philosophy* 13（2）: 4–24.

Kenny, A. (2003) *Action, Emotion and Will* (1963), Second Edition, Routledge.
Kisiel, T. (1983) Heidegger (1907–1927): The Transformation of the Categorial, in Hugh J. Silverman, John Sallis and Thomas M. Seebohm (eds.) *Continental Philosophy in America*, Duquesne University Press.
McDaniel, K. (2017) *The Fragmentation of Being*, Oxford University Press.
マクダウェル，J. (2016)「徳と理性」、大庭健編・監訳『徳と理性——マクダウェル倫理学論文集』、勁草書房
McManus, D. (2013) The Provocation to Look and See: Appropriation, Recollection, and Formal Indication, in *Wittgenstein and Heidegger*.
メルロ＝ポンティ，M. (1966)『眼と精神』(滝浦静雄・木田元訳)、みすず書房
メルロ＝ポンティ，M. (1974)『知覚の現象学 2』(竹内芳郎・木田元・宮本忠雄訳)、みすず書房
Moore, A. W. (2012) *The Evolution of Modern Metaphysics: Making Sense of Things*, Cambridge University Press.
Moore, G. E. (1959) Proof of an External World (1939), in *Philosophical Papers*, Muirhead.
ムーア，G. E. (1960)「常識の擁護」、『観念論の論駁』(国嶋一則訳)、勁草書房
中畑正志 (2020)「アリストテレスは「存在論」を語らない——オントロジーの概念と歴史の再考に向けて」、土橋茂樹編『存在論の再検討』、月曜社
西村清和 (2018)『感情の哲学——分析哲学と現象学』、勁草書房
信原幸弘 (2017)『情動の哲学入門——価値・道徳・生きる意味』、勁草書房
ノエ，A. (2010)『知覚のなかの行為』(門脇俊介・石原孝二監訳)、春秋社
野矢茂樹 (2010)『哲学・航海日誌 I』、中央公論新社
大谷弘 (2022)『入門講義 ウィトゲンシュタイン『論理哲学論考』』、筑摩書房
Philipse, H. (1992) Heidegger's Question of Being and the 'Augustinian Picture' of Language, *Philosophy and Phenomenological Research* LII (2): 251–287.
Philipse, H. (2007) Heidegger's "Scandal of Philosophy": The Problem of the *Ding an Sich* in *Being and Time*, In Steven Crowell and Jeff Malpas (eds.) *Transcendental Heidegger*, Stanford University Press.
パトナム，H. (2007)『存在論抜きの倫理』(関口浩喜・渡辺大地・岩沢宏和・入江さつき訳)、法政大学出版局
クワイン，W. V. O. (1992)「なにがあるのかについて」、『論理的観点から——論理と哲学をめぐる九章』(飯田隆訳)、勁草書房
ローティ，R. (1993)『哲学と自然の鏡』(野家啓一監訳)、産業図書
ローティ，R. (2016)「科学としての哲学・メタファーとしての哲学・政治としての哲学」(冨田恭彦訳)、『思想』(岩波書店) 1106: 51–81.
ラッセル，B. (2005)『哲学入門』(高村夏輝訳)、筑摩書房
ライル，G. (1979)「ハイデガーの『存在と時間』」(野家啓一訳)、『現代思想 臨時増刊 総特集＝ハイデガー』7–12: 150–166.

ライル，G.（1987）『心の概念』（坂本百大・宮下治子・服部裕幸訳）、みすず書房
榊原哲也（2007）「発生と解体――初期ハイデッガーとフッサールとを繋ぐもの」、秋富克哉・関口浩・的場哲朗編『ハイデッガー『存在と時間』の現在――刊行 80 周年記念論集』、南窓社
佐藤駿（2015）「カテゴリー的直観再訪――知覚的正当化の問題をめぐって」、小熊正久・清塚邦彦編『画像と知覚の哲学――現象学と分析哲学からの接近』、東信堂
Schatzki, T. R.（2013）Human Activity as Indeterminate Social Event, in *Wittgenstein and Heidegger*.
シェーラー，M.（1977）『同情の本質と諸形式』（青木茂・小林茂訳）、白水社
Schmid, H. B.（2003）Heidegger und Gilbert Ryle. Das gemeinsame Anliegen von *Sein und Zeit* und Ryles *Begriff des Geistes*, in *Heidegger Handbuch: Leben-Werk-Wirkung*, Hrsg. v. Dieter Thomä, J. B. Metzler.
Schwenkler, J.（2011）Perception and Practical Knowledge, *Philosophical Explorations* 14（2）: 137–152.
サール，J.（1997）『志向性――心の哲学』（坂本百大監訳）、誠信書房
Searle, J.（2001）Neither Phenomenological Description Nor Rational Reconstruction: Reply to Dreyfus, *Revue Internationale de Philosophie* 2001/2 217: 277–297.
シールズ，C.（2022）『古代哲学入門――分析的アプローチから』（文景楠・松浦和也・宮崎文典・三浦太一・川本愛訳）、勁草書房
Solomon, R. C.（1980）Emotions and Choice, Amélie Oksenberg Rorty（ed.）*Explaining Emotions*, California University Press.
Straus, E.（1980）*Phenomenological Psychology*（1966）, Garland.
Stueber, K.（2006）*Rediscovering Empathy: Agency, Folk Psychology, and the Human Sciences*, MIT Press.
富山豊（2023）『フッサール――志向性の哲学』、青土社
植村玄輝・八重樫徹・吉川孝編（2017）『現代現象学――経験から始める哲学入門』、新曜社
ヴァルデンフェルス，B.（2004）『講義・身体の現象学――身体という自己』（山口一郎・鷲田清一監訳）、知泉書館
ウィトゲンシュタイン，L.（1976a）『哲学探究』（藤本隆志訳）、大修館書店
ウィトゲンシュタイン，L.（1976b）『ウィトゲンシュタインとウィーン学団／倫理学講和』（黒崎宏・杖下隆英訳）、大修館書店
ウィトゲンシュタイン，L.（1988）『心理学の哲学 2』（野家啓一訳）、大修館書店
ウィトゲンシュタイン，L.（2003）『論理哲学論考』（野矢茂樹訳）、岩波書店
山田圭一（2022）「悲しみを見るとはどのようなことか――ウィトゲンシュタインの直接知覚説の検討」、『哲学論叢』49: 1–11.
横地徳広（2023）「実践的推論において見ること――『ニコマコス倫理学』のハイデガー的現象学」、嶺岸佑亮・増山浩人・梶尾悠史・横地徳広編『見ることに言葉はい

るのか——ドイツ認識論史への試み』、弘前大学出版会
Zahavi, D. (2011) Empathy and Direct Social Perception: A Phenomenological Proposal, *Review of Philosophy and Psychology* 2 (3): 541–558.
Zahavi, D (ed.) (2012) *The Oxford Handbook of Contemporary Phenomenology*, Oxford University Press.
Zahavi, D. and Kriegel, U. (2015) For-me-ness: What it is and what it is not, in Daniel O. Dahlstrom, Andreas Elpidorou, and Walter Hopp (eds.), *Philosophy of Mind and Phenomenology*, Routledge.